U0958303

# 物流企业会计

（第五版）

严玉康　董兆明　编著

立信会计出版社
LIXIN ACCOUNTING PUBLISHING HOUSE

**图书在版编目(CIP)数据**

物流企业会计 / 严玉康，董兆明编著. —5 版. —上海：立信会计出版社，2021.1
ISBN 978-7-5429-6695-7

Ⅰ. ①物… Ⅱ. ①严… ②董… Ⅲ. ①物流企业—会计 Ⅳ. ①F253.7

中国版本图书馆 CIP 数据核字(2021)第 008490 号

策划编辑　戎其玉
责任编辑　赵志梅

**物流企业会计(第五版)**
Wuliu Qiye Kuaiji

| | | | |
|---|---|---|---|
| 出版发行 | 立信会计出版社 | | |
| 地　　址 | 上海市中山西路 2230 号 | 邮政编码 | 200235 |
| 电　　话 | (021)64411389 | 传　　真 | (021)64411325 |
| 网　　址 | www.lixinaph.com | 电子邮箱 | lixinaph2019@126.com |
| 网上书店 | http://lixin.jd.com | | http://lxkjcbs.tmall.com |
| 经　　销 | 各地新华书店 | | |

| | | |
|---|---|---|
| 印　　刷 | 常熟市华顺印刷有限公司 | |
| 开　　本 | 710 毫米×960 毫米 | 1/16 |
| 印　　张 | 19.25 | |
| 字　　数 | 399 千字 | |
| 版　　次 | 2021 年 1 月第 5 版 | |
| 印　　次 | 2021 年 1 月第 1 次 | |
| 印　　数 | 1—3 100 | |
| 书　　号 | ISBN 978-7-5429-6695-7/F | |
| 定　　价 | 45.00 元 | |

# 第五版前言

近年来，随着我国经济规模的日益壮大，在技术、政策、市场等多因素驱动下，物流行业高速发展进入量质齐升的阶段。伴随着全球化、智能化、绿色化发展趋势，现代物流业欣欣向荣并已经成为21世纪我国重要产业和国民经济的增长点。目前，从中央到地方都把现代物流业作为优先发展对象，政策扶持不断加码，使得物流行业迎来了新的发展契机。从企业的角度来说，现代物流作为生产流通企业的第三利润源泉，是提升企业核心竞争力的重要手段。企业广泛引入现代物流理念、先进的物流技术和经营管理模式，其最终目标是追求企业的经济效益，因而，加强会计核算成为促进现代物流企业发展的一项重要内容。

由于现代物流业是我国兴起并蓬勃发展的新兴行业，目前对物流企业成本管理和会计核算的研究虽然不少，但用于教学的相关教材并不多见。为了满足各院校相关专业对人才培养的需求，我们在深入研究的基础上编著了《物流企业会计》一书。本书是针对物流企业开发的会计教材，比较全面系统地阐述了物流企业的成本管理和会计核算，充分体现物流企业会计核算的特点。

本书自第一版出版以来，已历经四次改版，此为第五版，主要基于新的企业会计准则及全面推行增值税的税制改革背景，对相关章节进行了相应的调整、修改和补充，进一步充实和更新了全书的内容。同时，更新了习题的相关内容。

我国经济仍处于快速发展过程中，会计政策与财税改革仍将持续深入，我们也会与时俱进作出新的调整。欢迎广大读者在使用本教材过程中不断提出修订意见，使之日臻完善。

编　者

# 前　　言

被认为是第三利润源的现代物流在经济全球化和信息技术革命的带动下欣欣向荣。物流产业作为国民经济中的一个新兴的产业部门，将成为我国21世纪重要产业和国民经济新的增长点。

速度和效率是现代物流业最引以为豪的特点，其最终目标是追求企业的经济效益，因而，加强会计核算成为现代物流企业的重要课题。尽管目前物流管理类教材众多，然而，能够全面系统地阐述物流企业成本管理和会计核算的教材尚属鲜见。为了满足物流企业会计核算和各个院校物流管理、报关与国际货运、财务会计、电子商务等专业对人才培养的需要，我们在深入研究现代物流企业会计核算特点和现行会计法规制度的基础上，编著了《物流企业会计》一书，奉献给广大读者。

本书紧密结合物流企业经营特点，视点新颖，结构合理，注重实务，突出重点和难点。全书共分九章，每章附有思考题和习题，既可作为专业院校相关课程的专业教材，也可用于指导物流企业会计工作实务。

限于水平和学识，书中难免会存在不够完善或不妥之处，敬请读者批评指正。

作　　者

# 目　　录

# 第一章　物流企业会计概论

**本章提要**

本章主要阐述物流企业会计的基本理论、会计核算的基本前提和一般原则、会计要素的确认和计量以及物流企业会计工作的组织。通过本章学习，学员应了解物流和物流会计的概念，理解会计核算的基本前提和一般原则，掌握物流会计的核算环节、会计要素计量和确认以及物流企业会计工作的组织。

## 第一节　物流企业会计基本理论

随着经济全球化和一体化，科学技术尤其是信息技术突飞猛进地发展，企业生产资料的获取与产品营销范围日趋扩大，社会生产、物资流通、商品交易及其管理方式正在并将继续发生深刻的变革。与此相适应，被普遍认为企业在降低物资消耗、提高劳动生产率以外的“第三利润源”的现代物流业已在世界范围内广泛兴起。在经历了几十年的发展后，目前正在成为全球经济发展的一个重要热点和新的经济增长点，它对于实现经济高效运行，提升企业生产和效率，降低商品流通成本，提高商品流通效率，改善对消费者的服务，进而增强工商企业乃至国家经济核心竞争力，调整国家和地区投资环境及产业结构，实现可持续发展战略，推动我国经济体制与经济增长方式的根本性转变具有非常重要而深远的意义。

### 一、物流的概念

我国自20世纪80年代初引进物流概念和理论以来，在相当长时间内没有引起理论界特别是实业界的重视，导致物流的普及与发展比较缓慢。近年来，随着我国社会主义市场经济体制的建立，市场体系的逐步完善，经济持续、高速、稳定的增长，科学技术的迅猛发展，我国经济开始进入新的发展阶段。经济的发展，导致我国短缺经济基本结束，买方市场逐步形成，消费领域对质量和成本提出了更高的要求；同时经济市场化，竞争国际化趋势的加强，都对物流业的发展提供了良好的机遇。因而，目前我国物流业已形成了一个发展的热潮。推动现代物流发展，推动物流管理、物流技术的进步，加强物流过程会计核算已成为目前我国社会经济发展中的一项重要内容。

物流是一个非常独特的经济领域，它的复杂性与地域跨度是任何其他业务所不能比拟的。物流已形成了一个十分现代化的概念，它对商务活动的影响日益明显，因而越来越引起人们的广泛重视。

目前国内外关于物流的概念和定义很多，认识和研究的角度也不一致。为了规范我国物流业发展中的基本概念，适应我国物流业迅速发展与国际接轨的需要，国家贸易部提出了我国的物流标准，将物流定义为：物流是指物品从供应地向接受地的实体流动过程，根据实际需要，将运输、储存、装卸、搬运、包装、流通加工、配送、信息处理等基本功能有机结合。显然，现代物流具有地域大、多环节、系统性的特点。

**二、物流企业会计**

物流经营活动必须由现代物流企业来完成。物流企业是指从事物流活动的经济组织，是独立于生产领域之外，专门从事与商品流通有关的各种经济活动的企业，是在商品市场上依法进行自主经营、自负盈亏、自我发展、自我约束、具有法人资格的经营单位。具体来讲，物流企业是以物流为主体功能，同时伴随有商流、资金流和信息流的企业。物流企业诸环节覆盖了现代运输业、仓储业、批发业、连锁商业和外贸业等行业。

从物流企业的概念中，可以了解其内涵和特征：物流企业是国民经济流通产业机体的细胞，是具有健全机能和旺盛生命力的机体；物流企业是在市场经济的运行和发展中，专门从事与实体商品交换活动有关的各种经济活动的经济组织；物流企业是为维系生存和发展，具有自身的利益驱动机制的经营单位；物流企业是具有流通服务职能、平等参与竞争、享有合法权益的法人。

在市场经济条件下，社会生产总过程是由生产和分配、交换和消费等四个基本环节构成的。马克思说过，生产表现为起点，消费表现为终点，分配和交换表现为中间环节。商品的流通是连续的交换，或者是从总体上的交换。物流企业作为专门从事物流活动的经济实体，从全社会看，其基本职能是以商品的买者和卖者的双重身份交替出现在市场中，按照供求状况来完成物质的交换，解决生产与消费之间在数量、质量、时间和空间上的矛盾，实现生产和消费的供求结合，保证社会再生产的良性循环。这一基本职能称为物流企业的宏观职能。

商品流通过程，一般分为购、销、存、运四个相对独立的环节。物流企业的宏观职能是通过其微观职能来实现的。其微观职能表现为：

（1）物流企业购买商品的职能，亦称为组织社会物质资源的职能。这一职能是物流过程的起点。物流企业根据市场的需求，用货币购买生产企业的劳动成果即物质产品，引入流通领域。

（2）物流企业销售商品的职能，亦称为商品的供应职能。这一职能是物流过程的终点，是商品从流通领域返回生产消费的最后环节。

（3）物流企业储存商品的职能，即“蓄水池”职能。商品储存是指物质产品离开生产领域，但还没有进入消费领域而在流通领域内的暂时停滞。

(4) 物流企业运送物质实体的职能。这是由物质产品在生产和消费之间的空间矛盾所决定的。因为某类物质产品的生产在空间位置上相对分散，消费相对集中；或者相反，消费相对分散，而生产相对集中，只有当它们完成了空间位置的移动，才能满足消费的需求。

(5) 物流企业的信息流通职能。在市场经济社会，最重要、最大量的信息来自市场。由于物流企业在连接产需双方及其直接置身于市场的特殊地位，所以它们在收集信息方面具有得天独厚的条件，可以将市场供求变化和潜在的信息反馈给供需双方，从而起到指导生产、引导消费、开拓市场的作用。

要实现物流企业的上述职能，必须通过一系列的物流管理工作来完成，会计是一种重要的管理活动，会计主要用货币量度对物流企业经营过程中占用的财产物资和发生的各环节成本费用耗费进行系统的计算、记录、分析和检查。会计人员借助这些手段充分了解企业的资金占用情况和劳动耗费水平，并利用生成的会计资料，分析得失，研究经济效益高低的原因，趋利避害，从一个特定的岗位管好一家企业的生产和经营，同时为在大范围内，例如一个地区、一个产业部门或一个国家管好经济提供必要的资料。所以，会计的实质是管理，会计是一种管理活动。

物流企业会计是应用于物流企业的一门专业会计，它以货币为主要计量单位，对物流企业的经营活动进行连续、系统、全面地反映和监督，并在此基础上对经济活动进行控制，为投资者、债权人、政府管理部门以及与企业有经济利益的各方提供有用信息的一种经济管理信息系统。

**三、物流会计的核算环节**

物流企业的一切活动最终体现为经济活动，按照现代经济管理的理论，所有经济活动必然要求进行经济核算、成本计算、费用控制和经济效益业绩考核。这些工作都需要由物流企业会计工作来完成，会计核算贯穿于企业整个物流活动的全过程。企业的物流活动包括运输、储存、装卸搬运、包装、流通加工、配送等多个环节，从而决定了物流企业会计核算分为如下环节。

(一) 运输环节的核算

运输是指用特定的设备和工具，将物品从一个地点向另一个地点运送的物流活动，它是在不同地域范围内，以改变物的空间位置为目的对物进行的空间位移。通过这种位移创造商品的空间效益，实现其使用价值，满足社会的不同需要。运输是物流的中心环节之一，也是现代物流活动最重要的一个功能。

运输是国民经济的基础和先行，是国民经济的命脉。运输根据方式不同，可分为铁道运输、公路运输、水上运输、航空运输和管道运输，各种运输方式分别有不同的特点，各自发挥着不同的作用。

运输是物流企业的主体，在现行物流企业中占有主体地位。对运输环节的核算包括运输收入的确认和计量;运输费用的计算和确定;运输成本的汇集、分配和结转;运输营运收入应交税费的结算和缴纳,以及运输利润的计算。

(二)储存环节的核算

储存是指保护、管理、储藏物品的物流活动。储存是包含库存和储备在内的一种广泛的经济现象,也是一切社会形态都存在的经济现象。在任何社会形态中,对于不论什么原因形成停滞的物资,也不论是什么种类的物资,在没有生产加工、消费、运输等活动之前,或在这些活动结束之后,总是要存放起来,这就是储存。与运输概念相对应,储存是以改变物的时间状态为目的的活动,从克服产需之间的时间差异而获得更好的效用和效益。

储存是物流活动的另一重要环节,它具有物资保护、调节供需、调配运能、实现配送、节约物资等功能。储存环节的会计核算包括储存收入的确认和计量,储存成本和费用的汇集和结转,储存物资损耗的处理与分摊,以及储存业务利润的计算。

(三)装卸搬运环节的核算

装卸是物品在指定地点以人力或机械装入运输设备或卸下的活动。搬运是指在同一场所,对物品进行水平移动为主的物流作业。在实际操作中,装卸和搬运是密不可分的,两者是伴随在一起发生的。

在物流过程中,装卸活动是不断出现和反复进行的,它出现的频率高于其他各项物流活动,每次装卸活动都要花费很长时间,所以往往成为决定物流速度的关键。装卸活动所消耗的人力也很多,所以装卸费用在物流成本中所占的比重也较高。以我国为例,铁路运输的始发和到达的装卸作业费大致占运费的20%左右,船运在40%左右。因此,对于降低物流费用来说,装卸是个重要的环节。

装卸搬运是一种附属性、伴生性的活动,它对整个物流活动具有支持性和保障性的作用。在任何其他物流活动互相过渡时,都需要通过装卸搬运来衔接。在装卸搬运环节中,必然会发生相关的成本和费用。因此,装卸搬运环节的核算主要是对该环节成本、费用的确认和计量,按照服务对象对成本、费用进行的归集以及每个会计结算期间终了对成本、费用进行的分配和结转。

(四)包装环节的核算

包装是指为了在流通过程中保护商品、方便运输、促进销售,按照一定的技术方法而采用的容器、材料及辅助物等的总体名称,也指为了达到上述目的在采用容器、材料和辅助物的过程中施加一定技术方法等的操作活动。

在社会再生产过程中,包装处于生产过程的末尾和物流过程的开头,既是生产的终点,又是物流活动的起点。在物流过程中,包装具有保护商品、跟踪流转、便利运输、提高效率、促销商品的功能。包装环节的会计核算主要是对包装环节中发生的材料成本、人工费用、设计技术费用进行计算、归集和分配。

（五）流通加工环节的核算

流通加工是指物品在生产地到使用地的过程中，根据需要施加包装、切割、计量、分拣、刷标志、拴标签、组装等简单作业的总称。流通加工是流通中的一种特殊形式，它是在物品从生产领域向消费领域流动的过程中，为了促进销售、维护产品质量和提高物流效率，对物品进行的加工，使物品发生物理、化学或形状的变化。

流通加工是国民经济中重要的加工形式，在商品流转过程中进行简单的、必要的加工能够有效地完善流通，也是现代物流中的重要利润来源。流通加工环节的会计核算，既要确认和记录流通加工中的业务收入，又要归集、计算和结转加工成本，还要计算和缴纳相关税金并最终核算出加工环节的营业利润。

（六）配送环节的核算

配送是指物流企业按照用户订单或配送协议进行配货，通过科学统筹规划，选择经济合理的运输路线与运输方式，在用户指定的时间内，将符合要求的货物送达指定地点的一种方式。配送是物流中一种特殊的、综合的活动形式，是商流与物流的紧密结合，包含了商流活动和物流活动，也包含了物流中若干功能要素。

从物流来讲，配送几乎包括了所有的物流功能要素，是物流的一个缩影或在某小范围中物流全部活动的体现。一般的配送集装卸、包装、保管、运输于一身，通过这一系列活动完成将货物送达的目的。特殊的配送则还以加工活动为支撑，包括的方面更广泛。

配送环节会计核算的内容包括：配送营业收入的核算；配送过程中运输费用、分拣费用、配装费用、加工费用的归集，分配和结转；配送环节营业利润的核算。

## 第二节　会计核算的基本前提

物流企业在会计核算工作中，面对的社会经济环境极其复杂多变，为了在这种特定经济环境下进行合理的会计处理，就必须作出必要的假设条件，这种假设称为会计核算的基本前提。会计基本前提是企业会计确认、计量和报告的前提条件，是对会计核算所处的时间、空间环境等所作的合理设定。

会计核算的基本前提包括会计主体、持续经营、会计分期和货币计量四个方面。物流企业会计对象的确定、会计方法的选择、会计数据的搜集等，都是以会计核算的基本前提为依据的。

### 一、会计主体

会计主体又称会计实体、会计个体，它是指会计人员所核算和监督的特定单位。会计主体前提要求会计人员只能核算和监督所在主体的经济活动（就企业类主体而言，其经济活动就是所发生的交易或事项，下同）。这一基本前提的主要意义在于：一是将特定主体的经济活动与该主体所有者及职工个人的经济活动区别开来；二是将该主体的经济活动与其他单位的经济活动区别开来，从而界定了从事会计工作和提供会计信息的空间范围，同时说明某会计主体的会计信息仅与该会计主体的整体活动和成果相关。应当注意的是，会计主体与法律主体（法人）并非是对等的概念，法人可作为会计主体，但会计主体不一定是法人。例如，由自然人所创办的独资与合伙企业不具有法人资格，这类企业的财产和债务在法律上被视为业主或合伙人的财产和债务，但在会计核算上必须将其作为会计主体，以便将企业的经济活动与其所有者个人的经济活动以及其他实体的经济活动区别开来。企业集团通常由若干具有法人资格的企业组成，各个企业既是独立的会计主体也是法律主体。为了编制该集团的合并会计报表，企业集团可被视为一个会计主体，但它通常不是一个独立的法人。

**二、持续经营**

持续经营是指会计主体在可预见的未来，将根据正常的经营方针和既定的经营目标持续经营下去。即在可预见的未来，该会计主体不会破产清算，所持有的资产将正常营运，所负有的债务将正常偿还。这一基本前提的主要意义在于：它可使会计原则建立在非清算基础之上，意味着会计主体将按照既定的用途使用资产，按照既定的合约条件清偿债务，会计人员就可以在此基础上选择会计政策和估计方法，从而也为解决很多常见的资产计价和收益确认问题提供了基础。当然，任何企业都存在破产的可能性，一旦进入破产清算，持续经营基础就将为清算基础所取代，从而使这一前提不复存在。但这不会影响持续经营前提在大多数正常经营企业的会计核算中发挥作用。企业会计确认、计量和报告应当以持续经营为前提。

**三、会计分期**

根据持续经营基本前提，企业的生产经营活动将持续不断地经营下去。为了及时获得会计信息，充分发挥会计的反映和监督职能，应当合理地划分会计期间，即进行会计分期。所谓会计分期，就是将企业的经营活动人为地划分成若干个相等的时间间隔，以便确认某个会计期间的收入、费用、利润，确认某个会计期末的资产、负债、所有者权益，编制会计报表。会计期间分为年度和中期。中期是指短于一个完整的会计年度的报告期间。中期包括半年度、季度和月度。年度、半年度、季度和月度均按公历起讫日期确定。这一基本前提的主要意义在于：界定了会计信息的时间段落，为分期结算账目和编制财务会计报告（又称财务报告，下同），贯彻落实权责发生制和收付实现制，使不同类型的会计主体有了记账的基准，从而出现了应收、应付、折旧、摊销等会计处理方法。

**四、货币计量**

企业的经济活动千差万别，财产物资种类繁多，选择合理、实用又简化的计量单位，对于提高会计信息质量具有至关重要的作用。货币计量是指在会计核算中，以货币作为统一计量单位。《企业会计制度》规定，会计核算以人民币为记账本位币，业务收支以外币为主的企业，也可以选择某种外币作为记账本位币，但编制的财务会计报告应当折算为人民币反映。在境外设立的中国企业向国内报送的财务会计报告，应当折算为人民币。这一基本前提的主要意义在于：确认了以货币为主要的、统一的计量单位，同其他三项基本前提一起，为各项会计原则的确定奠定了基础。

上述会计核算的四项基本前提，具有相互依存、相互补充的关系。会计主体确立了会计核算的空间范围，持续经营与会计分期确立了会计核算的时间长度，而货币计量则为会计核算提供了必要手段。没有会计主体，就不会有持续经营；没有持续经营，就不会有会计分期；没有货币计量，就不会有现代会计。

## 第三节　会计信息的质量要求

会计信息是会计系统的产品，只有符合特定要求的会计信息，才能满足使用者的要求。因此，会计信息的质量要求是会计核算必须遵循的基本规则，是进行会计核算的指导思想和衡量会计工作成败的标准。会计信息质量要求包括可靠性、相关性、明晰性、可比性、实质重于形式、重要性、谨慎性和及时性八大要求。

### 一、可靠性

可靠性要求企业应当以实际发生的交易或者事项为依据进行会计确认、计量和报告，如实反映符合确认和计量要求的各项会计要素及其他相关信息，保证会计信息真实可靠、内容完整。这具体包括以下要求：

（1）企业应当以实际发生的交易或者事项为依据进行会计确认、计量和报告，不能以虚构的交易或者事项为依据进行会计确认、计量和报告。

（2）企业应当如实反映其所应反映的交易或者事项，将符合会计要素定义及其确认条件的资产、负债、所有者权益、收入、费用和利润等如实反映在财务报表中，刻画出企业生产经营及财务活动的真实面貌。

（3）企业应当在符合重要性和成本效益原则的前提下，保证会计信息的完整性，其中包括编报的报表及其附注内容等应当保持完整，不能随意遗漏或者减少应予披露的信息，与使用者决策相关的有用信息都应当充分披露。

### 二、相关性

相关性要求企业提供的会计信息应当与财务报告使用者的经济决策需要相关，有助于财务报告使用者对企业过去、现在或者未来的情况作出评价或者预测。

会计信息的价值，关键是看其与使用者的决策需要是否相关，是否有助于决策或者提高决策水平。相关的会计信息应当有助于使用者评价企业过去的决策，证实或者修正过去的有关预测，因而具有反馈价值。相关的会计信息还应当具有预测价值，有助于使用者根据财务报告所提供的会计信息预测企业未来的财务状况、经营成果和现金流量。例如，区分收入和利得、费用和损失，区分流动资产和非流动资产、流动负债和非流动负债等，都可以提高会计信息的预测价值，进而提升会计信息的相关性。

为了满足会计信息质量的相关性要求，企业应当在确认、计量和报告会计信息的过程中，充分考虑使用者的决策模式和信息需要。当然，对于某些特定目的或者用途的信息，财务报告可能无法完全提供，企业可以通过其他形式予以提供。

## 三、可理解性

可理解性要求企业提供的会计信息应当清晰明了，便于财务报告使用者理解和使用。

企业编制财务报告、提供会计信息的目的在于使用，而要使使用者有效地使用会计信息，应当能让其了解会计信息的内涵，弄懂会计信息的内容，这就要求财务报告所提供的会计信息应当清晰明了，易于理解。只有这样，才能提高会计信息的有用性，实现财务报告的目标，满足向使用者提供决策有用信息的要求。

鉴于会计信息是一种专业性较强的信息产品，因此，在强调会计信息的明晰、可理解的同时，还应假定使用者具有一定的有关企业生产经营活动和会计核算方面的知识，并且愿意付出努力去研究这些信息。对于某些复杂的信息，例如，交易本身较为复杂或者会计处理较为复杂，但其对使用者的经济决策是相关的，就应当在财务报告中予以披露，企业不能仅仅以该信息会使某些使用者难以理解而将其排除在财务报告所应披露的信息之外。

## 四、可比性

可比性要求企业提供的会计信息应当具有可比性。这具体包括下列要求：

（1）为了便于使用者了解企业财务状况和经营成果的变化趋势，比较企业在不同时期的财务报告信息，从而全面、客观地评价过去，预测未来，会计信息质量的可比性要求同一企业对于不同时期发生的相同或者相似的交易或者事项，应当采用一致的会计政策，不得随意变更。当然，满足会计信息的可比性，并不表明不允许企业变更会计政策，企业按照规定或者会计政策变更后可以提供更可靠、更相关的会计信息时，就有必要变更会计政策，以向使用者提供更为有用的信息，但是有关会计政策变更的情况，应当在附注中予以说明。

（2）为了便于使用者评价不同企业的财务状况、经营成果的水平及其变动情况，从而有助于使用者作出科学合理的决策，会计信息质量的可比性还要求不同企业发生的相同或者相似的交易或者事项，应当采用规定的会计政策，确保会计信息口径一致、相互可比，即对于相同或者相似的交易或者事项，不同企业应当采用一致的会计政策，以使不同企业按照一致的确认、计量和报告基础提供有关会计信息。

## 五、实质重于形式

实质重于形式要求企业应当按照交易或者事项的经济实质进行会计确认、计量和报告，不应仅以交易或者事项的法律形式为依据。如果企业仅仅以交易或者事项的法律形式为依据进行会计确认、计量和报告，那么就容易导致会计信息失真，无法如实反映经济现实。

在实务中，交易或者事项的法律形式并不总能完全真实地反映其实质内容。所以，会计信息要想反映其所应反映的交易或者事项，就必须根据交易或者事项的实质和经济现实来进行判断，而不能仅仅根据它们的法律形式。

例如，企业以融资租赁方式租入固定资产，虽然从法律形式来讲，企业并不拥有其所有权，但是由于租赁合同中规定的租赁期都相当长，接近于该资产的使用寿命；租赁期结束时承租企业有优先购买该资产的选择权；在租赁期内承租企业有权支配该资产并从中受益等。所以，从其经济实质来看，企业能够控制融资租入固定资产所创造的未来经济利益，所以，在进行会计确认、计量和报告时，应当将以融资租赁方式租入的固定资产视为企业的资产，反映在企业的资产负债表上。

## 六、重要性

重要性要求企业提供的企业信息应当反映与企业财务状况、经营成果和现金流量有关的所有重要交易或者事项。

重要性要求企业在会计核算过程中，对交易或者事项应当区别其重要程度，采用不同的核算方法。对资产、负债、损益等有较大影响，并引起影响财务报告使用者据以作出合理判断的重要事项，必须按照规定的会计方法和程序进行处理，并在财务报告中予以充分、准确的披露；对于次要的会计事项，在不影响会计信息真实性和不误导使用者作出正确判断的前提下，可适当简化处理。

## 七、谨慎性

谨慎性要求企业对交易或者事项进行会计确认、计量和报告时应当保持应有的谨慎，不应高估资产或者收益、低估负债或者费用。

在市场经济环境下，企业的生产经营活动面临着许多风险和不确定性，例如应收款项的可收回性、固定资产的使用寿命、无形资产的使用寿命、售出存货可能发生的退货或者返修等。会计信息质量的谨慎性要求，即需要企业在面临不确定性因素的情况下作出职业判断时，保持应有的谨慎，充分估计到各种风险和损失，既不高估资产或者收益，也不低估负债或者费用。

但是，谨慎性的应用并不允许企业设置秘密准备，如果企业故意低估资产或者收益，或者故意高估负债或者费用，将不符合会计信息的可靠性和相关性要求，损害会计信息质量，扭曲企业实际的财务状况和经营成果，从而对使用者的决策产生误导，这是企业会计准则所不允许的。

### 八、及时性

及时性要求企业对于已经发生的交易或者事项，应当及时进行会计确认、计量和报告，不得提前或者延后。

会计信息的价值在于帮助使用者作出经济决策，因此具有时效性。即使是可靠、相关的会计信息，如果不及时提供，也就失去了时效性，对使用者的效用就大大降低，甚至不再具有任何意义。在会计确认、计量和报告过程中贯彻及时性，一是要求及时收集会计信息，即在经济交易或者事项发生后，及时收集整理各种原始单据或者凭证；二是要求及时处理会计信息，即按照企业会计准则的规定，及时对经济交易或者事项进行确认或者计量，并编制财务报告；三是要求及时传递会计信息，即按照国家规定的有关时限，及时地将编制的财务报告传递给财务报告使用者，便于其及时使用和决策。

## 第四节　会 计 要 素

会计要素是会计工作的具体对象，是会计用以反映财务状况，确定经营成果的因素。会计要素分为反映财务状况的会计要素和反映经营成果的会计要素。它既是会计确认和计量的依据，也是确定财务报表结构和内容的基础。

### 一、反映财务状况的会计要素

财务状况是指企业在某一日期经营资金的来源和分布情况，一般通过资产负债表来反映。财务状况的好坏通常用流动性和获利性来表示，企业的财务状况由以下三个要素组成。

（一）资产

资产是指过去的交易、事项形成并由企业拥有或控制的资源，该资源预期会给企业带来经济利益。

1. 资产的基本特征

(1) 资产是由过去的交易或者事项所形成的。资产必须是现实的资产，而不能是预期的资产，是由过去已经发生的交易所产生的结果。至于未来交易或者事项以及未发生的交易或者事项可能产生的结果，则不属于现在的资产，不得作为资产确认。

(2) 资产是由企业拥有或者控制的。一般来说，一项财产要作为企业的资产予以确认，对于企业来说要拥有其所有权，即必须归企业所有，也就是企业对该财产具有产权。对于一些特殊方式形成的资产，如融资租入固定资产，企业虽然对其不拥有所有权，但按照实质重于形式的要求，也应当作为资产确认。

(3) 资产预期能给企业带来经济利益。即资产必须是未来能给企业带来现金流入的经济资源。资产必须具有交换价值或使用价值，没有交换价值和使用价值的物品，不能给企业带来未来效益的，则不能作为资产确认。

2. 资产的分类

企业拥有的资产多种多样，在生产经营活动中的特点各不相同，需要按照一定的标准对其进行分类。在资产负债表上，资产通常按其流动性进行分类，主要包括：

(1) 流动资产。这是指企业可以在1年内或者超过1年的一个营业周期内变现或耗用的资产，主要包括现金、银行存款、交易性金融资产、应收及预付款项、存货等。

(2) 长期股权投资。这是指持有时间准备超过1年(不含1年)的各种股权性质的投资。

(3) 固定资产。这是指企业使用期限超过1年，为生产商品、提供劳务、出租或经营管理而持有的房屋、建筑物、机器、机械、运输工具以及其他与生产、经营有关的设备、器具等。

(4) 无形资产。这是指企业为生产商品或者提供劳务、出租给他人、或为管理目的而持有的、没有实物形态的非货币性长期资产。无形资产分为可辨认无形资产和不可辨认无形资产。可辨认无形资产包括专利权、非专利技术、商标权、著作权、土地使用权等；不可辨认无形资产是指商誉。

(5) 长期待摊费用。长期待摊费用，是指企业已经支出，但摊销期限在1年以上(不含1年)的各项费用，包括固定资产大修理支出、租入固定资产的改良支出等。应当由本期负担的借款利息、租金等，不得作为长期待摊费用处理。

(二) 负债

负债是指过去的交易或者事项形成的现时义务，履行该义务预期会导致经济利益流出企业。

1. 负债的特征

(1) 负债是基于过去的交易或者事项而产生的。也就是说导致负债的交易或者事项已经发生，例如购置货物或使用劳务会产生应付账款，接受银行贷款则会产生偿还贷款的义务。只有源于已经发生的交易或者事项，会计上才有可能确认负债。正在筹划的未来交易或者事项，如企业的业务计划，不会产生负债。

(2) 负债是企业承担的现时义务。即企业目前已经产生的债务，现时义务不等同于未来承诺，如果仅仅是企业管理层决定在今后某一时间购买资产，其本身并不产生现时义务。一般情况下，只有在资产已经获得时才产生义务。

(3) 现时义务的履行通常关系到企业放弃含有经济利益的资源，以满足对方的要求。现时义务的履行，可采用若干种方式，例如，支付现金；转让其他资产；提供劳务、以其他义务替换该项义务；将该项义务转换为所有者权益等。

(4) 负债是通常在未来某一时日通过交付资产或其他资产或提供劳务来清偿。

有时，企业可能通过承诺新的负债或转化为所有者权益来了结一项现有的负债，前一种情况只是负债的延期，后一种情况则相当于增加所有者权益而了结债务。

2. 负债的分类

为分析企业的财务状况和偿债能力，企业的负债按其流动性划分为流动负债和非流动负债。流动负债是指将在 1 年或者超过 1 年的一个营业周期内偿还的债务；包括短期借款、应付账款、应付职工薪酬、应交税费等。非流动负债是指偿还期在 1 年或者超过 1 年的一个营业周期以上的债务，包括长期借款、应付债券、长期应付款等。

（三）所有者权益

所有者权益是指所有者对企业净资产的要求权。所有者权益实质上是指所有者在企业资产中享有的经济利益。所有者权益包括实收资本、资本公积、盈余公积和未分配利润。实收资本和资本公积是由所有者直接投入的，而盈余公积和未分配利润则是由企业在生产经营活动中所实现的利润留存于企业所形成的，因此，盈余公积和未分配利润又被称为留存收益。

所有者权益与负债有着本质的不同。负债是对内和对外所承担的经济责任，企业负有偿还的义务，而所有者权益在一般情况下企业不需要归还其投资者；使用负债所形成的资金通常需要企业支付报酬，如借款利息支出等，而使用所有者权益所形成的资金不需要支付费用；在企业清算时，负债拥有优先清偿权，而所有者权益只有在清偿所有的负债后，才返还给投资者；所有者权益可以参与企业利润分配，而负债不能参与利润分配，只能按照预先确定的条件取得利息收入。

## 二、反映财务成果的会计要素

经营成果是指企业在一定时期内生产经营活动的结果，具体来说，它是指企业生产经营过程中取得的收入与耗费相比较的差额。经营成果要素一般通过利润表来反映，它由以下三个要素组成。

（一）收入

收入是指企业在销售商品、提供劳务及让渡资产使用权等日常活动中形成的经济利益的总流入，包括商品的销售收入、提供的劳务收入、资产的租金收入等。

1. 收入的特征

(1) 收入应当是企业在日常活动中形成的。所谓日常活动，是指企业为完成其经营目标所从事的经常性活动以及与之相关的活动。

(2) 收入应当会导致经济利益的流入。经济利益的流入导致资产的增加，但是，与收入相关的经济利益的流入不包括所有者投入的资本。

(3) 收入应当最终导致所有者权益的增加。按照定义，不能导致所有者权益增加的经济利益流入，不应确认为收入。

2. 收入的来源

（1）按企业从事的日常活动性质分，收入有三种来源：一是对外销售商品，通过销售商品取得现金或者形成应收账款；二是提供劳务，取得劳务收入；三是让渡资产的使用权获得收入，主要表现为对外贷款、对外投资或者对外出租资产等。

（2）按日常活动在企业所处的地位分，收入包括主营业务收入和其他业务收入。主营业务收入是企业为完成其经营目标而从事的主要经营活动而形成的收入，如工业企业的产品销售收入，物流企业的运输收入等。其他业务收入是主营业务以外的其他活动所形成的收入，如工业企业的销售材料收入，物流企业的出租固定资产收入等。

（二）费用

费用是指企业在日常活动中发生的、会导致所有者权益减少的、与向所有者分配利润无关的经济利益的总流出。

费用按照其与收入的关系，可以分为营业成本和期间费用两部分。

1. 营业成本

这是指企业为销售商品、提供劳务而发生的各种耗费。营业成本按照其销售商品或提供劳务在企业日常活动中所处的地位可以分为主营业务成本和其他业务成本。

2. 期间费用

这是指企业在当期发生的直接计入当期损益的各项耗费，包括销售费用、管理费用和财务费用。销售费用是指企业在销售商品、提供劳务等日常经营过程中发生的费用以及专设销售机构的各项经费。管理费用是指企业行政管理部门为组织和管理生产经营活动而发生的各项费用。财务费用是指企业为筹集生产经营所需资金而发生的各项费用以及企业在经营过程中支付给金融机构的手续费用。

（三）利润

利润是指企业在一定会计期间的经营成果。利润通常反映的是企业的经营业绩情况，是评价企业管理层业绩的一项重要指标，也是投资者、债权人等作出投资决策、信贷决策等的重要参考指标。

1. 利润的来源构成

利润包括收入减去费用后的净额、直接计入当期利润的利得和损失等。其中，收入减去费用后的净额反映的是企业日常活动的业绩，直接计入当期利润的利得和损失反映的是企业非日常活动的业绩。直接计入当期利润的利得和损失，是指应当计入当期损益、最终会引起所有者权益发生增减变动的、与所有者投入资本或者向所有者分配利润无关的利得或者损失。企业应当严格区分收入和利得、费用和损失之间的区别，以更加全面地反映企业的经营业绩。

2. 利润的确认条件

利润反映的是收入减去费用、利得减去损失后的净额，因此，利润的确认主要依赖于收入和费用以及利得和损失的确认，其金额的确定也主要取决于收入、费用、利得、损失金额的计量。

## 第五节　物流企业会计工作的组织

会计工作的组织就是根据企业会计工作的特点，制定会计法规制度，设置会计机构、配备会计工作人员，以保证会计工作的有效、顺利进行。

物流企业会计工作是一项系统工作，十分繁杂。从经济业务发生，凭证填制、取得，账簿登记，物流成本计算到会计报表编制、分析，涉及业务员经办、负责人批准、会计记账等众多人员及一系列的程序和手续。如果某一人员或某一道环节发生差错，都会影响整个会计工作的顺利进行。因此，科学合理地组织会计工作，具有十分重要的意义。

### 一、合理组织会计工作的意义

一是有利于提高会计工作的质量和效率，使会计工作有条不紊地进行。会计工作各个环节协调一致，互相配合，互相牵制，能够防止会计差错发生，保证会计工作质量。物流企业应根据经济业务的实际发生情况，会计人员按需配备，合理分工和安排，避免忙闲不均，才能够提高会计工作的质量和效率。

二是有利于与其他经济管理工作互相协调，共同做好经济管理工作。会计工作与其他经济管理工作有着密切的联系。在物流企业内，物流作业环节多而繁杂，会计工作需要得到其他经济管理部门的配合和支持，同时会计工作也能促进其他经济管理工作。会计部门与企业内部的生产经营、市场营销、计划统计等部门互相配合，有利于计划、预算指标的制定、实施、控制、分析和考核，有利于提高经济管理工作的效率，有利于提高企业的经济效益。

三是有利于加强企业内部的经济责任制。实行内部经济责任制离不开会计，科学的经济预测、正确的经济决策、经营过程的控制、经营业绩的考核评价，都需要会计部门提供翔实、有效的数据。科学组织会计工作，可以巩固和发展单位内部的经济责任制，促使各部门用好、管好资金，提高经济效益。

四是有利于会计机构、会计人员和会计制度适应社会经济飞速发展的要求。中国改革开放以来，经济生活发生了翻天覆地的变化，物流业作为一个新兴行业，其不断颁布和更新的政策、法规、制度，以及新出现的经济活动都对其会计工作提出了更高的要求。企业应根据实际需要来科学地组织会计工作，使会计工作适应不断变化的客观需要。

## 二、会计法规制度

会计法规制度是组织和从事会计工作必须遵循的规范，具体规定着企业进行会计工作应遵循的规则、方法和程序。为了使会计工作能够有组织、有秩序地进行，必须有一套完善的会计法规制度。

当前，我国的会计法规制度体系包括三个层次。

### （一）会计法律

《会计法》调整单位在办理会计事务中产生的经济管理关系，包括单位内部的会计事务管理关系、单位之间的经济关系、单位与国家行政管理机关之间在会计事务管理中产生的行政管理关系等。

《注册会计师法》对注册会计师行业管理体制、注册会计师考试和注册、会计师事务所组织形式和业务范围、法律责任等进行了系统规范，为注册会计师行业发展提供了有力的法律保障。

### （二）会计行政法规

行政法规由国务院制定发布，它通常以条例、规定等具体名称出现。国务院制定的行政法规，其权威性和法律效力仅次于法律，是一种重要的法律形式。比如，1990年，国务院颁布了《总会计师条例》，2000年颁布了《企业财务会计报告条例》等。

### （三）国家统一的会计制度

国家统一的会计制度是指由国务院财政部门根据《会计法》制定的关于会计核算、会计监督、会计机构和会计人员以及会计工作管理的制度，包括会计部门规章和会计规范性文件，是在全国范围内实施的，其法律效力低于会计行政法规。

会计部门规章由财政部制定的制度办法有《财政部门实施会计监督办法》《企业会计准则——基本准则》等。

会计规范性文件是指国务院财政部门制定并发布的制度办法，如《企业会计制度》《会计基础工作规范》，也包括国务院有关部门根据其职责制定的会计方面的规范性文件，但必须报财政部备案。

## 三、会计机构

会计机构是处理会计业务工作的专职机构。企业会计机构的主要职能是根据党和国家的方针政策，制定和执行会计制度，处理日常会计工作。

各单位是否设置会计机构，是根据各单位会计业务的需要、经营业务规模的大小、会计业务的复杂程度、机构人员的设置要求、办公自动化程度等来决定的。

实行独立核算的大中型企业，实行企业化管理的事业单位，以及财务收支数额较大、会计业务较多的机关团体和其他组织，必须设置由本单位领导人直接领导的财务会计机构，并配备必要的会计人员；财务收支数额不大、业务形式比较简单、会计核算不太复杂的单位，可以不设置专门的会计机构，只要在有关机构中配备专职会计人员处理会计事务即可；不具备配备专职会计人员条件的小型经济组织可以委托专门从事会计代理记账业务的中介代理机构代理记账。

会计机构的名称没有统一的规定，各单位根据自己的具体情况确定，如会计（或财务）处、科、股、组等。

为保证会计工作的顺利开展，会计机构内部应建立健全岗位责任制，明确会计人员各自的岗位及其职责范围，实行定员、定岗和定职的管理，以提高会计工作效率。会计人员的工作岗位一般有会计主管、出纳、财产物资核算、工资核算、成本费用核算、收入成本利润核算、资金核算、往来款项核算、总账报表、稽核等。会计工作的岗位分工根据需要确定，可以一人一岗、一人多岗或一岗多人。有条件的单位应进行定期会计轮岗。但不论如何分工，出纳人员不得兼任稽核、会计档案保管和收入、支出、费用、债权债务账目的登记工作。

企业会计工作的组织方式有集中核算和分散核算两种。

集中核算组织形式是指企业的会计核算工作，包括总分类核算和明细分类核算、会计报表编制和分析等，全部集中在会计机构总部进行。其他职能部门、车队、仓库的专职或兼职会计人员，只负责部分原始凭证填制和原始记录的登记，为会计机构总部的会计核算工作提供资料。采用集中核算组织形式，可以减少核算层次，节约核算费用，但不利于各职能部门及时运用会计资料对经济活动进行分析与考核。

分散核算（又称非集中核算）组织形式是指企业的会计核算工作分散在会计机构总部及各个职能部门中进行。即日常业务的凭证整理、明细核算、内部会计报表的编制和分析等工作，分散在直接从事该项业务的车队、部门进行；总分类核算、对外会计报表的编制和分析工作，现金往来、物资购销、债权债务结算等明细分类核算工作，集中在会计机构总部进行。实行分散核算有利于各部门及时掌握会计信息，利用会计资料进行经济活动的分析和考核。一个单位的会计工作组织是采用集中核算形式还是分散核算形式，取决于经济管理的要求。

**四、会计人员**

设置会计机构的单位，应当配备一定数量符合会计从业资格的会计人员。不设专门会计机构的单位，应当在有关机构中配备若干办理会计事务的专职和兼职会计人员。明确会计人员的职责权限，提高会计人员的政治素质和业务水平，是保证会计工作质量的关键。

（一）会计人员的职责

1. 进行会计核算

会计人员要做好会计核算工作，如实反映经济活动情况。按照国家会计制度的规定记账、算账、报账，做到手续完备，内容真实，数据准确，账目清楚，日清月结，按时编制会计报表并上报。

2. 实行会计监督

会计人员必须按照国家有关规定，对本单位的经济活动实行监督。对违反《会计法》和国家统一会计制度规定的会计事项，应拒绝办理或按照职权予以纠正。

3. 参与预测、决策和计划、预算的制定

会计人员按照经济核算的原则，编制并执行财务计划、预算；定期分析计划、预算的执行情况，挖掘增收节支的潜力，考核资金使用效果；参与本单位的预测、决策过程；为编制下期计划和预算提供有关的会计资料，做好信息反馈工作。

4. 做好其他会计工作

拟订本单位的会计事务管理办法，如材料收发保管制度，固定资产使用、保管制度等；按照会计制度的规定，妥善保管凭证、账簿、报表等档案资料。

（二）会计人员的任职要求

会计是利用货币计量，通过一系列专门方法为人们提供所需经济信息的信息系统。会计工作具有很强的政策性和专业性。因此，国家颁布了一系列行政规章，根据会计工作的实际岗位的复杂难易程度的不同、所负责任的大小，对不同层次会计人员提出了具体的任职要求。具体内容归纳如下。

1. 对从事会计工作人员的任职要求

从事会计工作的人员，必须取得会计从业资格证书。未取得从业资格证书的人员，不得从事会计工作。从事会计工作的人员按其所掌握专业知识和专业技能的熟练程度，以及在单位会计工作中所承担的责任，考试合格，经有关部门批准，获得相应的专业技术职务。国家规定的会计专业技术职务名称有：高级会计师、会计师、助理会计师和会计员。对各级专业职务的要求是：

（1）会计员应初步掌握财务会计知识和技能；熟悉并遵照执行有关会计法规和财务会计制度；能担负一个岗位的财务会计工作；具备规定的学历和专业工作经历。

（2）助理会计师应掌握一般的财务会计基础理论和专业知识；熟悉并能正确执行有关方针、政策和财务会计法规、制度；能担负一个方面重要岗位的财务会计工作；具备规定的学历和专业工作经历。

（3）会计师应较系统地掌握财务会计基础理论和专业知识；掌握并能正确贯彻有关的财经方针、政策和财务会计法规制度；具有一定会计工作经验，能担负一个单位或者管理一个地区、一个部门、一个系统某个方面的财务会计工作；具备规定的学历和专业工作经历。

（4）高级会计师应较系统地掌握经济、财务会计理论和专业知识，有较高的政策水平和丰富的财务会计工作经验；能担任一个地区、一个部门或一个系统的财务会计管理工作；具备规定的学历和专业工作经历。

2. 对总会计师的任职要求

按照我国《会计法》的规定，国有的和国有资产占控股地位或者主导地位的大、中型企业必须设置总会计师。总会计师是在单位负责人领导下，主管经济核算和财务会计工作的负责人。总会计师组织领导本单位的财务管理、成本管理、预算管理、会计核算和会计监督等方面的工作，参与本单位的重要经济问题的分析和决策。总会计师应坚持社会主义经营方向；坚持原则、廉洁奉公；熟悉本行业的基本业务知识和行业生产、技术、经营等情况，有组织领导能力；有较高的理论政策水平，熟悉国家的财经法律、法规、方针、政策；在经济管理、会计、财务、审计、金融等方面具有扎实的专业技术知识；具有会计师以上专业技术职称，主管一个单位或单位内部重要方面的财务工作3年以上。

其他设置会计机构的单位，或在有关机构中设置会计人员的单位，应指定会计主管人员。会计主管人员除了取得会计从业资格证书外，应具备会计师以上专业技术职务资格或者从事会计工作3年以上。

## 单项选择题

1. 为会计核算工作确定了时间范围的基本前提是(　　)。

A. 会计主体　　B. 会计分期　　C. 持续经营　　D. 货币计量

2. 为会计核算工作确定了空间范围的基本前提是(　　)。

A. 会计主体　　B. 会计分期　　C. 持续经营　　D. 货币计量

3. 会计分期是从(　　)引申出来的。

A. 会计主体　　B. 权责发生制　　C. 持续经营　　D. 货币计量

4. 会计的基本职能是(　　)。

A. 考核和分析　　B. 核算和监督　　C. 计算和记录　　D. 控制和预测

5. 会计准则以(　　)为制定依据。

A. 会计制度　　B. 会计法　　C. 宪法　　D. 注册会计师法

6. 对期末应收账款估计坏账损失，计提坏账准备的做法是会计信息质量(　　)的要求。

A. 真实性　　B. 相关性　　C. 谨慎性　　D. 及时性

7. 下列各项中，属于实质重于形式中所指的“形式”的是(　　)。

A. 交易或事项的实质　　B. 会计核算的法律形式

C. 会计核算的一般规律　　D. 法律、法规

8. 下列各项中，不属于谨慎性原则要求的是(　　)。

A. 资产计价时从低　　B. 利润估计时从高

C. 不预计任何可能发生的收益　　D. 负债估计时从高

9. 所有者权益是指企业所有者对企业(　　)的所有权。

A. 全部负债　　B. 全部权益　　C. 全部资产　　D. 净资产

10. 利润是企业在一定期间的(　　)。

A. 经营收入　　B. 经营毛利　　C. 经营成果　　D. 经济利益

## 多项选择题

1. 会计核算的基本前提包括(　　)。

A. 货币计量　　B. 会计分期　　C. 持续经营　　D. 会计主体

2. 下列关于会计主体的概念中,正确的有(　　)。

A. 会计主体是指进行独立核算的企业、事业单位或特定的会计单位

B. 会计主体一定是法人

C. 法人一定是会计主体

D. 实行内部独立核算的生产车间也是会计主体

3. 在会计要素中能反映企业财务状况的有(　　)。

A. 负债　　B. 所有者权益

C. 资产　　D. 费用

4. 利润包括的内容有(　　)。

A. 营业利润　　B. 净利润

C. 利润总额　　D. 代收款项

5. 下列关于会计信息质量谨慎性特征的表述中,正确的有(　　)。

A. 不高估资产　　B. 低估负债

C. 不高估收益　　D. 充分估计费用和损失

6. 会计计量可以采用(　　)单位。

A. 劳动量度　　B. 价值指标

C. 货币量度　　D. 实物量度

## 名词解释

1. 物流　　2. 物流会计　　3. 持续经营

4. 会计分期　　5. 实质重于形式　　6. 相关性

7. 谨慎性　　8. 流动资产　　9. 会计工作组织

10. 会计规章制度

# 思　考　题

1. 简述物流企业的概念及其内涵特征。
2. 物流企业的微观职能表现在哪些方面?
3. 物流企业会计有哪些核算环节?
4. 企业会计核算具有哪些基本前提?
5. 什么是资产? 它有哪些特征?
6. 简述合理组织会计工作的意义。
7. 试述企业会计人员的职责。

# 第二章　经营准备的管理与核算

**本章提要**

本章主要阐述物流企业现金、银行存款、其他货币资金等货币性资产的会计核算以及应收票据、应收账款、其他应收款等债权业务的核算。通过本章学习，学员应明确货币资产和债权的核算方法与管理要求，掌握各种银行结算方式，重点掌握银行存款收付业务、应收款项债权业务及坏账准备的会计处理。

## 第一节　货币资金的管理与核算

货币资金是指物流企业在生产经营活动中，处于货币形态的那部分资金，按其存放地点和用途不同，可分为现金、银行存款和其他货币资金。

物流企业为了保证物流经营活动(包括运输、储存、包装、装卸搬运、流通加工、物流信息等)的正常进行，需要有一定数量的货币资金。物流企业的许多活动，都需要进行货币资金收付，货币资金收支贯穿于企业的整个物流活动过程。因此物流企业在经营活动中，必须遵循货币资金管理的有关规定，企业的会计部门应结合货币资金的特点，认真做好货币资金的管理、核算和监督工作，确保货币资金的安全完整，加速资金周转，提高资金的使用效率。

### 一、现金的管理与核算

现金，它是指存放在物流企业财会部门的库存现金，包括库存的人民币和各种外币。

现金是流动性最强的资产，可以随时用来购买所需物资，支付日常零星开支，偿还债务等。因此加强现金的核算与管理，是物流企业会计核算的重要任务，它对于保护国家和企业财产的安全与完整，稳定金融秩序，具有十分重要的意义。

(一) 现金的管理

现金管理是企业财务部门按照国家现金管理制度，对现金的收入、支出和库存余额进行监督和管理。加强物流企业的现金管理，可以节约现金使用，防范舞弊，减少物流企业闲置资金，提高资金使用效果。国家关于现金管理的规定主要包括以下几个方面。

1. 现金使用范围的规定

根据规定，允许企业使用现金结算的有：

(1) 职工工资、津贴。

(2) 个人劳动报酬。

(3) 根据国家规定颁发给个人的科学技术、文化艺术、体育等各种奖金。

(4) 各种劳保、福利费用以及国家规定的对个人的其他支出。

(5) 向个人收购农副产品和其他物资的价款。

(6) 出差人员必须随身携带的差旅费。

(7) 结算起点以下的零星支出。

(8) 中国人民银行规定可以支付现金的其他支出。

属于上述现金结算范围的支出,企业可以根据需要向银行提取现金支付,不属于上述现金结算范围的款项支付一律通过银行进行转账结算。

2. 现金收支的规定

(1) 不准擅自坐支现金。所谓坐支,即指以物流企业的现金收入直接用于支付各项开支。坐支现金,容易扰乱现金收支渠道,不便于开户银行对企业现金进行有效的监督和管理。

(2) 收入现金应及时送存银行。物流企业的现金收入应于当天送存开户银行,当天送存确有困难的,应由开户银行确定送存时间。

(3) 不准编造用途套取现金。企业在国家规定的现金使用范围和限额内需要现金,应从开户银行提取,提取时应写明用途,不得编造用途套取现金。

(4) 严禁"白条顶库"。即企业不得用不符合财务制度的付款凭证顶替库存现金。

(5) 不得"公款私存"。即不准将企业的现金收入按个人储蓄方式存入银行,也不准保留账外公款等。

3. 库存限额的规定

为了加强现金管理,同时便于物流企业的日常零星开支。国家规定每个企业可以保留一定数额的库存现金,称为库存现金限额。企业的库存现金限额,由开户银行根据企业业务需要、现金收支状况和企业距离银行的远近等实际情况核定,一般为企业 3～5 天的日常零星开支所需要的数量。库存限额一经确定就必须执行,现金库存超过限额时要于当日送存开户银行,不足限额时可向开户银行提取。

4. 现金的内部控制制度

物流企业对现金的管理应当严格实行钱账分管制度,不得由出纳员兼管稽核、会计档案的保管和收入、费用、债权债务账目的登记工作。出纳员收付现金要有凭有据,经认真审核后,才能收付现金。收付现金必须当面点清,并认真复核,防止发生差错,收付后的现金凭证要加盖"现金收讫"或"现金付讫"章。对于不符合手续制度的凭证,出纳人员应拒绝办理。

（二）现金的核算

1. 现金的序时核算

为了连续、系统、全面记录现金收付业务的情况，物流企业要设置现金日记账进行明细核算。现金日记账为订本式账簿，采用三栏式账页，出纳员应根据审核后的原始凭证和现金收款及付款凭证按业务发生的顺序，逐日逐笔序时登记。每日终了，应结出余额，并将账面余额与实际现金库存数额核对，做到账实相符。通过登记现金日记账，可以反映现金增减变动和结存状况，加强现金管理。现金日记账的格式如图表 2-1 所示。

图表 2-1

**现 金 日 记 账**

| 20×7 年 | | 凭证号数 | 摘　　要 | 对方科目 | 收入 | 支出 | 结存 |
|---|---|---|---|---|---|---|---|
| 月 | 日 | | | | | | |
| 5 | 1 | | 上月结存 | | | | 1 200 |
| | 1 | 银付 1 | 提取现金备用 | 银行存款 | 5 000 | | |
| | 1 | 现收 1 | 零星运输收入 | 主营业务收入 | 2 180 | | |
| | 1 | 现付 1 | 支付办公用品费 | 管理费用 | | 380 | |
| | 1 | 现付 2 | 王明借差旅费 | 其他应收款 | | 2 600 | |
| | 1 | 现收 2 | 收回应收账款 | 应收账款 | 260 | | |
| | 1 | 现付 3 | 营业款送存银行 | 银行存款 | | 2 180 | |
| | | | 本日合计 | | 7 440 | 5 160 | 3 480 |

2. 现金的总分类核算

为了总括反映库存现金的收入、支出和结存情况，物流企业通过设置“库存现金”总分类账户进行核算。该账户借方登记现金的收入，贷方登记现金的支出，余额在借方，表示库存现金的结存数。

现以上列现金日记账记录的有关业务为例，说明现金收付业务的账务处理。

20×7 年 5 月 1 日，上海申通物流公司发生如下现金收付业务：

**【例 2-1】** 开出现金支票，从银行提取现金 5 000 元备用，根据现金支票存根，作会计分录如下：

借：库存现金　　　　5 000

　贷：银行存款　　　　5 000

**【例 2-2】** 1 日，零星运输收入，收到现金 2 180 元。应根据普通运输发票记账联填制收款凭证，作会计分录如下：

借：库存现金　　2 180

　贷：主营业务收入　　2 180

**【例 2-3】** 以现金购买办公用品 380 元。根据普通发票填制付款凭证，作会计分录如下：

借：管理费用——办公用品　　380

　贷：库存现金　　380

**【例 2-4】** 采购员王明因公出差，预借差旅费 2 600 元。根据领导批准的借款单，作会计分录如下：

借：其他应收款——王明　　2 600

　贷：库存现金　　2 600

**【例 2-5】** 收回零星应收账款，计现金 260 元。作会计分录如下：

借：库存现金　　260

　贷：应收账款　　260

**【例 2-6】** 将当日营业款 2 180 元送存银行。作会计分录如下：

借：银行存款　　2 180

　贷：库存现金　　2 180

（三）现金的清查

为了保证账实相符，及时发现或防止现金收付差错事故以及贪污、盗窃等非法行为，物流企业必须经常对现金进行清查盘点。出纳员必须做到“日清月结”，必要时企业还可以组织清查小组定期或不定期地对现金进行清查。若发现账实不符，应查明原因，及时处理。在未查明原因作出处理前，应通过“待处理财产损溢”账户进行核算，待查明原因后处理时再转入有关账户。

**【例 2-7】** 5 月 6 日，上海申通物流公司进行现金盘点，发现长款 180 元，原因待查。作会计分录如下：

借：库存现金　　180

　贷：待处理财产损溢——待处理流动资产损溢　　180

**【例 2-8】** 5 月 8 日，上海申通物流公司在现金清查中发现现金短缺 60 元，原因待查。作会计分录如下：

借：待处理财产损溢——待处理流动资产损溢　　60

　贷：库存现金　　60

【例 2-9】 5 月 10 日，经查长款原因不明，经批准作营业外收入；短款系出纳员责任，决定由出纳员赔偿。作会计分录如下：

借：待处理财产损溢——待处理流动资产损溢　　180
　贷：营业外收入　　180
借：其他应收款——××出纳员　　60
　贷：待处理财产损溢——待处理流动资产损溢　　60

## 二、银行存款的管理与核算

银行存款是指物流企业存放在银行和其他金融机构的各种存款。它是企业货币资金的主要组成部分，物流企业款项的收付结算，主要是通过银行转账来进行的。

### （一）银行存款的管理

银行存款的管理主要有以下内容。

1. 严格执行银行账户的管理规定

根据中国人民银行《人民币银行结算账户管理办法》的规定，物流企业都必须在当地银行开立结算账户，办理存款、取款和转账结算。物流企业向银行申请开立账户时，应填写开户申请书，提供当地工商行政管理机关核发的《营业执照》或《企业法人执照》正本等有关证件，并附单位财务专用章、法人、财务主管等印鉴式样卡片。经银行审核同意后可开立账户，企业在银行开户后，方可进行银行存款的收付业务。开户单位在银行开立的账户，只限本单位使用，银行存款账户必须保留足够资金保证支付，不准签发空头支付凭证。

2. 加强银行存款收付业务的日常管理

对于每笔银行存款收付业务，必须由出纳人员统一办理。出纳人员要认真审核收付业务的合法性、合理性，及时登记银行存款日记账，随时掌握银行存款的结存情况。银行支票的使用需得到财务负责人的批准，支票签发和印鉴保管不能由一人统管，必须分别由两人以上办理。

3. 建立和健全银行对账制度

物流企业应及时正确地记载与银行的往来账务，遵守有关核对账务的管理规定，对银行存款余额必须做到日清月结，及时与银行对账单核对账目，月终如有差额，必须逐笔查明原因，并编制“银行存款余额调节表”予以调节相符，以便掌握银行存款的收、付、存情况。

### （二）银行存款的核算

物流企业发生的各种结算款项，除按规定可以直接使用现金外，都必须通过银行进行转账结算。物流企业必须以银行结算户存款收付业务所规定的手续取得各种银行结算凭证，作为收付款项的原始凭证。原始凭证经财会主管人员审核签证后，据以填制银行结算户存款收款凭证或付款凭证，才能作为银行结算户收付款项的记账依据。

物流企业将现金存入银行时，应填制一式二联的现金交款单，连同现金一并送交银行，经银行点收无误，在现金交款单的回单联上加盖“收讫”戳记后退还企业，作为入账的原始凭证。凡是涉及物流企业结算户存款增加的业务，均以银行盖章后送交或退回企业的有关原始凭证，作为企业银行存款收入的入账依据。

当物流企业从银行提取现金或支付款项时，应签发现金支票或其他结算凭证，由银行付款转账，以企业的支票存根或其他结算凭证的回单，作为付款入账的原始凭证。对结算办法规定从物流企业结算户存款中划出的款项，以银行办理转出款项后的付款通知，作为付款入账的依据。

为了总括地核算和反映物流企业在银行结算户存款的收入、付出和结存情况，企业应设置“银行存款”账户进行总分类核算。“银行存款”账户的借方登记银行存款的增加，贷方登记银行存款的减少，余额在借方，表示银行存款的结余数。

现以上海申通物流公司的银行存款收付业务说明如下：

**【例 2-10】** 开出转账支票一张，支付购料款 5 000 元，增值税额 650 元，原材料已验收入库。作会计分录如下：

借：原材料　　5 000
　　应交税费——应交增值税（进项税额）　　650
　贷：银行存款　　5 650

**【例 2-11】** 月末收到营业款，现金收入 10 900 元，其中，运输劳务 10 000 元，增值税额 900 元存入银行。作会计分录如下：

借：银行存款　　10 900
　贷：主营业务收入　　10 000
　　　应交税费——应交增值税（销项税额）　　900

**【例 2-12】** 支付行政管理部门电话费 3 000 元。作会计分录如下：

借：管理费用　　3 000
　贷：银行存款　　3 000

**【例 2-13】** 购入一台检测设备，增值税专用发票列明价款 100 000 元，增值税额 9 000元，即日交付使用。作会计分录如下：

借：固定资产　　100 000
　　应交税费——应交增值税（进项税额）　　9 000
　贷：银行存款　　109 000

【例 2-14】 将库存超限额现金 6 000 元，存入银行，根据交款单作会计处理。作会计分录如下：

借：银行存款　　6 000

　贷：库存现金　　6 000

物流企业除通过“银行存款”账户进行总分类核算外，还须设置银行存款日记账进行序时明细分类核算，以加强对银行结算户存款的管理和监督。物流企业在每天的银行存款收付业务发生时，由出纳员根据审核后的收款凭证和付款凭证序时逐笔登记，每日终了，结出本日结存数。月末，结出本月收入、付出的合计数和结存数。同时与银行存款总分类账的借贷方发生额和期末余额核对相符。银行存款日记账一般采用订本式、三栏式账页，其内容、结构和登记方法与现金日记账基本相同。

（三）银行存款的清查

为了及时了解银行存款的收支情况，避免银行存款账目发生差错，企业必须定期(每月至少一次)将银行存款日记账与银行送交的对账单逐笔核对。核对中发现双方余额不一致时要及时查找原因。若是记账错误，应立即更正。除了记账错误外，还可能由于未达账项所造成的。所谓未达账项是指由于结算凭证传递时间差异造成的银行与企业之间一方已经入账，而另一方尚未入账的账款。未达账项一般有以下几种情况：

(1) 企业已经收款入账，但银行尚未收款入账。

(2) 企业已经付款入账，但银行尚未付款入账。

(3) 银行已经收款入账，但企业尚未收款入账。

(4) 银行已经付款入账，但企业尚未付款入账。

对于上述四种未达账项的情况，企业应编制银行存款余额调节表。如果是未达账项的原因，经调节后，企业日记账与银行对账单余额应该相符。现举例说明如下：

【例 2-15】 假定上海申通物流公司某年 7 月 31 日银行存款日记账账面余额为 192 300元，而开户银行送达的对账单余额为 193 500 元，经逐笔核对，有如下几笔未达账款：

(1) 7 月 30 日，企业委托收取货款 4 700 元，银行已收妥入账，而物流公司未收到收账通知，尚未入账。

(2) 7 月 31 日，以委托收款方式支付水电费 500 元，银行已付款入账，而物流公司未收到付款凭证，尚未入账。

(3) 7 月 31 日，以转账支票支付货款 7 000 元，物流公司已付款入账，而银行未收到转账支票，尚未入账。

(4) 7 月 31 日，企业存入转账支票 10 000 元，企业已收款入账，而银行尚未入账。

根据上述资料，编制银行存款余额调节表如图表 2-2 所示。

图表 2-2

**银行存款余额调节表**

| 项　　目 | 金　额 | 项　　目 | 金　额 |
|---|---|---|---|
| 银行存款日记账余额 | 192 300 | 银行对账单余额 | 193 500 |
| 加:银行已收,企业未入账的货款 | 4 700 | 加:企业已收,银行未入账的款项 | 10 000 |
| 减:银行已付,企业未入账的水电费 | 500 | 减:企业已付,银行未入账的购货款 | 7 000 |
| 调节后余额 | 196 500 | 调节后余额 | 196 500 |

经上述调整后的银行存款余额为 196 500 元,是物流企业月末可以动用的银行存款实有数额。经过调整后双方余额相等,一般说明双方账目没有错误。如果调整后余额不相等,则可能是银行记账有误,也可能是企业记账有误,应查明原因予以更正。值得注意的是,银行存款余额调节表并不是原始凭证,不能据以调整银行存款账面记录。只有等到有关银行结算凭证到达物流企业,才能根据收到的结算凭证进行账务处理。

## 三、其他货币资金的管理与核算

### (一) 其他货币资金的概念

其他货币资金是指除现金、银行存款以外,具有特定用途的各种货币资金。其他货币资金就其性质来说,与现金、银行存款一样,同属于货币资金,但是由于存放地点和用途不同,在会计上分别进行核算。其他货币资金的主要内容包括外埠存款、银行汇票存款、银行本票存款、信用卡存款、信用证保证金存款、存出投资款等。

(1) 外埠存款是指物流企业到外地进行临时或零星采购业务时,企业汇往采购地银行开立采购专户的款项。

(2) 银行汇票存款是指物流企业为取得银行汇票而按规定存入银行的款项。

(3) 银行本票存款是指物流企业为取得银行本票按规定存入银行的款项。

(4) 信用卡存款是指物流企业为取得信用卡按规定存入银行信用卡的款项。

(5) 信用证保证金存款是指物流企业为取得信用证按规定存入银行的保证金。

(6) 存出投资款是指物流企业已存入证券公司但尚未进行短期投资的款项。

### (二) 其他货币资金的核算

为了正确反映其他货币资金的形成和使用等情况，物流企业应设置“其他货币资金”总分类账户，下设“外埠存款”“银行汇票”“银行本票”“信用卡”“信用证保证金”“存出投资款”等明细账户。“其他货币资金”账户的借方登记其他货币资金的增加额，贷方登记其他货币资金的减少额，期末借方余额表示其他货币资金的结余额。

银行汇票存款、银行本票存款的账务处理与结算方式有直接关系，留待本章第二节“企业转账结算方式”中一并说明，现举例说明其他货币资金业务的账务处理方法。

**【例 2-16】** 4 月 2 日，上海申通物流公司委托当地开户银行将5 000 元存款汇往外地采购点银行开立采购专户，4 月 16 日，收到采购员交来上述供应单位发票账单，计材料价款 4 680 元，该公司采用实际成本法对材料进行核算，不考虑增值税。根据汇款回单联，作会计分录如下：

4 月 2 日：

借：其他货币资金——外埠存款　　5 000
　贷：银行存款　　5 000

4 月 16 日：

借：在途物资　　4 680
　贷：其他货币资金——外埠存款　　4 680

4 月 18 日，接银行通知，退回多余款 320 元，转入银行存款账户。作会计分录如下：

借：银行存款　　320
　贷：其他货币资金——外埠存款　　320

**【例 2-17】** 上海申通物流公司于 9 月 6 日向发卡银行申请使用信用卡，从其基本存款户中支付信用卡备用金 20 000 元。9 月 30 日，上海申通物流公司凭卡支付业务招待费 1 800 元。作会计分录如下：

9 月 6 日：

借：其他货币资金——信用卡　　20 000
　贷：银行存款　　20 000

9 月 30 日：

借：管理费用　　1 800
　贷：其他货币资金——信用卡　　1 800

**【例 2-18】** 上海申通物流公司进口商品一批，价款按当日汇率折算为人民币71 000 元。该公司采用实际成本法对材料进行核算。10 月 6 日，向银行交存保证金，申请开立信用证，该物流公司记账本位币为人民币。11 月 30 日，接进口商品发货单、提货单及信用证结算凭证，审核无误，以信用证存款支付，商品尚未运达公司，不考虑增值税。作会计分录如下：

10 月 6 日：

借：其他货币资金——信用证保证金　71 000

贷：银行存款——美元户　71 000

11 月 30 日：

借：在途物资　71 000

贷：其他货币资金——信用证保证金　71 000

物流企业向证券公司划出资金时，按实际划出的金额借记“其他货币资金——存出投资款”账户，贷记“银行存款”账户；购买股票、债券等时，按实际发生的金额，借记“交易性金融资产”账户，贷记“其他货币资金——存出投资款”账户。

## 第二节　企业转账结算方式

物流企业在经营活动中，由于采购物资、物资配送、发放工资、上缴税金以及其他款项的结算而发生的货币收付行为，称为结算业务。结算业务按照付款方式的不同，又分为现金结算和非现金结算两种方式。现金结算就是以现金收付方式结清往来款项的业务，这种结算业务必须在《现金管理暂行条例》规定的范围内进行。非现金结算是收付双方通过银行划拨款项实现货币收付的业务，也称转账结算。现行物流企业的银行转账结算方式主要有汇票（包括商业汇票和银行汇票）、本票、支票、委托收款、汇兑、托收承付等结算方式。

采用银行转账结算方式有利于加强银行对物流企业货币资金的监督，促进购销双方认真履行合同，维护购销双方的正当权益，加强结算纪律，及时结算货款，加速资金周转。

现将各种结算方式分述如下。

### 一、支票

支票是单位或个人签发的，由委托办理支票存款业务的银行在见票时无条件支付确定的金额给收款人或持票人的票据。支票结算方式是同城结算中应用比较广泛的一种结算方式。单位和个人在同一票据交换区域内的各种款项，均可使用支票。

支票上印有“现金”字样的为现金支票，现金支票只能用于支取现金。支票上印有“转账”字样的为转账支票，转账支票只能用于转账。支票上未印有“现金”或“转账”字样的为普通支票。普通支票可以用于支取现金，也可以用于转账。普通支票左上角划两条平行斜线的，为划线支票，划线支票只能用于转账，不能支取现金。

1. 支票结算的主要规定

（1）支票一律记名。

（2）支票的提示付款期限为出票日起 10 日内。

(3) 转账支票在中国人民银行批准的地区可以背书转让。

(4) 禁止签发空头支票。所谓空头支票是指签发的支票金额超过其付款时在银行实有的存款金额。企业不得签发与其预留银行印鉴不符的支票;使用支付密码的,不得签发支付密码错误的支票;否则,银行除退票外,按票面金额处以5%但不低于1 000元的罚款,持票人有权要求出票人支付支票2%的赔偿金。

(5) 支票的日期、金额、收款人不得更改,更改的支票无效。

(6) 存款人领购支票,必须填写"票据和结算凭证领用单"并加盖预留银行印鉴。存款账户结清时,必须将全部剩余空白支票交回银行注销。

2. 支票的结算程序

(1) 经济业务发生后,由付款单位签发支票递交收款单位,或委托开户银行将款项转入收款单位。

(2) 收款单位收到转账支票后,连同填制的进账单一并送交开户银行,根据进账单上加盖有银行受理章的回单联经审核后,进行有关业务的会计处理。

3. 采用支票结算的账务处理

付款单位签发支票支付款项时,根据支票存根和有关原始凭证,借记有关账户,贷记"银行存款"账户。

收款单位收到支票,根据"进账单"回单联,借记"银行存款"账户,贷记有关账户。

支票结算方式适用于企业或个人间在同城或同一票据交换地区的商品交易和劳务供应以及其他款项的结算。支票结算具有手续简便、结算迅速、使用灵活的特点。

**二、银行本票**

银行本票是银行签发的,承诺自己在见票时无条件支付确定的金额给收款人或者持票人的票据。无论单位或个人,在同一票据交换区域内支付各种款项,都可以使用银行本票。

银行本票分为定额本票和不定额本票。定额本票面值分别为1 000元、5 000元、10 000元和50 000元。银行本票可以用于转账,注明"现金"字样的银行本票可以向出票银行支取现金。

1. 银行本票的主要规定

(1) 银行本票一律记名。

(2) 银行本票的提示付款期限为自出票日起最长不超过2个月。

(3) 用于转账的银行本票可以背书转让。

2. 银行本票的结算程序

(1) 使用银行本票结算方式时,付款人向银行填写"银行本票申请书"并取得回单,据以填制付款凭证。

(2) 银行受理申请书并办理转账或收取现金后,据以签发银行本票,交给付款人向收款人办理结算。

(3) 收款单位按照规定接受银行本票后，应将本票连同进账单送交银行办理转账，根据退回的进账单第一联和有关原始凭证填制收款凭证。

3. 采用银行本票结算方式的账务处理

(1) 付款单位收到银行签发的银行本票后，根据“银行本票申请书”回单，借记“其他货币资金——银行本票存款”账户，贷记“银行存款”账户。付款单位持本票结算后，根据发票等有关账单，借记“在途物资”等有关账户，贷记“其他货币资金——银行本票存款”账户。

(2) 收款单位受理本票后将本票连同进账单回单联，借记“银行存款”账户，贷记“主营业务收入——运输收入”等有关账户。

**【例 2-19】** 6 月 2 日，上海申通物流公司将款项 8 000 元交存银行，取得银行本票。6 月 3 日，用该本票支付办公用品款 8 000 元。

6 月 2 日，作会计分录如下：

| | | |
|---|---|---|
| 借：其他货币资金——银行本票 | 8 000 | |
| 　贷：银行存款 | | 8 000 |

6 月 3 日，作会计分录如下：

| | | |
|---|---|---|
| 借：管理费用 | 8 000 | |
| 　贷：其他货币资金——银行本票 | | 8 000 |

银行本票结算方式适用于单位或个人在同城范围内的商品交易、劳务供应及往来款项的结算。这种结算方式，由于票据由银行签发，资金具有绝对的兑现性，而且见票即付，信用度高，支付能力强，方便灵活。

## 三、银行汇票

银行汇票是出票银行签发的，由其在见票时按照实际结算金额无条件支付给收款人或持票人的票据。银行汇票适用于先收款后发货或钱货两清的商品交易。单位和个人在异地结算各种款项，均可使用银行汇票。

银行汇票可以用于转账，填明“现金”字样的银行汇票也可以用于支取现金。但申请人或收款人为单位的，不得申请支取现金的银行汇票。

1. 银行汇票的有关使用规定

(1) 银行汇票一律记名。

(2) 银行汇票的提示付款期限为出票日起 1 个月内。

(3) 用于转账的银行汇票可以背书转让。银行汇票的背书转让以不超过出票金额的实际结算金额为限。

(4) 收款人向银行提示付款时，必须同时提交银行汇票和解讫通知。否则，银行不予受理。

2. 银行汇票的结算程序

（1）汇款单位申请办理银行汇票结算时，应向签发银行填写“银行汇票委托书”，连同款项送交银行办理签发银行汇票手续。

（2）签发银行受理银行汇票委托书后，将款项收妥后，签发“银行汇票”，汇款单位持往异地办理转账结算或提取现金。

（3）汇款单位持“银行汇票”和“解讫通知”直接往异地办理结算，交由指定收款单位或收款人于银行汇票背书后，向兑付银行办理转账结算，多余金额由签发银行退交汇款单位。

3. 采用银行汇票的账务处理

（1）汇款单位委托银行开出银行汇票时，应根据汇票委托书回单，借记“其他货币资金——银行汇票”账户，贷记“银行存款”账户。汇款单位用银行汇票办理结算后，收到银行转来的银行汇票第四联及有关发票账单时，借记“在途物资”等有关账户，贷记“其他货币资金——银行汇票存款”账户。

（2）收款单位收到银行汇票时，借记“银行存款”账户，贷记有关账户。

**【例 2-20】** 4 月 19 日，上海申通物流公司向当地开户银行办理银行汇票，将款项 8 000 元交存银行，取得汇票，由采购员持往异地采购物资。4 月 25 日，采购员交来发票等报销凭证，其中货款 6 000 元，增值税额 1 020 元。该公司采用实际成本法对原材料进行核算。根据有关凭证，作会计分录如下：

4 月 19 日：

| | | |
|---|---|---|
| 借：其他货币资金——银行汇票 | 8 000 | |
| 　贷：银行存款 | | 8 000 |

4 月 25 日：

| | | |
|---|---|---|
| 借：在途物资 | 6 000 | |
| 　　应交税费——应交增值税（进项税额） | 1 020 | |
| 　贷：其他货币资金——银行汇票 | | 7 020 |

4 月 28 日，余款 980 元自动退回该公司开户银行账户：

| | | |
|---|---|---|
| 借：银行存款 | 980 | |
| 　贷：其他货币资金——银行汇票 | | 980 |

银行汇票结算方式适用于异地间的各种款项的结算，特别适用于先收款后发货或钱货两清的商品交易。这种结算，票随人到，有利于单位和个人的急需用款和及时采购。这种结算，还具有使用范围广，灵活方便，结算迅速，剩余款项由银行负责退

回，防止交易尾欠发生等特点。

### 四、商业汇票

商业汇票是出票人签发的，委托付款人在指定日期无条件支付确定的金额给收款人或者持票人的票据。商业汇票在同城或异地均可使用。在银行开立存款账户的法人以及其他组织之间须具有真实的交易关系或债权债务关系，才能使用商业汇票。采用商业汇票结算方式，应注意以下事项：

(1) 商业汇票的付款期限由交易双方商定，但最长不得超过 6 个月。

(2) 商业汇票的提示付款期限自汇票到期日起 10 天内。

(3) 商业汇票可以背书转让。

(4) 符合条件的商业汇票的持票人可持未到期的商业汇票连同贴现凭证，向银行申请贴现。

根据承兑人的不同，商业汇票分为商业承兑汇票和银行承兑汇票。

1. 商业承兑汇票

商业承兑汇票是由银行以外的付款人承兑。商业承兑汇票按交易双方约定，由销货企业或购货企业签发，但由购货企业承兑。商业承兑汇票的付款人收到开户银行的付款通知，应当在当日通知银行付款。付款人在接到通知日的次日起 3 天内（遇法定休假日顺延）未通知银行付款的，视同付款人承诺付款，银行将于付款人接到通知日的次日起第 4 日（遇法定休假日顺延）将票款划给持票人。付款人提前接到由其承兑的商业汇票，应通知银行于汇票到期日付款。付款人存款账户不足支付的，银行将填制付款人未付票款通知书，连同商业承兑汇票邮寄持票人开户银行转交持票人。

使用商业承兑汇票时，付款人应于票据到期日前将票款交存开户银行，银行在汇票到期日凭票将款项划给收款人。付款人承兑时，要在商业承兑汇票正面签署“承兑”字样，并加盖预留银行印章，将其交收款人。收款人或被背书人应在汇票将要到期时，将汇票送交开户银行办理收款手续，在收到银行收账通知时，据以填制收款凭证。付款单位在收到银行的付款通知时，据以填制付款凭证。到期日付款人账户不足支付的，其开户银行应将商业承兑汇票退给收款人，由其自行处理，银行不负责付款。同时银行对付款人按票面金额处以 5%但不低于1 000 元的罚款。

2. 银行承兑汇票

银行承兑汇票由银行承兑，由在承兑银行开立存款账户的存款人签发。企业申请使用银行承兑汇票时，应向其承兑银行按票面金额的 5‱缴纳手续费。银行承兑汇票的出票人应于汇票到期前将票款足额交存其开户银行。银行承兑汇票的出票人于汇票到期前未能足额交存票款时，承兑银行除凭票向持票人无条件付款外，对出票人尚未支付的汇票金额按照每天 5‱计收利息。

使用银行承兑汇票进行结算时，收付款双方应约定汇票签发人，然后由承兑申请人持银行承兑汇票和购销合同向其开户银行申请承兑。经银行审查同意，签订承兑协议，银行在收取承兑手续费、压印汇票金额并盖章后，将银行承兑汇票连同解讫通知交给承兑申请人转交收款人。承兑申请人应在汇票到期以前，将票款交存开户银行，以备银行到期凭票付款。收款人或被背书人在银行承兑汇票到期时，将银行承兑汇票、解讫通知，连同进账单送交开户银行办理转账，然后凭银行盖章退回的进账单填制收款凭证。付款单位在收到银行的支款通知时，据以填制付款凭证。

商业承兑汇票应通过"应收票据"和"应付票据"账户核算。有关"应收票据"账户的核算详见本章第三节。

**五、汇兑**

汇兑是汇款人委托银行将其款项支付给收款人的结算方式，单位和个人各种款项的结算均可使用，汇兑结算方式适用于异地之间的各种款项结算。

汇兑分为信汇、电汇两种，由汇款人选择使用。信汇是指通过银行邮寄信汇凭证，将款项汇交收款人的一种汇兑方式；电汇是指通过银行拍发电报，将款项汇交收款人的一种汇兑方式。

如果汇款人和收款人为个人，且需要在汇入行支取现金，可以办理现金汇兑；未在银行开立账户的收款人，其转账汇兑款严禁转入储蓄和信用卡账户。

采用汇兑结算方式，汇款人应向银行填写信汇凭证或电汇凭证（派人到汇入银行领取汇款的，应注明"留停待取"字样；需支付现金的，应注明"现金"字样），委托银行办理汇款手续，取得信汇凭证或电汇凭证的回单作为付款凭证。银行划转款项后，由汇入银行将开立账户的收款人的款项，直接转入收款人账户，收款单位收到银行的收账通知时据以填制收款凭证。未在银行开立账户的收款人，可持信汇或电汇取款通知和本人身份证件，向汇入银行办理手续，支取款项。分次支取的，应以收款人的姓名开立临时存款户，临时存款户只付不收，付完清户，不计付利息。转汇的，办理解付后，应委托汇入行重新办理信汇、电汇结算（凭证上加盖"转汇"戳记）。

付款单位汇出款项时，应填写银行印发的汇款凭证，列明收款单位名称、汇款金额及汇款的用途等项目，送交开户银行，委托银行将款项汇往收汇银行。付款单位根据银行签发的汇款回单，借记有关账户，贷记"银行存款"账户。

**六、委托收款**

委托收款是收款人委托银行向付款人收取款项的结算方式。无论单位还是个人都可凭已承兑商业汇票、债券、存单等付款人债务证明办理收取同城或异地款项。委托收款还适用于收取电费、电话费等付款人众多且分散的公用事业费等有关事项。

委托收款结算款项的划回方式分邮寄和电报两种，由收款人选用。

收款人办理委托收款时，在一式五联填制的委托收款凭证的第二联上签章后，将有关委托收款凭证和债务证明提交开户银行。

付款人开户银行接到寄来的委托收款凭证及债务证明，审查无误后办理付款。其中，以银行为付款人的，银行应当在当日将款项主动交付给收款人；以单位为付款人的，银行应当及时通知付款人，同时按照有关规定，将有关债务证明交给付款人，并由付款人签收。付款人应于接到通知的当日以书面通知银行付款，如果付款人未在接到通知日的次日起 3 日内通知银行付款的，视为付款人同意付款，银行将于付款人接到通知的次日起第 4 日上午开始营业时将款项划给收款人。如果付款人账户存款不足，付款人开户银行将通过被委托银行向收款人发出未付款项通知书。如果付款人审查债务证明后，对收款人委托收取的款项需要拒绝付款的，可以办理拒绝付款业务。

采用委托收款结算方式的账务处理如下：

(1) 收款单位办理委托收款结算手续，接到开户银行退回的委托收款回单时，借记“应收账款”账户，贷记“主营业务收入——装卸收入”等有关账户。接到委托收款凭证的收款通知联时，借记“银行存款”账户，贷记“应收账款”账户。

(2) 付款单位接到开户银行的付款通知，付款期满支付款项后，借记“在途物资”等有关账户，贷记“银行存款”账户。

委托收款可用于在银行或其他金融机构开立账户的单位和个体经济户的商品交易、劳务款项以及其他应收款项的结算。该方式在同城、异地均可以办理，不受金额起点限制。

**七、异地托收承付**

托收承付是根据购销合同由收款人发货后委托银行向异地付款人收取款项，由付款人向银行承认付款的结算方式。办理托收承付结算的款项，必须是商品交易以及因商品交易而产生的劳务供应的款项。代销、寄销、赊销商品的款项，不得办理托收承付结算。

收款人办理托收，必须具有商品确已发出的证件(包括铁路、航运、公路等运输部门签发的运单、运单副本和邮局包裹回执)及其他有效证件。

每笔托收承付结算业务的金额起点为 10 000 元。对于新华书店系统，每笔结算的金额起点为 1 000 元。

付款人开户银行收到托收凭证及其附件后，应及时随时通知付款人付款。承付货款分为验单付款和验货付款两种，由收付双方选用，并在合同中明确规定。

验单付款的承付期为 3 天，从付款人开户银行发出通知的次日算起(承付期内遇法定休假日顺延)。付款人在承付期内，未向银行表示拒绝付款，银行即视为承付，并在承付期满的次日(法定休假日顺延)上午银行开始营业时，将款项从付款人账户内付出，划给收款人。

验货付款的承付期为 10 天，从运输部门向付款人发出提货通知的次日算起，如果收付双方在合同中规定，并在托收凭证上注明验货付款期限，银行将按此期限办理。付款人收到提货通知后，应即向银行交验提货通知。付款人在银行发出承付通知的次日起10天内未收到提货通知的，应在第10天将货物尚未到达的情况通知银行。在第10天付款人没有通知银行的，银行视作已经验货，于承付期满的次日上午开始营业时将款项划给收款人；在第10天付款人通知银行货物未到，而以后收到提货通知又没有及时送交银行的，银行仍按10天期满的次日作为划款的日期，并按超过的天数，计扣逾期付款赔偿金。

付款人开户银行对付款人逾期支付的款项，根据逾期付款金额和逾期天数，按每天5‱计算逾期付款赔偿金。逾期付款天数从承付期满日算起。银行审查拒绝付款期间不算作付款人逾期付款，但对无理的拒绝付款而增加银行审查时间的，从承付期满日起计算逾期付款赔偿金。赔偿金实行定期扣付，每月计算一次，于次月3天内单独划给收款人。赔偿金的扣付列为企业销货收入扣款顺序的首位。付款人存款余额不足支付的，应排列在工资之前，并对该账户采取"只收不付"的控制办法，直到足额扣付赔偿金后才准予办理其他款项的支付，由此产生的经济后果由付款人自负。

异地托收承付结算的账务处理如下：

(1) 收款单位发运商品后，根据发货票、代垫运杂费单据等，向银行办理托收时，借记"应收账款"等账户，贷记"主营业务收入"等有关账户。待接到银行收款凭证时，借记"银行存款"账户，贷记"应收账款"账户。

(2) 付款单位在承付款项后，根据付款通知联及发票账单，借记"在途物资"等有关账户，贷记"银行存款"账户。

**八、信用卡**

信用卡是指商业银行向个人和单位发行的，凭此向特约单位购物、消费和向银行存取现金，且具有消费信用的特制载体卡片，信用卡按信誉等级分为金卡和普通卡，按使用对象分为单位卡和个人卡，其中单位卡一律不得支取现金。

凡在中国境内金融机构开立基本存款账户的单位可申领单位卡。单位卡可申领若干张，持卡人资格由申领单位法定代表人或其委托的代理人书面指定和注销。单位卡账户的资金一律从其基本存款账户转账存入，不得交存现金，不得将销货收入的款项存入单位卡账户。持卡人可持信用卡在特约单位购物、消费，但单位卡不得用于10万元以上的商品交易、劳务供应款项的结算，不得提取现金。信用卡透支额，金卡最高不得超过10 000元，普通卡最高不得超过5 000元，透支期限最长为60天。

企业为取得信用卡，应填制"信用卡申请表"，连同支票和有关资料一并送交发卡银行。这笔为取得信用卡或为补充信用卡款项而存入银行信用卡专户的款项称为信用卡存款。企业根据银行盖章退回的进账单第一联，编制付款凭证，借记"其他货币资金——信用卡"账户，贷记"银行存款"账户。用信用卡在特约单位购物或消费时，根据签购单和有关报销凭证的实际支付金额，编制付款凭证，借记"管理费用"等账户，贷记“其他货币资金——信用卡”账户。

**九、信用证**

信用证结算方式是国际结算的一种主要方式，是开证银行依照申请人（购货方）的申请向受益方（销货方）开出的一定金额、在一定期限内凭信用证规定的单据支付款项的书面承诺。我国的信用证为不可撤销、不可转让的跟单信用证。

信用证结算方式主要有三个特点：其一，信用证结算是以开证银行的信用作为付款保证的银行信用。信用证开出后，开证银行负第一位的付款责任。其二，信用证与作为其依据的购销合同相互独立，银行在处理信用证时，不受购销合同的约束，只对信用证负责，只凭信用证所规定的完全符合条款的单据付款。其三，信用证业务只处理单据，一切以单据为准，而不管与单据有关的货物及劳务。

企业办理信用证时，应填制信用证开证申请书、信用证申请人承诺书，并提交有关购销合同，同时向银行缴纳不低于开证金额20%的保证金。根据银行退回的进账单第一联，编制付款凭证，借记“其他货币资金——信用证保证金”账户，贷记“银行存款”账户；根据开证银行交来的信用证来单通知书及有关单据列明的金额，编制付款凭证，借记“原材料”等账户，贷记“其他货币资金——信用证保证金”“银行存款”等账户。

## 第三节　应收款项的管理与核算

物流企业在物流经营活动的各个环节中，必然要同有关单位和个人发生经济往来。应收及预付款项是往来款项中属于企业流动资产的重要组成部分，是企业流动性较强的资产。其中，应收款项包括应收票据、应收账款和其他应收款等。

**一、应收账款的核算**

（一）应收账款的概念

应收账款就一般企业而言，是指因销售产品、商品、材料及提供劳务等业务，应向购货及接受劳务的单位和个人收取的款项。对于物流企业来说，主要是指以赊账方式提供运输、装卸等劳务应收取的款项。

企业的经营目的是为了销售商品或提供劳务，并通过经营取得货币资金，但是在经营过程中，必然会有一部分资金被购货单位或接受劳务的单位和个人所占用，形成应收款项。如果营业款得不到收回，企业的资金就无法顺利周转，正常的经营活动就难以继续。因此，物流企业必须加强对应收账款的管理，严格控制应收账款的数额和收回时间，采取有效措施组织货款催收，避免物流企业的资金被其他单位或个人长期占用。

（二）应收账款的账户设置及账务处理

为了总括地反映和监督应收账款的增减变动及资金占用情况，物流企业应设置“应收账款”账户，用于核算物流企业因提供运输、装卸、商品配送、劳务等应向购货单位收取的款项。该账户余额一般在借方，表示企业应收未收款项的结存额。为了详细地反映企业应收账款的发生和收回情况，以便及时地向债务人催收款项，在“应收账款”账户下，应按不同的单位（即债务人）设置明细账户，进行明细分类核算。

物流企业的应收账款主要表现为物流企业与客户（如货物托运人）之间的应收运费等。其业务处理举例如下：

**【例 2-21】** 上海申通物流公司根据运费账单，结转应收 A 企业运费收入 5 000 元。应作会计分录如下：

借：应收账款——A 企业　　5 450
　贷：主营业务收入——运输收入　　5 000
　　　应交税费——应交增值税（销项税额）　　450

**【例 2-22】** 上海申通物流公司让售给 B 企业修理用备件一批，价款为 10 000 元，材料已售出，但款项尚未收取。应作会计分录如下：

借：应收账款——B 企业　　11 300
　贷：其他业务收入　　10 000
　　　应交税费——应交增值税（销项税额）　　1 300

**【例 2-23】** 根据银行收款通知，收到 A 企业运费欠款 5 000 元。应作会计分录如下：

借：银行存款　　5 000
　贷：应收账款——A 企业　　5 000

**【例 2-24】** 上海申通物流公司收到 B 企业交来用以支付所结欠备件款的商业汇票，开列金额 11 300 元。应作会计分录如下：

借：应收票据　　11 300
　贷：应收账款——B 企业　　11 300

物流企业为促进销售或加快营业款回收，往往采用营业折扣的方法。折扣有两种主要形式：商业折扣和现金折扣。

商业折扣是指企业为扩大经营，从营业价格总额中减去适当的金额的一种优惠方式。商业折扣是价格上的让步，它是对不同类别的顾客提供实际价格的方法。典型的例子就是大笔交易的折扣。如上海申通物流公司销售 A 备件，价目单所定价格为每件 160 元，对购买量为 50 件的顾客，公司不提供折扣，但如果购买 100 件，则提供10%的折扣,发票价格为14 400元(100×160－100×160×10%)。由于商业折扣在交易发生时已经确定,它不在买卖双方任何一方的账上进行反映。所以,有商业折扣的销售收入总额等于原价减去折扣后的实际销售价格。

与商业折扣不同,现金折扣是对及时付款的一种奖励,是对在规定的付款期内付款的客户,按销售货款给予的一定比例的扣减。折扣的条款可以用不同的方式在发票上注明。例如用"2/10,1/20,N/30"来表示(如图表2-3所示)。

图表2-3

**现金折扣示例**

| 信用条件 | 含义 |
| --- | --- |
| 2/10 | 自发票日期起,10天内付款给予2%的折扣 |
| 1/20 | 自发票日期起,20天内付款给予1%的折扣 |
| N/30 | 自发票日期起,全部价款在30天内付清无折扣 |

对采取现金折扣销售的会计处理方法有两种:总价法和净价法。总价法是在销售业务发生时,应收账款以未扣减现金折扣前的实际售价入账,实际发生的现金折扣作为对客户提前付款的奖励性支出,通过"财务费用"账户反映。净价法是在销售业务发生时,应收账款以扣减现金折扣后的金额入账,因客户超过折扣期限付款而多收的款项,视为向客户提供信贷获得的收入直接冲减财务费用。按照企业会计制度的规定,我国现行的会计处理中要求采用总价法进行核算。

**【例2-25】** 上海申通物流公司向A公司提供运输劳务,营业额20 000元。付款条件为"2/10,N/30",计算现金折扣时不考虑增值税。采用总价法核算,应作会计分录如下:

当营业业务发生时:

| | | |
| --- | --- | --- |
| 借:应收账款 | 21 800 | |
| 贷:主营业务收入 | | 20 000 |
| 应交税费——应交增值税(销项税额) | | 1 800 |

假设A公司10天内付款时:

| | | |
| --- | --- | --- |
| 借:银行存款 | 21 364 | |
| 财务费用 | 436 | |
| 贷:应收账款 | | 21 800 |

假设A公司超过10天,在30天内付款时:

| | | |
| --- | --- | --- |
| 借:银行存款 | 21 800 | |
| 贷:应收账款 | | 21 800 |

（三）坏账的核算

1. 坏账损失的确认

坏账是指物流企业无法收回或收回可能性很小的应收款项，由于发生坏账而产生的损失，称为坏账损失。

确认坏账损失一般应符合下列条件：

(1) 因债务人破产、单位撤销或债务人死亡，以其破产财产或遗产清偿后，仍不能收回的应收账款。

(2) 因债务人逾期未履行偿债义务超过 3 年，经查确实无法偿还的应收款项。

物流企业对于以上确认无法收回的应收款项，报经批准后作为坏账损失处理。

2. 坏账损失的核算

根据谨慎性原则的要求，企业至少在每年年末要对应收账款的坏账损失进行估计，对可能无法收回的应收账款作为资产减值损失处理，同时确认坏账准备。

物流企业应设置“坏账准备”账户，用来总括反映和监督坏账准备的计提和冲销情况。该账户是“应收账款”账户的备抵调整账户。“坏账准备”账户贷方登记企业每期提取的坏账准备金额，借方登记坏账的冲销金额，贷方余额为已经提取的坏账准备，借方余额则为坏账准备不足应补提数。

坏账准备金的估计比例要合理适中，从理论上讲，应按照坏账占应收账款的概率计算，坏账多，比例相应高；反之，比例则低。坏账准备金的估计方法有三种：即应收账款余额百分比法、账龄分析法和销货百分比法。我国会计制度规定，只能采用应收账款余额百分比法。根据我国企业会计制度的规定，坏账准备金的计提比例一般为年末应收账款余额的 3‰～5‰。

物流企业于每期提取坏账准备时，借记“信用减值损失”账户，贷记“坏账准备”账户。确认坏账时，借记“坏账准备”账户，贷记“应收账款”账户。如果已确认为坏账并转销的应收账款又收回来，则按收回的金额借记“应收账款”账户，贷记“坏账准备”账户，同时借记“银行存款”账户，贷记“应收账款”账户。物流企业年末坏账准备与应收账款账面余额的比例高于或低于规定的提取比例，应予以调整。应提取的坏账准备大于其账面余额的，应按差额补提坏账准备，借记“信用减值损失”账户，贷记“坏账准备”账户；应提取的坏账准备小于账面余额的，应按差额冲回坏账准备，借记“坏账准备”账户，贷记“信用减值损失”账户。

**【例 2-26】** 假定上海申通物流公司采用备抵法进行坏账损失的核算，计提比例为年末应收账款余额的 3‰，第一年年末“应收账款”账户的余额为 1 000 000 元。应作会计分录如下：

借：信用减值损失　　3 000
　贷：坏账准备　　3 000

**【例 2-27】** 上海申通物流公司第二年共发生坏账 5 000 元，其中甲公司 1 000 元，乙公司 4 000 元。应作会计分录如下：

借：坏账准备　　5 000
　贷：应收账款——甲公司　　1 000
　　　　　　——乙公司　　4 000

**【例 2-28】** 上海申通物流公司第二年年末“应收账款”账户余额为 1 200 000 元，“坏账准备”账户有借方余额 2 000 元，本年度应计提的坏账准备金为 5 600 元（1 200 000×3‰+2 000）。作会计分录如下：

借：信用减值损失　　5 600
　贷：坏账准备　　5 600

**【例 2-29】** 上海申通物流公司第三年中收回已冲销的乙公司应收账款 4 000 元。应作会计分录如下：

借：应收账款——乙公司　　4 000
　贷：坏账准备　　4 000

同时：

借：银行存款　　4 000
　贷：应收账款——乙公司　　4 000

**【例 2-30】** 第三年年末“应收账款”账户余额为 2 000 000 元，“坏账准备”账户余额为贷方 7 600 元。本年度应计提的坏账准备金为−1 600 元（2 000 000×3‰−7 600），即冲销多提的坏账准备 1 600 元。应作会计分录如下：

借：坏账准备　　1 600
　贷：信用减值损失　　1 600

## 二、应收票据的核算

### （一）应收票据的概念

应收票据是指物流企业在采用商业汇票结算方式下因提供运输、装卸、配送等营运业务而收到的商业汇票，包括银行承兑汇票和商业承兑汇票。

商业汇票有带息票据和不带息票据之分。我国银行结算办法中采用的商业汇票普遍是不带息票据。

### （二）账户设置与账务处理

为了反映和监督企业应收票据的取得和回收情况，物流企业应设置“应收票据”

账户进行核算。其借方登记应收票据的面值，贷方登记到期收回或未到期向银行贴现的应收票据的面值。与此同时，为了便于管理和分析各种票据的具体情况，企业还应设置“应收票据备查簿”进行逐笔记录。物流企业收到应收票据时，借记“应收票据”账户，贷记“主营业务收入——运输收入”等有关账户。应收票据到期收回票面金额时，借记“银行存款”账户，贷记“应收票据”账户。需要指出的是，到期不能收回的应收票据，应将其账面余额转入应收账款。应收票据账务处理举例如下：

**【例 2-31】** 上海申通物流公司为托运单位提供货物运输，收到托运单位签发并承兑的商业承兑汇票一张，面额为 10 000 元，期限 3 个月到期。应作会计分录如下：

借：应收票据　　10 900
　贷：主营业务收入——运输收入　　10 000
　　应交税费——应交增值税(销项税额)　　900

**【例 2-32】** 承[例 2-31]，商业承兑汇票到期，收回货款转存银行，作会计分录如下：

借：银行存款　　10 900
　贷：应收票据　　10 900

**【例 2-33】** 承[例 3-32]，假设某托运单位到期无力偿付票款，则作会计分录如下：

借：应收账款——某托运单位　　10 900
　贷：应收票据　　10 900

（三）票据贴现的核算

物流企业在商业汇票到期前，如果需要资金，可以将商业汇票向银行申请贴现。

所谓贴现是指汇票持有人将未到期的商业汇票交给银行，银行受理后，从票据到期值中扣除按银行的贴现率计算确定的贴现利息后，将剩余金额支付给持票人的一种方式。可见，票据贴现相当于银行对企业的一种短期贷款，贴现利息就是贴给银行提供贷款的利息。

1. 票据贴现的计算

票据贴现的有关计算公式如下：

票据到期值＝票据面值×(1＋年利率×票据到期天数÷360)

或　　＝票据面值×(1＋年利率×票据到期月数÷12)

对于无息票据来说，票据的到期价值就是其面值。

贴现息＝票据到期值×贴现率×贴现天数÷360

贴现天数＝贴现日至票据到期日实际天数－1

贴现所得金额＝票据到期值－贴现息

在确定贴现天数时，必须确定该票据的到期日。票据到期日有两种计算方法：

（1）按月定期，则对月对日为到期日。例如：一张面额为10 000元的商业承兑汇票，出票日期为5月10日，期限为6个月，则到期日为11月10日。

（2）按日定期，到期日数按实际日历天数采用"算头不算尾"的方法计算。例如：一张面额为10 000元的商业承兑汇票，出票日期为5月10日，期限为180天，则到期日为11月6日。

票据到期日确定后，计算贴现天数时，从贴现日至到期日，实际日历天数，用"算头不算尾"或"算尾不算头"的方法计算。

2. 票据贴现的账务处理

企业应按商业汇票的贴现所得金额，借记"银行存款"账户，按贴现商业汇票的账面价值，贷记"应收票据"账户，对于贴现所得金额与账面价值的差额，借记或贷记"财务费用"账户。

**【例2-34】** 上海申通物流公司因急需资金，于10月1日将8月1日开出并承兑的面值为100 000元、年利率8%、11月1日到期的商业承兑汇票向银行申请贴现，贴现率为10%，贴现利息和贴现所得金额计算如下：

带息票据到期值＝100 000×(1＋8%×90÷360)＝102 000(元)

贴现天数＝90－60＝30(天)

贴现利息＝102 000×10%×30÷360＝850(元)

贴现所得金额＝102 000－850＝101 150(元)

作会计分录如下：

| | | |
|---|---|---|
| 借：银行存款 | 101 150 | |
| 贷：应收票据 | | 100 000 |
| 财务费用 | | 1 150 |

假定该票据为不带息票据，则贴现利息和贴现所得金额计算如下：

票据到期值＝100 000(元)

贴现利息＝100 000×10%×30÷360＝833(元)

贴现所得金额＝100 000－833＝99 167(元)

作会计分录如下：

借：银行存款　　99 167
　　财务费用　　833
　贷：应收票据　　100 000

### 三、预付账款的核算

预付账款是指物流企业按照购货合同规定，预先支付给供货方的款项。

为了加强对预付账款的管理，一般应单独设置"预付账款"账户进行核算，预付账款不多的企业，也可以将预付的货款记入"应付账款"账户的借方。但在编制会计报表时，仍然要将"预付账款"账户和"应付账款"账户的金额分开列示。该账户应按供应单位名称设置明细账。

物流企业按购货合同的规定预付货款时，按预付金额借记"预付账款"账户，贷记"银行存款"账户。收到预定的物资时，应按发票账单等列明的应计入购入物资成本的金额，借记"在途物资""原材料"等账户，按应付的金额，贷记"预付账款"账户；补付货款时，借记"预付账款"账户，贷记"银行存款"账户。退回多付的款项，借记"银行存款"账户，贷记"预付账款"账户。

预付账款业务核算举例如下：

**【例 2-35】** 上海申通物流公司向甲公司订购车辆配件 5 000 只，单价 10 元。按订购合同需预付价款的 50%，余下部分款项待货物收到时支付。作会计分录如下：

借：预付账款——甲公司　　25 000
　贷：银行存款　　25 000

**【例 2-36】** 向甲公司采购的配件 5 000 只已运达申通物流公司，价款为 50 000 元，增值税额为 6 500 元。根据发票单证，作会计分录如下：

借：原材料　　50 000
　　应交增值税——应交增值税（销项税额）　　6 500
　贷：预付账款　　56 500

**【例 2-37】** 按合同规定，向甲公司补付不足的账款，作会计分录如下：

借：预付账款——甲公司　　33 500
　贷：银行存款　　33 500

### 四、其他应收款项的核算

（一）其他应收款项的概念

其他应收款是指物流企业除应收账款、应收票据和预付账款以外的其他各种应收、暂付款项。其他应收款主要包括：

（1）应收的各种赔款、罚款。

（2）应收出租包装物的租金。

（3）应向职工收取的各项垫付款项。

（4）备用金（向企业各职能科室、车队等拨出的备用金）。

（5）存出的保证金，如租入包装物支付的押金。

（6）预付账款转入。

（7）其他各种应收、暂付款项。

（二）其他应收款项的账户设置

为了反映和监督其他应收款的发生和结算情况，物流企业应设置"其他应收款"账户，并按其他应收款的项目分类，按不同的债务人设置明细账。

当物流企业发生各种应收的赔款、罚款和支付备用金、保证金时，借记"其他应收款"账户，贷记"库存现金""银行存款""其他业务收入""待处理财产损溢"等账户。物流企业收回赔款、罚款、保证金或备用金时，借记"库存现金""银行存款""管理费用"等账户，贷记"其他应收款"账户。

企业应定期或者至少于每年年度终了时，对"其他应收款"账户进行检查，预计其可能发生的坏账损失，并计提坏账准备金。

其他应收款核算业务举例如下：

**【例 2-38】** 上海申通物流公司 A 商品因火灾被毁，按协议应向保险公司收取赔款 20 000 元。作会计分录如下：

| | | |
|---|---|---|
| 借：其他应收款——保险公司 | 20 000 | |
| 　贷：待处理财产损溢 | | 20 000 |

**【例 2-39】** 采购员李某因公出差，暂借差旅费 1 000 元。经批准以现金暂付。作会计分录如下：

| | | |
|---|---|---|
| 借：其他应收款——李某 | 1 000 | |
| 　贷：库存现金 | | 1 000 |

**【例 2-40】** 向伟达工厂采购轮胎，租用包装物一批，支付租用包装物押金 3 000 元，当即以银行存款支付。作会计分录如下：

| | | |
|---|---|---|
| 借：其他应收款——伟达工厂 | 3 000 | |
| 　贷：银行存款 | | 3 000 |

**【例 2-41】** 采购员李某回厂报销差旅费 800 元，并交回余额 200 元。作会计分录如下：

| | | |
|---|---|---|
| 借：管理费用 | 800 | |
| 　　库存现金 | 200 | |
| 　贷：其他应收款——李某 | | 1 000 |

（三）备用金的核算

备用金是物流企业拨付给企业内部用款单位或职工个人作为零星开支的备用款项。物流企业拨付的备用金，根据管理需要，可以采用一次性备用金或定额备用金制度，并设置“其他应收款——备用金”账户进行核算。

一次性备用金又称非定额备用金，是指用款单位或职工个人提出用款申请，经审批后拨款，使用后根据用款凭证进行一次性的审批报账，采用多退少补的结账方式。采用这种方法，在向用款单位或职工个人拨款时，借记“其他应收款——备用金”账户，贷记“库存现金”或“银行存款”账户。用款单位或个人持用款凭证报销时，如果报销数大于领款数，则按报销数借记“管理费用”账户，按领用数贷记“其他应收款——备用金”账户，再按报销数与拨款数的差额贷记“库存现金”或“银行存款”账户；如果报销数小于拨款数，则按报销数借记“管理费用”账户，报销数与拨款数之差借记“库存现金”账户，并按拨款数贷记“其他应收款——备用金”账户。

定额备用金是指物流企业拨给企业内部用款单位或职工个人在一定限额内周转使用的款项。在这种管理方式下，用款单位或职工个人根据需要申请一定数额的备用金，定额经审核后，一次性拨给申请单位或个人，用款单位或个人根据用款情况定期（或不定期）报销。报销时，应根据审核的报销数额补足原定额。当拨给申请单位或个人定额备用金时，借记“其他应收款——定额备用金”账户，贷记“库存现金”或“银行存款”账户；当用款人持用款凭证经审核报销时，应根据实际报销数借记“管理费用”等账户，贷记“库存现金”或“银行存款”账户，以补足定额。

**【例 2-42】** 上海申通物流公司实行定额备用金制度，1 月 1 日，总务科一次领用定额备用金 2 000 元。作会计分录如下：

借：其他应收款——定额备用金（总务科）　　2 000
　贷：库存现金　　2 000

**【例 2-43】** 1 月 20 日，总务科报销办公用品费 800 元，会计部门审核后支付现金补足其备用金定额。作会计分录如下：

借：管理费用　　800
　贷：库存现金　　800

## 单项选择题

1. 远离银行交通不便的开户单位，银行最多可以根据企业（　　）的正常开支量来核定库存现金的限额。

A. 3～5 天　　B. 1 周　　C. 15 天　　D. 2 周

2. 下列各项经济业务中，不能用现金进行结算的有(　　)。

A. 职工差旅费　　B. 个人劳务报酬

C. 购买固定资产　　D. 困难补助金

3. 企业应根据业务需要和银行账户管理和银行结算的有关规定，在其(　　)银行开设账户。

A. 所在地　　B. 营业场所地　　C. 纳税地　　D. 居住地

4. 下列关于支票的说法中，不正确的是(　　)。

A. 支票一律记名

B. 支票的提示付款期限为到期日起 10 日内

C. 转账支票在中国人民银行批准的地区可以背书转让

D. 禁止签发空头支票

5. 银行存款的清查一般采用的方法是(　　)。

A. 实地盘点　　B. 技术推算　　C. 核对账目　　D. 抽查盘点

6. 办公室李华出差回来报销差旅费 2 500 元，原预支 2 000 元，余额补足。该笔经济业务应编制的会计分录为(　　)。

A. 借：其他应收款——李华　　2 500
　　贷：库存现金　　2 500

B. 借：库存现金　　2 500
　　贷：其他应收款——李华　　2 500

C. 借：管理费用　　1 500
　　　　库存现金　　500
　　贷：其他应收款——李华　　2 000

D. 借：管理费用　　2 500
　　贷：库存现金　　500
　　　　其他应收款——李华　　2 000

7. 商业汇票的付款期限由交易双方商定，但最长不得超过(　　)个月。

A. 3　　B. 6　　C. 9　　D. 12

8. 申请使用银行承兑汇票的手续费应记入(　　)账户。

A. “销售费用”　　B. “制造费用”　　C. “财务费用”　　D. “管理费用”

9. 银行本票的付款期限自出票日起最长不超过(　　)个月。

A. 1　　B. 3　　C. 2　　D. 6

10. 汇兑可以分为电汇和信汇，由(　　)选择使用。

A. 收款人　　B. 出票人　　C. 汇款人　　D. 背书人

11. 办理托收承付结算款项,必须是(　　)的款项。

A. 商品交易　　B. 代销商品

C. 寄销商品　　D. 赊销商品

12. 销货企业为了鼓励客户提前偿付货款而给予客户的债务扣除是(　　)。

A. 商业折扣　　B. 信誉折扣

C. 现金折扣　　D. 付款折扣

13. 预付货款业务不多的企业,可以不设置“预付账款”账户,而将预付款并入(　　)账户核算。

A. “应收账款”　　B. “其他应收款”

C. “应付账款”　　D. “其他应付款”

14. 对可能无法收回的应收账款作资产减值损失处理,是根据(　　)要求。

A. 可靠性　　B. 重要性

C. 谨慎性　　D. 客观性

## 多项选择题

1. 库存现金限额不包括(　　)。

A. 企业每月发放工资　　B. 购买1 000元以下的材料款

C. 不定期差旅费　　D. 购买零星办公用品

2. 收款人办理托收,必须提供商品确已发出的有效证件包括(　　)等。

A. 铁路、公路运单　　B. 轮船、飞机航运运单

C. 运单副本　　D. 邮局包裹回执

3. 托收承付结算的起点金额为(　　)元。

A. 5 000　　B. 10 000

C. 100 000　　D. 1 000

4. 企业发生的货币资金收付业务可以采用(　　)等非票据类结算方式。

A. 银行汇票　　B. 银行本票

C. 信用卡　　D. 信用证

5. 单位个人可凭(　　)办理委托收款。

A. 已承兑商业汇票　　B. 债券

C. 存单　　D. 付款人的债务证明

6. 货币资金按存放地点不同可分为(　　)。

A. 库存现金　　B. 银行存款

C. 其他货币资金　　D. 商业汇票

7. 支票的(　　)不得更改,更改的支票无效。

A. 日期　　B. 金额

C. 收款人　　D. 付款人

8. 根据商业汇票承兑人的不同,可分为(　　)。

A. 银行汇票　　B. 银行承兑汇票

C. 银行本票　　D. 商业承兑汇票

9. 应收账款折扣有(　　)。

A. 商业折扣　　B. 购货退回

C. 销货退回　　D. 现金折扣

10. 购货方根据购销合同的规定向销货方预付货款时,会涉及的账户是(　　)。

A. “预付账款”　　B. “应付账款”

C. “预收账款”　　D. “银行存款”

## 名词解释

1. 货币资金　2. 库存限额　3. 未达账项　4. 商业汇票
5. 托收承付　6. 贴现　7. 坏账　8. 定额备用金

## 思考题

1. 什么叫未达账项? 它有几种形式? 应如何调整?
2. 转账结算方式有哪几种? 比较各种结算方式的特点及适用范围。
3. 试比较商业承兑汇票与银行承兑汇票的区别。

## 习　题

### 习 题 一

**(一) 目的**　练习现金和银行存款的核算。

**(二) 资料**

1. 上海申通物流公司某年1月1日的现金日记账余额为3 500元,银行存款日记账余额为78 500元,核定的库存现金限额为10 000元。

2. 1月份,该企业发生有关现金及银行存款收支业务如下:

(1) 2日,供应科长张某上月预借差旅费1 000元赴外地出差,今天归来报销差旅费 800 元，经审核，同意报销，并收回剩余现金 200 元。

(2) 4 日，开出现金支票，从银行提取备用金 5 000 元。

(3) 7 日，计划科长王某预借差旅费 5 000 元赴南京参加业务会议，以现金付讫。

(4) 8 日，用银行存款支付办公用品费 500 元。

(5) 9 日，收到甲公司营业款 60 000 元，存入银行。

(6) 10 日，从银行提取现金 28 000 元，备发工资。

(7) 10 日，以现金支付职工工资 28 000 元。

(8) 12 日，运输队购买轮胎 800 元，经审核，同意报销，用现金支付。

(9) 14 日，售给废旧钢材回收商店废钢材 1 200 元，收到转账支票，解交银行。

(10) 16 日，计划科长王某出差归来报销差旅费 4 300 元，退回剩余现金 700 元。

(11) 17 日，职工报销医药费 242 元，用现金付讫。

(12) 19 日，用银行存款购入办公用品，计 1 200 元。

(13) 21 日，开出现金支票，从银行提取备用金 3 000 元。

(14) 23 日，收到银行转来委托收款结算凭证，支付管理部门水电费 4 400 元。

**(三) 要求**

1. 根据以上经济业务，逐笔编制会计分录(不考虑增值税)。

2. 登记现金日记账和银行存款日记账，并结出本月发生额及余额。

## 习 题 二

**(一) 目的** 练习结算业务的核算。

**(二) 资料** 上海申通物流公司发生结算业务如下：

1. 收到大众公司转账支票 50 000 元，以偿还其前欠货款，当即填制进账单解交银行。

2. 为浦南公司提供运输劳务增值税专用发票注明价款 10 万元，增值税额 9 000 元，收到该公司签发的承兑期为 90 天的不带息银行承兑汇票一张。

3. 该企业持浦南公司签发的银行承兑汇票，经背书后向银行申请贴现。经银行审核同意，月贴现率 8‰，贴息日为 30 天，贴现所得金额存入银行。

4. 填制交款书，用银行存款缴纳上月增值税 72 000 元，缴纳所得税 12 000 元。

5. 签发给永明公司物资供应站的商业承兑汇票 15 000 元，到期承兑，由银行付讫。

6. 接银行通知，收到南昌市新城公司汇来预付货款 40 000 元，已收妥入账。

7. 上月长江公司签发的为期 1 个月、金额 10 900 元的商业承兑汇票，今日到期，填制进账单并送交银行。

8. 接银行通知，日前送交银行的长江公司商业承兑汇票因存款不足退票。

9. 收到客户联华厂为偿付上月30日的营业款而签发的为期2个月的33 300元商业承兑汇票。

**(三) 要求** 根据以上经济业务，编制会计分录。

## 习　题　三

**(一) 目的** 练习银行存款余额调节表的编制。

**(二) 资料**

1. 6月30日，上海申通物流公司银行存款日记账余额为36 986元，而银行送来的对账单余额是38 186元。

2. 经逐笔核对，查明该公司6月有以下几笔“未达账项”：

(1) 6月29日，银行为企业代付电话费1 600元，而付款通知尚未送达企业。

(2) 6月30日，外地汇来货款5 600元，银行收妥入账，企业尚未入账。

(3) 6月30日，企业开出转账支票2 000元，持票人尚未解入银行。

(4) 6月30日，银行计入企业结算户存款利息200元，因尚未收到通知，故企业未入账。

(5) 6月30日，企业送存的转账支票5 000元，企业已经进账，银行尚未入账。

**(三) 要求** 根据以上资料，编制“银行存款余额调节表”。

## 习　题　四

**(一) 目的** 练习提取坏账准备金的核算。

**(二) 资料** 上海申通物流公司按年终应收账款余额3‰计提坏账准备金，有关资料如下：

1. 第一年首次计提坏账准备金，年终应收账款余额为860 000元。

2. 第二年10月份经批准转销坏账发生额2 000元，其中：甲单位1 200元，乙单位800元。

3. 第二年年终应收账款余额为890 000元。

4. 第三年7月份收回上年转销的甲单位坏账发生额1 200元，存入银行。

5. 第三年年终应收账款余额为840 000元。

6. 第四年11月份经批准转销丁单位坏账发生额2 820元。

7. 第四年年终应收账款余额为850 000元。

**(三) 要求** 根据以上经济业务资料，编制必要的会计分录，并据以逐笔登记“坏账准备”账户并结算出账户余额。

# 第三章　存货的管理与核算

**本章提要**

存货是企业资产的重要组成部分，它在物流企业流动资产中占有较大的比重，并在经营管理中起着重要的作用。本章主要阐述物流企业存货管理与核算的基本理论和方法。通过本章学习，学员应了解存货的概念和内容，掌握存货核算方式、存货的管理以及存货清查的处理方法。

## 第一节　存货的核算方式

### 一、存货概述

（一）存货的概念

存货是指物流企业在正常生产经营过程中持有以备周转使用的材料、低值易耗品，或者将在提供劳务过程中耗用的燃料、轮胎和配件等。由于它们经常处于不断耗用和重置之中，具有较强的流动性，因此，存货属于物流企业的流动资产。

存货范围确认的标准是物流企业对货物是否具有法人财产权(或法定产权)。凡是在盘存日期，法定产权属于物流企业的物品，不论其存放何处或处于何种状态，都应确认为物流企业的存货；反之，凡是法定产权不属于物流企业的物品，即使存放于物流企业，也不应确认为物流企业的存货。

（二）存货的内容

在不同行业的企业，存货的组成内容有所不同。在物流企业，存货的构成一般包括以下内容：

(1) 材料。材料包括各种消耗性材料、内胎、垫带、修理用备件(备品备件)等。物流企业营运的材料主要是指车辆、装卸设备、机械在维护、保养和修理过程中所耗用的材料，包括钢材、木材、润料等，也包括用于辅助生产部门的零配件和工业性作业所消耗的原料及主要材料和辅助材料。

(2) 库存商品。库存商品包括外购和委托加工完成验收入库用于销售的各种商品。

(3) 燃料。燃料包括具有各种用途的液体、气体、固体燃料及可用于燃烧的废料。燃料在物流企业营运过程中耗用的数量较大，是一项主要的物资消耗，同时车辆耗用燃料在领发手续上也较为复杂，为确保成本核算的相对准确，一般将燃料单独归类，进行专门的管理与核算。

(4) 轮胎。轮胎包括车辆、装卸机械用的在库和车用轮胎外胎。

(5) 低值易耗品。低值易耗品包括一般工具、修理用工具、随车工具、管理用具、劳动保护用品，以及在营运过程中周转所用的包装容器等不属于固定资产的劳动资料。其特点是单位价值较低，或耐用时间短，易损耗的物品等。

(三) 存货核算的基本要求

存货在物流企业流动资产中占有较大的比重，存货的核算与管理好坏，对企业降低消耗，提高效益具有重要的作用。因此，必须做好物流企业存货的核算与管理工作。物流企业存货核算的基本要求有以下几个方面：

(1) 反映和监督物流企业存货采购费用的支出情况，确定计算存货购入的实际成本，考核存货采购业务的成果，节约采购费用。

(2) 反映和监督物流企业存货的增减变动情况，监督存货的收发、领退和保管情况，并按时清查，做到账实相符、账账相符。

(3) 反映和监督物流企业存货资金的占用情况，防止存货超储积压和储备不够的现象，既保证生产需要，又加速资金周转。

(4) 正确计算物流企业存货发出的实际成本。

**二、实际成本核算方式**

存货日常核算方法有两种：一种是按实际成本对存货的收发和结存进行核算；另一种是按计划成本对存货的收发和结存进行核算。对存货日常核算采用何种方法，由物流企业根据实际情况自行确定，但要遵守前后一致的原则。下面就分别针对存货的取得和发出按实际成本核算方式进行核算。

(一) 取得存货按实际成本核算

存货日常核算可以按实际成本核算，也可以按计划成本核算。按实际成本计价核算时，存货的实际成本通常称为存货的实际价格。采用存货实际价格是指对每一种存货的收发和结存数量，都按其在采购、自制、委托加工过程中所发生的实际成本计价。采用这种计价方法的优点，主要是可以及时反映每种存货的实际成本。但是，由于每种存货各次购进的单价经常不同，特别是购进存货的运杂费，由于采购数量、运输方式等不同，分摊到单位成本中的费用常常发生变动。由于单价经常变动，给材料计价工作带来很大困难，影响核算的及时性，存货按实际成本核算的特点是：从存货收发凭证到明细分类账和总分类账全部按实际成本计价。实际成本核算方法一般适用于规模较小、存货品种简单、采购业务不多的物流企业。

1. 存货的入账价值

各种存货应当按成本进行初始计量。存货的来源不同，其实际成本的构成也不同。

(1) 外购存货的入账价值。计入外购存货的实际成本包括：① 买价：即供应单位开来的发票价格。② 运杂费：即从供应单位运到物流企业仓库所发生的运费和包装、搬运、装卸等费用。③ 运输途中的合理损耗：即材料采购运输过程中发生的定额内损耗。④ 入库前的整理和挑选费用：即存货在入库前进行整理和挑选等所发生的各种费用，主要包括在整理和挑选过程中发生的工、费支出和必要的损耗，并扣除回收的下脚废料价值。⑤ 应由购入后存货负担的税金、外汇价差和其他税金。

在采购过程中发生的采购人员差旅费、专设采购机构的经费、仓库经费和物流企业仓库对库存存货进行整理、挑选所发生的费用，虽然很多都是属于存货采购支出，但按照现行规定可以直接列作管理费用处理。物流企业运输部门为物流企业油库运送油料的专用油罐车所发生的费用，应计入燃料的采购成本。

(2) 自制存货的入账价值。自制存货包括自制材料、自制包装物、自制低值易耗品、自制半成品及库存商品等，其入账价值包括材料费、工资及福利费、制造费用等。

(3) 委托加工存货的入账价值。委托加工存货包括委托外单位加工的原材料、包装物、低值易耗品、半成品等，其入账价值包括加工用原材料实际成本、加工费用、装卸费、保险费、委托加工的往返运输费用等。

2. 取得存货的会计处理

物流企业取得存货，按实际成本计价时，需要设置“原材料”和“周转材料”等一级账户，用于反映存货收发和结存的实际成本。它们的借方登记所有收入存货的实际成本，贷方登记所有发出存货的实际成本，借方余额反映库存存货的实际成本。同时，根据物流企业经济业务的发生情况，还需要设置“在途物资”账户和“应付账款——暂估应付款”账户，在“原材料”账户下设置“燃料”“轮胎”等二级账户。

“在途物资”账户用来核算物流企业已经付款或已开出、承兑商业汇票，但尚未到达或尚未验收入库的存货。承付或支付在途物资款项时，借记“在途物资”账户，贷记“银行存款”等账户。存货到达验收入库时，再记入有关存货类账户的借方和“在途物资”账户的贷方。

材料等已经验收入库，发票账单尚未到达的暂估应付款，应在月末，按照合同价格或估计价格借记有关存货类账户，贷记“应付账款——暂估应付账款”账户。下月初，应用红字冲销原分录，待发票账单到达时，再按照发票账单金额，借记有关存货类账户，贷记“银行存款”账户。

物流企业存货取得的来源有外部购入、自制、委托加工完成和盘盈等。外部购入存货是物流企业存货取得的主要来源。因此，这里着重讲述外部购入的核算方法。

物流企业外购材料，因为货款结算方式、采购地点、收料和付款时间等情况的不同，因而具体核算方法也不尽相同，现分别按不同情况说明如下：

(1) 货款付清，同时收料。物流企业采购材料，如果付款后随即收到材料，或者货款支付或已开出、承兑商业汇票与材料验收入库基本上同时进行，则在业务发生后，即可根据结算凭证、发票账单和收料单等凭证，借记有关存货类账户，贷记"银行存款""应付票据"等账户。

**【例3-1】** 上海申通物流公司采购配件一批，买价20 000元，运杂费500元，以银行存款支付，配件已验收入库，作会计分录如下(不考虑增值税)：

借：原材料——配件　　20 500
　贷：银行存款　　20 500

(2) 付款在前，收料在后。付款在前，收料在后的情况，多数是在物流企业向外地采购材料，采用"托收承付"或"商业汇票"等结算方式，发生结算凭证等单据已到，并已承付货款或开出、承兑商业汇票，但材料尚在运输途中，在会计上作为在途物资处理，应通过"在途物资"账户进行核算。

**【例3-2】** 上海申通物流公司向外地购进轮胎一批，买价9 000元，运杂费280元，货款已承付，轮胎尚在运输途中。作会计分录如下(不考虑增值税)：

借：在途物资　　9 280
　贷：银行存款　　9 280

采购轮胎运到，并已验收入库，应根据收料单等有关凭证，作会计分录如下：

借：原材料——轮胎　　9 280
　贷：在途物资　　9 280

物流企业根据有关规定预付的货款，应通过"预付账款"账户核算，待收到材料并验收入库时，再根据发票账单的金额，从"预付账款"转入有关存货类账户。

**【例3-3】** 上海申通物流公司按合同规定，预付供应单位货款20 000元，用于购买汽油一批。作会计分录如下：

借：预付账款——××单位　　20 000
　贷：银行存款　　20 000

上述汽油运到并验收入库，发票账单金额为26 000元，应补付货款6 000元，作会计

计分录如下(不考虑增值税):

借:原材料——燃料　　26 000
　贷:预付账款——××单位　　26 000
借:预付账款——××单位　　6 000
　贷:银行存款　　6 000

(3) 收料在前,付款在后。物流企业在采购材料过程中,发生材料已到达并验收入库,但发票账单等结算凭证未到,货款尚未支付的采购业务时,应于月末,按材料的暂估价值,借记有关存货类账户,贷记"应付账款——暂估应付账款"账户。下月初,用红字作同样的记账凭证予以冲回,以便下月付款或开出承兑商业汇票后,按正常程序,借记有关存货类账户,贷记"银行存款"或"应付票据"等账户。

**【例 3-4】** 上海申通物流公司采购五金材料一批,已经提货并验收入库,月终发票账单尚未到达,暂估入库通知单的合同价格 5 000 元,作会计分录如下:

借:原材料　　5 000
　贷:应付账款——暂估应付账款　　5 000

下月初,用红字将上述分录原账冲回,作会计分录如下:

借:原材料　　[5 000]
　贷:应付账款——暂估应付账款　　[5 000]

下月发票账单寄到,实际价款为 4 920 元,付款时,作会计分录如下(不考虑增值税):

借:原材料　　4 920
　贷:银行存款　　4 920

(4) 短缺或损耗的处理。物流企业在采购材料过程中,如发现短缺和损耗,必须认真查明原因,分清经济责任,区别不同情况,分别进行处理。

第一,定额内合理的途中损耗,如由于自然损耗等原因而发生的短缺,应当相应地提高入库材料的实际单位成本,不再另作账务处理。

第二,能确定由供应单位、运输单位、保险公司或其他过失人负责赔偿的,应向有关单位或责任人索赔,借记"其他应收款"账户,贷记"在途物资"等有关账户。

第三,因遭受意外灾害发生的损失和尚待查明原因的途中损耗,先记入"待处理财产损溢"账户,待查明原因后再作处理。

**【例 3-5】** 上海申通物流公司外购材料一批,货款已经支付,并在已记入"在途物资"账户情况下,当材料运达企业时,发现短缺,区别不同情况,根据收料单,发票账单和赔偿请求书等,作会计分录如下:

借：原材料　　　　　　　　　　　　　　　　　　　　（实际收到材料部分）
　　其他应收款——××运输单位　　　　　　　　　　（运输单位责任部分）
　　　　　　　——××供应单位　　　　　　　　　　（供应单位责任部分）
　　待处理财产损溢　　　　　　　　　　　　　　　（意外灾害或待查部分）
　贷：在途物资

（二）发出存货按实际成本核算

按照实际成本计价进行的存货核算，物流企业存货收入的计价按各批存货的实际成本计入，发出存货的实际成本，一般来说，就是收入存货的实际成本。但是由于存货购入的时间和地点不同，各批存货价格往往不一致。因此，在每次发料时，就存在一个发出存货实际单价如何计算的问题。发出存货实际单价的计算，物流企业可以根据具体情况选择采用先进先出法、全月一次加权平均法、移动加权平均法和个别计价法等方法进行计算。为了保持一贯性，计算方法一经确定，不得随意变更。

1. 发出存货的计价方法

为举例说明上述各种计价方法，假定上海申通物流公司20×7年7月份A种存货收入、发出和结存的资料（如图表3-1所示），期初的存货单位成本为2元。

图表3-1

**存货发出和结存的数据资料表**

| 日　期 | 摘　要 | 收　入 | | 发出数量 | 结存数量 |
|---|---|---|---|---|---|
| | | 数量(千克) | 单位成本(元) | | |
| 7月1日 | 期初结存 | | | | 2 000 |
| 7月5日 | 购入 | 3 000 | 2.20 | | 5 000 |
| 7月10日 | 发出 | | | 4 000 | 1 000 |
| 7月25日 | 购入 | 4 000 | 2.30 | | 5 000 |
| 7月28日 | 发出 | | | 3 000 | 2 000 |
| 7月30日 | 购入 | 1 000 | 2.50 | | 3 000 |

(1) 先进先出法，是指以先购入的存货先发出这样一种存货实物流转假设为前提，对发出存货进行计价的一种方法。采用这种方法，先购入的存货成本在后购入的存货成本之前转出，据此确定发出存货和期末存货的成本。

根据图表3-1的资料，采用先进先出法的具体计算方法见图表3-2。

图表 3-2

**存货明细账**(按先进先出法计价)

数量单位：千克

存货名称及规格：A 材料　　　　　　　　　　　　　　　　金额单位：元

| 20×7年 | | 凭证编号 | 摘要 | 收入 | | | 发出 | | | 结存 | | |
|---|---|---|---|---|---|---|---|---|---|---|---|---|
| 月 | 日 | | | 数量 | 单价 | 金额 | 数量 | 单价 | 金额 | 数量 | 单价 | 金额 |
| 7 | 1 | | 期初结存 | | | | | | | 2 000 | 2.00 | 4 000 |
| | 5 | | 购入 | 3 000 | 2.20 | 6 600 | | | | 2 000<br>3 000 | 2.00<br>2.20 | 4 000<br>6 600 |
| | 10 | | 发出 | | | | 2 000<br>2 000 | 2.00<br>2.20 | 4 000<br>4 400 | 1 000 | 2.20 | 2 200 |
| | 25 | | 购入 | 4 000 | 2.30 | 9 200 | | | | 1 000<br>4 000 | 2.20<br>2.30 | 2 200<br>9 200 |
| | 28 | | 发出 | | | | 1 000<br>2 000 | 2.20<br>2.30 | 2 200<br>4 600 | 2 000 | 2.3 | 4 600 |
| | 30 | | 购入 | 1 000 | 2.50 | 2 500 | | | | 2 000<br>1 000 | 2.30<br>2.50 | 4 600<br>2 500 |
| 7 | 31 | | 本月发生额及月末余额 | 8 000 | — | 18 300 | 7 000 | — | 15 200 | 2 000<br>1 000 | 2.30<br>2.50 | 4 600<br>2 500 |

采用先进先出法，存货成本是按最近购货确定的，期末存货成本比较接近现行的市场价值。当物价上涨时，会高估物流企业当期利润；反之，会低估物流企业当期利润。

(2) 全月一次加权平均法，是指以本月全部进货数量加月初存货数量作为权数，去除本月全部进货成本加上月初存货成本，计算出存货的加权平均单位成本，从而确定存货的发出和库存成本的一种方法。计算公式如下：

$$\text{存货单位成本}=\frac{\text{月初库存存货的实际成本}+\sum\left(\text{本月各批进货的实际单位成本}\times\text{本月各批进货的数量}\right)}{\text{月初库存存货的数量}+\text{本月各批进货的数量之和}}$$

本月发出存货成本＝本月发出存货数量×存货单位成本

月末库存存货成本＝月末库存存货数量×存货单位成本

采用全月一次加权平均法，只在月末一次计算加权平均单价，比较简单，而且市场价格上涨或下跌时所计算出来的单位成本平均化，对存货成本的分摊较为折中。但是，这种方法平时无法从账上提供发出存货和结存存货的单价及金额，不利于加强物流企业对存货的管理(计算应用见图表 3-3)。

图表 3-3

**存货明细账**(按全月一次加权平均法计价)

数量单位：千克

存货名称及规格：A 材料　　　　金额单位：元

| 20×7 年 | | 凭证编号 | 摘要 | 收入 | | | 发出 | | | 结存 | | |
|---|---|---|---|---|---|---|---|---|---|---|---|---|
| 月 | 日 | | | 数量 | 单价 | 金额 | 数量 | 单价 | 金额 | 数量 | 单价 | 金额 |
| 7 | 1 | | 期初结存 | | | | | | | 2 000 | 2.00 | 4 000 |
| | 5 | | 购入 | 3 000 | 2.20 | 6 600 | | | | 5 000 | | |
| | 10 | | 发出 | | | | 4 000 | | | 1 000 | | |
| | 25 | | 购入 | 4 000 | 2.30 | 9 200 | | | | 5 000 | | |
| | 28 | | 发出 | | | | 3 000 | | | 2 000 | | |
| | 30 | | 购入 | 1 000 | 2.50 | 2 500 | | | | 3 000 | | |
| 7 | 31 | | 本月发生额及月末余额 | 8 000 | — | 18 300 | 7 000 | 2.23 | 15 610 | 3 000 | 2.23 | 6 690 |

具体计算过程如下：

$$A\text{存货平均单位成本}=\frac{4\ 000+(6\ 600+9\ 200+2\ 500)}{2\ 000+(3\ 000+4\ 000+1\ 000)}=2.23(\text{元/千克})$$

本月发出存货成本＝7 000×2.23＝15 610(元)

月末库存存货成本＝3 000×2.23＝6 690(元)

(3) 移动加权平均法，是指本次进货的成本加原有库存的成本，除以本次进货数量加原有存货数量，据以计算加权单价，并对发出存货进行计价的一种方法。计算公式如下：

$$\text{存货单位成本}=\frac{\text{原有库存存货实际成本}+\text{本次进货的实际成本}}{\text{原有库存存货数量}+\text{本次进货数量}}$$

本次发货成本＝本次发货数量×本次发货前存货的单位成本

本次库存存货成本＝本次库存存货的数量×本次存货单位成本

采用移动加权平均法，每次收货都要计算一次平均单价，计算工作量较大，不适用于收发货较频繁的物流企业(应用计算见图表 3-4)。

图表 3-4

**存货明细账**(按移动加权平均法计价)

数量单位:千克

存货名称及规格:A 材料 金额单位:元

| 20×7 年 | | 凭证编号 | 摘　要 | 收　入 | | | 发　出 | | | 结　存 | | |
|---|---|---|---|---|---|---|---|---|---|---|---|---|
| 月 | 日 | | | 数量 | 单价 | 金额 | 数量 | 单价 | 金额 | 数量 | 单价 | 金额 |
| 7 | 1 | | 期初余额 | | | | | | | 2 000 | 2.00 | 4 000 |
| | 5 | | 购入 | 3 000 | 2.20 | 6 600 | | | | 5 000 | 2.12 | 10 600 |
| | 10 | | 发出 | | | | 4 000 | 2.12 | 8 480 | 1 000 | 2.12 | 2 120 |
| | 25 | | 购入 | 4 000 | 2.30 | 9 200 | | | | 5 000 | 2.26 | 11 320 |
| | 28 | | 发出 | | | | 3 000 | 2.26 | 6 800 | 2 000 | 2.26 | 4 520 |
| | 30 | | 购入 | 1 000 | 2.50 | 2 500 | | | | 3 000 | 2.34 | 7 020 |
| 7 | 31 | | 本月发生额及月末余额 | 8 000 | — | 18 300 | 7 000 | | 15 280 | 3 000 | 2.34 | 7 020 |

具体计算过程如下:

第一,7 月 5 日,购入 3 000 千克存货后的移动加权平均单价为:

$$A1=\frac{4\,000+6\,600}{2\,000+3\,000}=2.12(\text{元/千克})$$

7 月 10 日,发出 4 000 千克存货的实际成本为:

$$4\,000\times2.12=8\,480(\text{元})$$

7 月 10 日,发出后结存的 1 000 千克存货的实际成本为:

$$1\,000\times2.12=2\,120(\text{元})$$

第二,7 月 25 日,购入 4 000 千克存货后的移动加权平均单价为:

$$A2=\frac{2\,120+9\,200}{1\,000+4\,000}=2.26(\text{元/千克})$$

7 月 10 日,发出后结存的 2 000 千克存货的实际成本为:

$$2\,000\times2.26=4\,520(\text{元})$$

7 月 28 日,发出 3 000 千克的实际成本为:

$$11\,320-4\,520=6\,800(\text{元})$$

第三,7 月 30 日,购入 1 000 千克存货后的移动加权平均单价为:

$$A3=\frac{4\,520+2\,500}{2\,000+1\,000}=2.34(\text{元/千克})$$

7 月 31 日,结存 3 000 千克存货的实际成本为:

$$3\,000\times 2.34=7\,020(\text{元})$$

(4) 个别计价法又称具体辨认法,是指以某批材料收入时的实际单位成本作为该批材料发出时的实际成本的一种方法。采用这一方法,需要对发出和结存存货的批次进行具体认定,分别按其购入或生产时确定的单位成本作为计算各批发出存货和期末存货的成本。

其计算公式如下:

$$\text{每批发出材料实际成本}=\text{该批材料发出数量}\times\text{该批材料实际收料单价}$$

采用这种方法,在各批材料上要有一定的标记,以便每次发出材料时,查明其所属的批别,从而确定该批材料的实际成本。

在这种方式下,材料的流转与成本流转是一致的,但在材料收入批次频繁又无法分别保管的物流企业,不宜采用此方法。这种方法的实务操作的工作量繁重,适用于一般不能替代使用的存货,以及为特定项目专门购入或制造的存货,如珠宝、名画等贵重物品。

如上例中,假设 7 月 28 日发出 3 000 千克是从 7 月 5 日购入的材料中发出,则该批发出材料的实际成本是 6 600 元(3 000×2.20)。

2. 存货发出的会计处理

由于物流企业存货的日常领发业务频繁,为了简化日常核算工作,平时一般只登记存货明细分类账,反映各种存货的收发和结存金额,月末根据按实际成本计价的发料凭证,按领用部门和用途,汇总编制"发料凭证汇总表",据以登记总分类账,进行存货发出的总分类核算。

存货发出凭证汇总表应按"原材料""低值易耗品"等账户分别编制,也可将几个账户合并编制,月终根据发料凭证,按照用途进行归集。运输、装卸和其他业务领用的材料按成本计算对象和成本项目归集,物流企业本部及车队管理部门领用的材料,按管理费用项目进行归集;辅助生产部门领用的材料,可按直接和间接耗用材料进行归集,其中直接材料费,还要按辅助生产成本计算对象再归集;基建工程领用的存货,可按工程项目进行归集;让售发出的材料合并归集一项,编制"材料发出凭证汇总表”。然后根据汇总表作出会计分录，编制记账凭证，登记“主营业务成本——运输支出”“主营业务成本——装卸支出”“管理费用”和有关账户的明细账。

物流企业燃料、轮胎、低值易耗品的发出核算在以下各节讲述，现举例说明材料发出的核算。

**【例 3-6】** 上海申通物流公司“材料发出凭证汇总表”如图表 3-6 所示，作相关的会计分录如下：

| | | |
|---|---|---|
| 借：主营业务成本——辅助营运费用（保修车间） | 40 000 | |
| ——运输支出（南区货车队） | 5 000 | |
| ——运输支出（北区货车队） | 6 000 | |
| 管理费用 | 3 000 | |
| 其他业务成本 | 2 000 | |
| 贷：原材料 | | 56 000 |

图表 3-5

**材料发出凭证汇总表**

20×7 年 1 月　　　　单位：元

| 领用单位或用途 | 原材料 | | 合计 |
|---|---|---|---|
| | 辅助材料 | 修理用备件 | |
| 保修车间 | 5 000 | 35 000 | 40 000 |
| 南区货车队 | 1 000 | 4 000 | 5 000 |
| 北区货车队 | 1 000 | 5 000 | 6 000 |
| 公司交通车队 | 3 000 | | 3 000 |
| 对外销售 | | 2 000 | 2 000 |
| 合　计 | 10 000 | 46 000 | 56 000 |

（三）存货的明细分类核算

为了加强对存货的管理，确保经营需要，节约流动资金，保护财产物资的安全完整，物流企业应正确地进行存货的明细分类核算。存货中明细分类核算包括数量核算和价值核算两部分，在明细分类账设置上，仓库应与财会部门分工合作，合理设置明细账。

**三、计划成本核算方式**

物流企业采用计划成本计价是指对每种存货的收发和结存数量，都按物流企业事先制定的计划成本计算。存货计划成本的构成内容，应与实际成本一致，即根据在正常情况下，采购、自制、委托加工该种材料所应发生的平均实际成本确定的。对于实际成本与计划成本之间发生的差额(即材料成本差异)则另行组织核算,并于每月终了时,按其与计划成本的比例,调整当月发出材料的计划成本(将其调整为实际成本)和结存材料的计划成本(即在资产负债表上调整为实际成本)。计划成本核算方法,一般适用于存货品种繁多,收发频繁的物流企业。

物流企业存货按计划成本核算具有下列一些优点:

(1) 用存货实际成本与计划成本比较,可以考核存货采购成本的高低,促使物流企业改善存货采购和供应工作,节约采购费用。

(2) 物流企业存货的品种繁多,对存货收发业务采取按存货计划成本计价,可以大大简化存货日常收发的核算手续,保证核算的及时性。

(3) 便于考核物流企业车队、车场和单车、班组存货节约或超支的实际成果,促使物流企业内部经济核算和单车、班组核算的开展。

存货采用计划成本计价,也有一定的缺点,主要是发出存货和库存存货的实际成本是通过按照存货类别核算的材料成本差异计算调整的,对于每种存货实际成本的变动,不能明确反映出来。因此对运输成本中耗用各种材料费用和各种材料资金的实际占用额,不如采用实际成本计价准确。下面从存货的取得和发出来说明计划成本核算方法。

### (一) 取得存货按计划成本核算

#### 1. 计划成本法概述

采用计划成本进行日常核算的物流企业,其基本方法如下:

(1) 物流企业先制定各种存货的计划成本目录,规定存货的分类、各种存货的名称、规格、编号,计量单位和计划单位成本。计划单位成本在年度内一般不作调整。

(2) 平时收到存货时,应按计划单位成本计算出收入存货的计划成本填入收料单内,并将实际成本与计划成本的差额,作为材料成本差异分类登记。

(3) 平时领用、发出的存货,都按计划成本计算,月份终了,再将本月发出存货应负担的成本差异进行分摊,随同本月发出存货的计划成本记入有关账户,将发出存货的计划成本调整为实际成本。发出存货应负担的成本差异,必须按月分摊,不得在季末或年末一次计算。

#### 2. 取得存货的会计处理

物流企业存货收发的日常核算,在采用计划成本核算方式下,为了总括反映企业外购存货的成果和各类存货资金的增减动态和结存情况,应设置“原材料”“周转材料”“材料采购”和“材料成本差异”等一级账户,并下设“燃料”“轮胎”“修理用备件”等二级账户。

“原材料”“周转材料”等账户用于核算物流企业库存各种存货的计划成本。这些账户的借方登记所有收入材料的计划成本,贷方登记所有发出材料的计划成本,期末借方余额，反映库存材料按计划成本核算的结存数额。

“材料采购”账户用于核算物流企业购入材料的采购成本。其借方登记已经付款或已开出、承兑商业汇票的材料实际成本和结转实际成本小于计划成本的节约额，贷方登记验收入库材料的计划成本和结转实际成本大于计划成本的超支额，余额在借方，表示尚未到达或尚未验收入库的在途物资。该账户按材料类别设置明细账户。

“材料成本差异”账户用于核算物流企业各种材料的实际成本与计划成本的差额。其借方登记材料实际成本大于计划成本的超支额，贷方登记材料实际成本小于计划成本的节约额，以及发出材料应负担的差异额（超支差异，用蓝字；节约差异，用红字），余额在借方，表示各类材料实际成本大于计划成本的差异额；余额在贷方，表示各类材料实际成本小于计划成本的差异额。该账户应分别按材料类别设置明细账户。

取得存货按计划成本核算，与按实际成本核算一样，付款和收料因在时间上的关系可能出现三种情况，现按计划成本核算方式分别说明其账务处理如下（为便于与实际成本核算方式相对照，以下各例均采用按实际成本计价核算的相同的实例，另补充材料计划成本资料）：

（1）货款付清，同时收料。物流企业采购材料，如果付款后随即收到材料，或者货款支付或已开出、承兑商业汇票和材料验收入库基本上同时进行，则在业务发生后，即可根据结算凭证、发票账单和收料单等凭证，借记“材料采购”账户，贷记“银行存款”“应付票据”等账户。同时，根据收料单按计划成本，借记存货类账户，贷记“材料采购”账户。

**【例 3-7】** 上海申通物流公司采购车辆维修备件一批，买价 20 000 元，运杂费 500 元，以银行存款支付，备件已验收入库，该批备件的计划成本为 21 000 元。作会计分录如下（不考虑增值税）：

| | | |
|---|---|---|
| 借：材料采购——备件 | 20 500 | |
| 贷：银行存款 | | 20 500 |
| 借：原材料——备件 | 21 000 | |
| 贷：材料采购——备件 | | 21 000 |

（2）付款在前，收料在后。当物流企业货款已经支付或已开出承兑商业汇票，材料尚未到达，也应记入“材料采购”账户的借方，待收到材料并验收入库后，再根据“收料单”所列的计划成本，由“材料采购”账户的贷方，转入有关存货类账户的借方。

**【例 3-8】** 上海申通物流公司向外地购进轮胎一批，买价 9 000 元，运杂费 280 元，货款已承付，轮胎尚在运输途中。作会计分录如下（不考虑增值税）：

| | | |
|---|---|---|
| 借：材料采购——轮胎 | 9 280 | |
| 贷：银行存款 | | 9 280 |

采购轮胎运到，并验收入库，该批轮胎计划成本为 8 500 元，根据收料单等有关凭证，作会计分录如下：

借：原材料——轮胎　　8 500
　贷：材料采购——轮胎　　8 500

物流企业根据有关规定预付的货款，应通过“预付账款”账户核算，待收到材料并验收入库时，再根据发票账单的金额从“预付账款”账户先转入“材料采购”账户，再根据收料单所列的计划成本，从“材料采购”账户转入有关存货账户。

**【例 3-9】** 上海申通物流公司按合同规定，预付供应单位运货款20 000元，用于购买汽油一批。作会计分录如下：

借：预付账款——××单位　　20 000
　贷：银行存款　　20 000

上述汽油运到公司油库，并验收入库，发票账单金额为 26 000 元，应补付货款 6 000元，该批汽油计划成本为 28 000 元。应作会计分录如下：

借：材料采购——燃料　　26 000
　贷：预付账款——××单位　　26 000
借：预付账款——××单位　　6 000
　贷：银行存款　　6 000
借：原材料——燃料　　28 000
　贷：材料采购——燃料　　28 000

（3）收料在前，付款在后。物流企业在采购过程中，发生材料已到达并验收入库，但发票账单等结算凭证未到，货款尚未支付的采购业务，与按实际成本核算一样，先暂估价款入账，只是按计划成本计价核算时，暂估料款通常采用物流企业的计划成本。有关会计分录基本相同。下月发票账单寄到付款时，应通过“材料采购”账户核算。

（4）短缺或损耗的处理。物流企业在采购材料过程中，发现短缺或损耗时，与按实际成本核算方式一样，按经济责任的不同，作出相应的账务处理。但对货款已付的采购业务，应冲减“材料采购”账户，实收入库的材料应按计划成本计价。应作会计分录如下：

借：原材料　　（实际数量的计划成本）
　　其他应收款——××运输单位　　（运输单位责任的实际成本）
　　　　　　　——××供应单位　　（供货单位责任的实际成本）
　　待处理财产损溢　　（意外灾害或待查的实际成本）
　贷：材料采购　　（以上的合计数）

（5）外购材料成本差异的结转。外购材料成本差异的结转，通常是在月终进行的。首先，应计算出该批存货实际成本与计划成本的差异额。结转时，应由“材料采购”账户转入“材料成本差异”账户。

月终对已经付款的收料凭证，按实际成本和计划成本分别汇总，计算成本差异。当实际成本小于计划成本时，应按节约额，借记“材料采购”账户，贷记“材料成本差异”账户；当实际成本大于计划成本时，应按超支额，借记“材料成本差异”账户，贷记“材料采购”账户。根据前面所举各例，应作会计分录如下：

| | | |
|---|---|---|
| 借：材料采购——备件 | 500 | |
| ——燃料 | 2 000 | |
| 贷：材料成本差异——备件 | | 500 |
| ——燃料 | | 2 000 |
| 借：材料成本差异——轮胎 | 780 | |
| 贷：材料采购——轮胎 | | 780 |

（二）发出存货按计划成本核算

物流企业发出存货按计划成本核算与按实际成本核算基本相同，但由于领料单填列的是计划成本，这就要求计算材料成本差异额，将计划成本调整为实际成本。物流企业通常在月份终了时计算材料成本差异率，据以分配当月形成的材料成本差异。其具体计算公式如下。

1. 计算材料成本差异率

$$\text{本月材料成本差异率}=\frac{\text{月初结存材料的成本差异}+\text{本月收入材料的成本差异}}{\text{月初结存材料的计划成本}+\text{本月收入材料的计划成本}}\times 100\%$$

其计算结果如为正数表示超支，负数表示节约。

2. 计算发出材料的成本差异额

$$\text{发出材料应负担的成本差异额}=\text{本月发出材料的计划成本}\times\text{本月材料成本差异率}$$

3. 计算本月发出材料的实际成本

$$\text{本月发出材料的实际成本}=\text{本月发出材料的计划成本}+\text{本月发出材料应负担的成本差异额}$$

**【例 3-10】** 上海申通物流公司某年 5 月初结存 A 材料的计划成本为 10 000 元，本月收入材料的计划成本为 20 000 元，本月发出材料的计划成本为 18 000 元，材料成本差异的月初数为 100 元（超支），本月收入材料成本差异为 400 元（节约）。材料成本差异率及发出材料应负担的成本差异计算如下：

$$\text{材料成本差异率}=\frac{\text{月初结存材料的成本差异}+\text{本月收入材料的成本差异}}{\text{月初结存材料的计划成本}+\text{本月收入材料的计划成本}}\times100\%=\frac{100-400}{10\,000+20\,000}\times100\%=-1\%$$

$$\text{发出材料应负担的成本差异}=\text{发出材料的计划成本}\times\text{材料成本差异率}=18\,000\times(-1\%)=-180(\text{元})$$

$$\text{发出材料的实际成本}=\text{发出材料的计划成本}+\text{发出材料应负担的成本差异}=18\,000+(-180)=-17\,820(\text{元})$$

$$\text{结存材料的实际成本}=\text{结存材料的计划成本}+\text{结存材料的成本差异}=(10\,000+20\,000-18\,000)+(100-400+180)$$
$$=11\,880(\text{元})$$

**【例 3-11】** 上海申通物流公司采用计划成本进行材料的核算，某月份 A 材料“发料凭证汇总表”列明，保修车间领用 35 000 元，南区车队领用 5 000 元，北区车队领用 6 000 元，公司交通车队领用 1 000 元，对外销售领用 3 000 元。该月该材料的成本差异率为 1%。根据上述资料，应作会计分录如下：

| | | |
|---|---|---|
| 借：主营业务成本——辅助营运费用(保修车间) | 35 000 | |
| ——运输支出(南货车队) | 5 000 | |
| ——运输支出(北货车队) | 6 000 | |
| 管理费用 | 1 000 | |
| 其他业务成本 | 3 000 | |
| 贷：原材料 | | 50 000 |
| 借：主营业务成本——辅助营运费用(保修车间) | 350 | |
| ——运输支出(南货车队) | 50 | |
| ——运输支出(北货车队) | 60 | |
| 管理费用 | 10 | |
| 其他业务成本 | 30 | |
| 贷：材料成本差异——材料 | | 500 |

（三）存货明细分类核算

在计划成本核算方式下，存货的明细分类核算与实际成本核算方式基本相同。物流企业财会部门除设置存货明细分类账外，还要增设“材料采购”和“材料成本差异”明细分类账。

“材料采购”明细分类账采用横线登记法，根据审核后的有关凭证序时登记。付款时按实际成本记入其借方；存货入库时按计划成本记入其贷方。月末将计划成本和实际成本相比，计算出节约或超支的成本差异，一次结转到“材料成本差异”的明细账户中去。若其明细账户内只有借方金额而无贷方金额，说明是已付款尚未验收入库的材料实际成本。

材料成本差异明细分类账是为了反映各类或各种存货成本差异，计算存货成本差异率，以及据以调整发出存货的计划成本而设置的。月末根据转账凭证登记本月收入和发出存货的超支或节约额，其中超支差异额登记在借方栏内，节约额登记在贷方栏内。

## 第二节 营运燃料的管理与核算

在现代物流企业中，运输在其经营业务中占有主导地位。物流企业的运输收入是其经营所得的主要收入来源，也是利润的主要来源。但是，在取得运输收入过程中必然会发生运输费用消耗。运输费用在整个物流费用中占有较大的比重。燃料是物流企业运输过程中消耗数量最大的一种材料，燃料费用在物资运输费用中也占有很大的比重。因此，加强对物流企业营运燃料的管理与核算，对降低营运成本、提高物流企业经济效益具有重要作用。

燃料收入的核算方法和一般材料的收入核算方法相同。不再赘述。本节主要讲述物流企业营运车辆耗用燃料的管理与核算。

### 一、燃料的分类与管理制度

#### （一）燃料的分类

燃料按用途进行分类，可分为营运耗用的燃料和非营运耗用的燃料。

1. 营运耗用的燃料

它是指营运的车辆在营业运行中直接耗用的燃料，包括营运车辆在运行中耗用的燃料和自卸车倾卸货物耗用的燃料。由于营运车辆运行时有可能在本物流企业专设油库加油，还有可能在外部其他企业的油库加油，因此，营运耗用的燃料，在管理与核算方面都比较特殊，它是本节介绍的主要内容。

2. 非营运耗用的燃料

它是指非营运车辆耗用的燃料和营运车辆在保修、试车过程中耗用的燃料。这类燃料的核算程序和方法，与一般材料核算的程序和方法相同，故不再专门阐述。

#### （二）燃料的管理制度

燃料管理制度分为车存燃料管理和车耗燃料管理两方面。

1. 车存燃料的管理

车存燃料是营运车辆投产后，接受任务出车运行前储存于车辆油箱内的燃料。在实际工作中，车存燃料的管理方法有两种：

(1) 满油箱制。它要求投入运营的车(船)，在每次加油时必须充满油箱。月末根据领油凭证计算出车(船)耗用的数额从而考核车(船)的耗油情况。

(2) 盘存制。它要求每投入运营的车(船)根据实际需要领料加油，月末经过盘存油箱的实存数量后，计算出当月实际耗油数量。

2. 车耗燃料的管理

在实际工作中，车耗燃料管理可采用定额油票、行车路单套写领油收据、行车路单贴附燃料领用凭证以及行车路单领油记录和行车燃料领发记录表。

（1）定额油票。定额油票是印有固定数额的领油凭证。由车队按月发给驾驶员，月末收回未用部分。车辆领油时，由驾驶员将油票交给油库发油人，作为油库结算发出燃料和与加油单位进行结算的依据，每月月末将发出的定额油票的数额扣去收回定额油票的数额则为车耗燃料的数额。这种办法方便了驾驶员在本物流企业所有油库或本物流企业约定的其他单位油库加油，但每次加油不一定加满油箱，因此实行满油箱制的单位不宜采用。

定额油券是一种印有固定数量的油券，作为领用行车燃料的凭证，定额油券可分为三种：

第一，内部油券。它是指物流企业印发的可在物流企业内部各车场、车队油库加油的凭证。

第二，联营物流企业通用油券。它是指物流企业与外地联营企业协商印发的可在外地指定的加油站加油的凭证。

第三，加油券。它是指石油公司出售给物流企业的油券，可在本地区内各石油公司加油站加油。

（2）行车路单套写领油收据。这种做法是在行车路单上固定印制两联的套写领油收据，车辆领油时，由发油人把领油数量套写在路单的收据上，然后将一联留在路单上作为车耗燃料的依据，另一联则撕下，作为油库发出燃料的依据。采用这种方法，车辆可以在物流企业约定的任何油库加油。油库凭调度部门正式签发的行车路单供油，不论是否实行满油箱制均可使用。

（3）行车路单贴附燃料领用凭证。这种做法是专门印制一式三联的燃料领用凭证，车辆领油时，由发油人复写填制。其中第一联留油库作发出燃料的凭证；第二联寄领油车队签认、核对，当车辆在非本企业油库加油时，此联可作为油库与其他企业结算油款的依据。第三联则贴附在行车路单上作为车耗燃料的依据。这种办法不论是否实行满油箱制均可采用。

（4）行车路单领油记录和行车燃料领发记录表。路单领油记录是车辆领油时，由驾驶员将行车路单交给发油人，由发油人在路单的领油记录栏中填写数量并签章。行车燃料领发记录表是车辆领油时，由发油人在油库设置的“行车燃料领发登记表”中填写领油数量，并交给驾驶员签章。通过这两方面的控制，以达到发油数量的正确性。采用这种办法，手续比较简便，适用于车队大多数车辆能每日返回本队油库并实行满油箱制的单位。

## 二、营运燃料的核算

物流企业营运燃料领用、发出的核算包括车存燃料的核算和车耗燃料的核算，应通过"原材料——燃料"账户进行核算，并在该账户下分别设置"库存"和"车存"两个明细账户。验收入库的燃料，在"原材料——燃料(库存)"账户中核算。车(船)领用燃料时，借记"原材料——燃料[车(船)存]"账户，贷记"原材料——燃料(库存)"账户；月末根据实际耗用，借记"主营业务成本——运输支出"等账户，贷记"原材料——燃料[车(船)存]"账户。其他业务和管理部门等单位领用燃料时，借记"其他业务成本""管理费用"等账户，贷记"原材料——燃料(库存)"账户。月末，采用计划成本核算的物流企业，应结转材料成本差异，实际成本大于计划成本的差异，借记"主营业务成本——运输支出""其他业务成本""管理费用"等账户，贷记"材料成本差异"账户(实际成本小于计划成本的差异用红字表示)。

物流企业营运车辆行车耗用燃料的核算，包括以下两个方面。

### (一) 油库发出燃料的核算

油库发出燃料的核算，目的在于正确结算油库燃料发出和结存数量，并与本物流企业及本物流企业外部各领油单位进行结算。为了计算各油库发出燃料的数量，月末，各油库将燃料收发、结存月报等有关凭证报送物流企业财务部门，财务部门应根据实际上车的数量借记"原材料——燃料(车存)"账户，贷记"原材料——燃料(库存)"账户。

### (二) 行车耗用燃料的核算

行车耗用燃料的核算，目的在于正确计算运输成本中的燃料费用和为考核燃料定额完成情况提供资料。物流企业实行满油箱制时，在月初、月末油箱充满的情况下，车辆当月各次加油的累计数就是其当月燃料实耗数。根据行车路单领油记录核实的油库燃料领发登记表，既可结算车辆当月的燃料实耗数，又可以根据燃料支出凭证汇总表进行行车耗用燃料的核算，借记"主营业务成本——运输支出"账户，贷记"原材料——燃料"账户。

物流企业实行盘存制时，本月行车耗用燃料数应根据下式计算：

$$\text{本月行车实耗燃料数}=\text{月初车存数}+\text{本月领用数}-\text{月末车存数}$$

采用盘存制对燃料实际耗用量的核算，领用时，借记"原材料——燃料(车存)"账户，贷记"原材料——燃料(库存)"账户；月末根据计算出的当月实耗数，借记"主营业务成本——运输支出"等账户，贷记"原材料——燃料(车存)"账户。

**【例 3-12】** 假设上海申通物流公司车队的车存燃料实行满油箱制，20×7 年 7 月，燃料发出汇总表如图表 3-6 所示。

图表 3-6

**燃料发出汇总表**

20×7 年 7 月　　　　单位：元

| 领用单位或用途 | 计划成本 |
| --- | --- |
| 货运一队 | 40 000 |
| 货运二队 | 45 000 |
| 公司交通车队 | 3 000 |
| 对外销售 | 7 000 |
| 合　　计 | 95 000 |

根据上述燃料发出汇总表，作会计分录如下：

借：主营业务成本——运输支出　　85 000
　　管理费用　　3 000
　　其他业务成本　　7 000
　贷：原材料——燃料　　95 000

同时，结转支出燃料应负担的成本差异，假设当月燃料成本差异率为 2%，应作会计分录如下：

借：主营业务成本——运输支出　　1 700
　　管理费用　　60
　　其他业务成本　　140
　贷：材料成本差异——燃料　　1 900

如果物流企业车队的车存燃料实行盘存制，则根据上例的燃料发出汇总表资料，作会计分录如下：

借：原材料——燃料(车存)　　85 000
　　管理费用　　3 000
　　其他业务成本　　7 000
　贷：原材料——燃料(库存)　　95 000

假设 20×7 年 7 月车队实际耗用燃料合计 88 000 元(货运一队41 300元，货运二队 46 700 元)，应作会计分录如下：

借：主营业务成本——运输支出　　88 000
　贷：原材料——燃料(车存)　　88 000

同时，作分配发出及耗用燃料成本差异的会计分录如下：

借：主营业务成本——运输支出　　1 760
　　管理费用　　60
　　其他业务成本　　140
　贷：材料成本差异——燃料　　1 960

## 第三节　营运轮胎的管理与核算

### 一、营运轮胎的管理

轮胎是物流企业营运车辆的重要组成部分，是关系车辆安全行驶、节约能源、降低运输成本的重要因素。为了提高轮胎使用维修的技术水平，延长轮胎使用寿命，我们可以从以下几个方面对物流企业营运轮胎进行管理。

（一）实行定车、定人、定胎的责任制度

（1）有条件的物流企业应实行定车、定人、定胎制度。条件不具备的做到分段定胎，分段考核。

（2）换装车上备胎或借用轮胎应及时记录换装地点，行驶里程，损坏情况。

（二）建立轮胎账卡和有关记录

轮胎管理应建立在用轮胎台账、轮胎履历卡片和轮胎拆装动态记录，切实掌握车队轮胎实况。为了随时弄清送修情况，应建立外修记录，避免发生差错。

（三）烙（刻）印轮胎自编号

轮胎烙（刻）印自编号便于识别和核对轮胎号码，是轮胎管理工作的一部分。烙（刻）印的位置一般在防水线部位。

（四）周转胎的使用

（1）为了便于轮胎的翻新周转。应配备一定数量的周转胎，周转胎的数量可结合各地条件作不同的规定。

（2）在用轮胎翻修需换用周转胎时，应填写周转胎替换记录，轮胎翻修竣工后仍装原车使用，并交回周转胎。

（五）轮胎的定期盘存

（1）每年应进行一次轮胎盘存，时间以选择在第四季度为宜。

（2）轮胎盘存时，应组织技术人员、驾驶员、胎工三结合的班子进行。

（3）盘存工作包括：核对轮胎数量，估计轮胎成色，检查外观质量，并作出记录，造表存查，总结分析，汇总上报。

（六）轮胎的考核

（1）轮胎考核主要考核行驶里程和翻新率。行驶里程采取综合考核和分段考核相结合的办法。综合考核即考核新胎用到报废（包括翻新和未经翻新直接用到报废）

的综合平均里程。这是考核轮胎使用实绩的主要指标。分段考核,即分别考核新胎未经翻新直接用到报废,以及新胎经 1,2,3…次翻新到报废各个阶段的平均里程。

(2) 考核范围,除了外单位拨入记录不完整,经过鉴定里程的成分胎,以及由于制造质量差的新胎(须经制造厂质量鉴定予以赔偿者)不作考核外,其他凡是营运车辆的在用胎均应全部列入考核范围。

(3) 按时做好轮胎实绩考核及资料分析,上报有关部门并对驾驶员公布。

(4) 统计资料要及时、正确,胎公里与车公里要相符。

(七) 轮胎责任事故处理

(1) 驾驶员或胎工,如发现轮胎有异常损伤或磨损等情况,应及时报告轮胎管理技术员,共同分析原因,采取措施,以防损伤扩大。

(2) 轮胎早期损坏,经鉴定属厂方(包括翻胎厂)责任者,送原厂,按规定或合同,由厂方负责赔偿处理。属管理失职,使用不当,保养不良而造成损坏者,一律按责任事故处理。

(3) 凡属责任事故造成轮胎损坏或丢失,可根据情节轻重、损失大小给有关人员以一定的经济处罚。

(八) 轮胎的报废

(1) 为了充分发挥轮胎使用潜力,对轮胎报废必须严格掌握,慎重处理。

(2) 经技术鉴定不能翻新、修补标准的轮胎,即可进行报废。

(3) 已批准报废的轮胎应由轮胎管理技术员交供应部门统一处理,在处理前不得作材料胎割用。

## 二、营运轮胎的核算

物流企业的轮胎包括车用外胎、内胎和垫带等,由于车辆内胎和垫带价值相对较低,可归入"原材料——辅助材料"账户核算,领用时直接记入"主营业务成本——运输支出"账户。对于汽车外胎,由于价值较高,价值周转方式也较特殊,因而要专设"原材料——轮胎"账户进行核算。该账户用于核算物流企业库存和在用(营运)轮胎的收发和结存情况。在库轮胎的收入和支出及在用轮胎的收入核算的程序和方法,与材料核算的程序和方法相同,这里只介绍物流企业营运(在用)轮胎发出的核算方法。

物流企业营运轮胎领用、发出时,可以采用以下两种方法。

(一) 一次摊销法

这种核算方法实际上对在用原装轮胎不进行财务处理,只在更换轮胎领用出库和报废退库,以及发生翻新费用时进行必要的核算。具体做法是:

(1) 从材料(轮胎)库领用轮胎时,按实际成本,借记"主营业务成本——运输支出"账户,贷记"原材料——轮胎"账户。

(2) 报废轮胎退库时，按残值，借记“原材料”账户，贷记“主营业务成本——运输支出”账户。

(3) 发生轮胎翻新费用时，借记“主营业务成本——运输支出”账户，贷记“银行存款”账户。

**【例 3-13】** 上海申通物流公司本月领用新轮胎，计划成本为 8 000 元，对该项业务应作会计分录如下：

借：主营业务成本——运输支出　　8 000

　贷：原材料——轮胎　　8 000

(二) 按行驶公里摊提法

这种核算方法是在新车开始运行后，便逐月按轮胎已行驶的公里数(胎公里)计算其摊提额计入运输成本的方法。其计算公式如下：

$$\text{轮胎行驶里程摊提率}=\frac{\text{轮胎成本}-\text{预计残值}}{\text{计划行驶总里程}}$$

$$\text{本月轮胎摊提费用}=\text{本月实际行驶里程}\times\text{轮胎行驶里程摊提率}$$

物流企业计算当期应摊提的轮胎费用时，应借记“主营业务成本——运输支出”账户，贷记“原材料——轮胎”账户。

**【例 3-14】** 上海申通物流公司 A 型号轮胎计划成本为每胎 1 600 元，报废时预计残值为 120 元，该型号轮胎的行驶里程定额为 100 000 公里，经汇总，某年 7 月，运输车队共行驶里程为 240 000 公里。则：

$$\text{轮胎行驶里程摊提率}=\frac{1\,600-120}{100\,000}\times100\%=1.48\%$$

$$\text{本月轮胎摊提费用}=240\,000\times1.48\%=3\,552(\text{元})$$

应作会计分录如下：

借：主营业务成本——运输支出　　3 552

　贷：原材料——轮胎　　3 552

## 第四节　低值易耗品的管理与核算

低值易耗品是指不作为固定资产核算的各种用具物品，如工具、管理用具、玻璃器皿以及在经营过程中周转使用的包装容器等。它与固定资产一样，也属于劳动资料，但其价值较低、使用期限较短、容易损坏，在管理与核算上通常作为存货对待。

## 一、低值易耗品的分类

由于低值易耗品的种类较多，实际工作中的用途也不尽相同，为了加强管理与核算，必须对物流企业的低值易耗品进行分类。物流企业低值易耗品按经济用途可分为以下几类：

(1) 一般工具，是指辅助生产车间用的工具、卡具、模具、刀具和装备工具等。

(2) 修理用工具，是指为物流企业汽车进行保养、修理用的专用工具和简易设备。

(3) 随车附属品，是指车辆随车携带的物品，如绳索、篷布、千斤顶、防滑链条及其他工具等。

(4) 管理用具，是指管理工作中使用的各种家具、器具、自行车、打字机、办公用品等。

(5) 劳动保护用品，是指为了安全生产发给工人作为劳动保护用的工作服、工作鞋和各种防护用品等。

(6) 其他，是指不属于以上各类的低值易耗品。

物流企业对低值易耗品采购后，应按照类别、品种规格进行数量和金额的明细核算。对在用低值易耗品，以及使用部门退回仓库的低值易耗品，应加强实物管理，并在备查簿上进行登记。

## 二、低值易耗品的管理

对低值易耗品的管理，要做到有计划、有依据，验收严肃认真，出入库手续清楚，记录准确完整，定期核对检查，并做到账账相符、账物相符。对贵重、稀缺的物品和剧毒品、易燃易爆物品要严格管理，一般物品既要加强管理，又要做到方便领用。

为了更有效地对低值易耗品进行管理，物流企业可以从以下几个方面着手。

### (一) 低值易耗品的分管

车辆维修用工器具、仪器仪表由维修部门归口管理，管理用具由办公室归口管理，劳保用品由劳工部门归口管理，使用单位负责具体管理。物供部门负责低值易耗品的采购、收发。财务部门负责低值易耗品的核算工作，对全部低值易耗品的购置、使用、保管、报废等实行全面监督。

### (二) 低值易耗品的购置

低值易耗品的购置，由使用部门提出申请，经归口管理部门审查后，向公司提报购置计划，纳入公司财务费用预算，经批准后，由物供部门负责采购，并办理验收手续。低值易耗品按实际支出在可控费用限额内列支(除工会及福利费列支外)。

(1) 维修用的工器具、仪器仪表由维修部门提出购置或加工计划，同时还应制定个人工具及班组公用工具的工种定额及仪器仪表配置定额。

(2) 劳动保护用品由劳工部门提出购置数量及费用计划，同时还应制定劳保用品的发放标准。

(3) 管理用具由办公室购置或加工，并对其数量、质量进行验收。办公室应设专(兼)职财产管理员，对数量进行明细管理。同时，还应制定对管理用具的申请、领用、维护、保管、损坏丢失的赔偿、报废等管理办法，并定期进行清查，确保财产完整无缺。

(4) 低值易耗品入库前，必须及时认真组织验收并办理入库手续。验收时必须注意质量的检查；验收中发现问题应立即根据有关规定向供货或运输单位提出，及时办理退换或赔补手续。

(5) 库房低值易耗品的管理应科学化，做到存放有序、零整分开、账物对号、固定存放，便于收发和检查，严防损坏、变质、丢失。

(三) 低值易耗品的领用

所有的低值易耗品都应建立台账或卡片账，由专人管理。

(1) 使用部门领用工器具及仪器仪表时，应填制低值易耗品领用单一式二份，一份作为记账依据；一份作为资产管理人员登记台账用。在工种工具配备定额内以废换新的领用，由归口管理部门领导审批，超定额由公司经理审批。工种工具定额应及时修订。职工工种变动按新工种定额对照原领数，将多余的工器具退回仓库，不足的按新工种定额补足。人员调离(包括退休、退职)应将所有保管的工器具全部交回仓库。公用工具保管员调离，应办理移交清单，接收人核对台账，若发现丢失或损坏，应按赔偿规定办理；否则，不予办理调离手续。使用部门领用管理用具时，按办公室制定的管理办法办理。

(2) 个人领用的劳动防护用品，由领用人填制领料单，在发放的标准内由劳工部门主管审核，公司经理审批，超标准(含发放时间及费用标准)由公司总经理审批。

(3) 使用部门领用管理用具时按办公室制定的管理办法办理。

(4) 严格领退手续，在用低值易耗品，应设立登记簿，登记其分布、使用及消耗情况，定人保管。使用损耗后，及时办理手续，以旧换新。

(四) 低值易耗品的丢失、损坏赔偿

低值易耗品丢失或损坏应查明原因，无正当理由应视情节轻重按新旧程度由保管人赔偿；非保管人的责任发生的丢失损坏，由保管人提出书面报告，说明丢失损坏原因，经部门领导签注意见后报公司经理批准，方可补发或注销原领数。

(五) 低值易耗品的报废

低值易耗品由于产品淘汰或遭受非常损失等原因无法继续使用需报废时，由使用部门提出申请，并注明报废原因，经归口管理部门组织鉴定后方可报废，单位价值在500元以上的需经公司经理批准。报废手续办妥后，应及时注销台账。经批准报废的低值易耗品残料，一律向仓库办理退库，各部门不得私自处理。仓库应建立废旧料明细分类账，专人管理。报废后需领用补充的，按新领手续办理。

(六) 低值易耗品的清查

由归口管理部门组织定期对低值易耗品进行清查,每年一次,贵重仪器仪表或音响、家电等资产半年清查一次,保管人平时应不定期进行盘点,确保账卡物相符。建立清查盘点制度,坚持日清、月结、季盘点。盘点内容一般包括收发有无错误、账物是否相符、物品有无变质及损坏情况。

清查盘点多年不用的积压、呆滞低值易耗品,对其应按有关规定,积极进行修旧利废、改制利用、变价出售和调剂处理。使用部门对于领取后多年不用的低值易耗品,应当办理退料手续。

**三、低值易耗品的核算**

为了反映和监督低值易耗品的增减变化及其结存情况,应设置"周转材料——低值易耗品"账户,借方登记增加数额,贷方登记减少数额,余额在借方,表示期末结存低值易耗品的金额。

同材料一样,低值易耗品也有实际成本核算与计划成本核算两种可供选择的方法。当低值易耗品采用计划成本核算时,其实际成本与计划成本的差异仍在"材料成本差异"账户内核算。月份终了,结转当月领用低值易耗品应分摊的成本差异,记入有关成本费用账户。

物流企业购入、自制、委托外单位加工完成并已验收入库的低值易耗品,以及对低值易耗品的清查盘点,可以按照材料的有关方法进行核算。下面主要说明低值易耗品领用的会计处理。

(一) 一次摊销法

它是指在领用低值易耗品时,将其价值一次并全部计入当期费用(成本)的一种摊销方法,此法适用于价值较低的低值易耗品减少的核算。一次摊销的低值易耗品,在领用时其全部价值摊入有关的成本费用账户,借记"主营业务成本——运输支出""主营业务成本——装卸支出""主营业务成本——堆存支出""管理费用""其他业务成本"等账户,贷记"周转材料——低值易耗品"账户。报废时,将报废低值易耗品的残料价值作为当月低值易耗品摊销额的减少,冲减"主营业务成本——运输支出""主营业务成本——装卸支出""主营业务成本——堆存支出""管理费用""其他业务成本"等账户。

**【例 3-15】** 上海申通物流公司货运车队某年 7 月领用工具一批,计划成本为 1 000元,当月低值易耗品的成本差异率为 3%,使用 3 个月后报废,残料价值 80 元,已验收入库。低值易耗品采用计划成本法核算和一次摊销法摊销,作会计分录如下:

(1) 领用时,按计划成本一次转销时:

| | | |
|---|---|---|
| 借:主营业务成本——运输支出 | 1 000 | |
| 贷:周转材料——低值易耗品 | | 1 000 |

（2）结转材料成本差异时：

借：主营业务成本——运输支出　　30
　　贷：材料成本差异——低值易耗品　　30

（3）收回残料价值冲减有关账户时：

借：原材料——废料　　80
　　贷：主营业务成本——运输支出　　80

（二）五五摊销法

它是指在低值易耗品领用时摊销其价值的一半，在报废时再摊销其价值的另一半并注销其总成本的一种摊销方法。此方法适用于价值较大管理上有较高要求的低值易耗品减少的核算。采用五五摊销法核算低值易耗品的物流企业，还需在低值易耗品二级账户下设置“在库”“在用”和“摊销”三个明细账户。

**【例 3-16】** 上海申通物流公司管理部门领用低值易耗品一批，价值 3 000 元，使用 6 个月后报废，低值易耗品的成本差异率为 2%，收回残料款 100 元，低值易耗品采用计划成本法核算和五五摊销法摊销。作会计分录如下：

（1）领用时：

借：周转材料——低值易耗品——在用　　3 000
　　贷：周转材料——低值易耗品——在库　　3 000

同时：

借：管理费用　　1 500
　　贷：周转材料——低值易耗品——摊销　　1 500

（2）低值易耗品报废时：

借：管理费用　　1 500
　　贷：周转材料——低值易耗品——摊销　　1 500

同时，冲销在用低值易耗品：

借：周转材料——低值易耗品——摊销　　3 000
　　贷：周转材料——低值易耗品——在用　　3 000

（3）分摊成本差异时：

借：管理费用　　60
　　贷：材料成本差异——低值易耗品　　60

（4）以现金收回残料款时：

借：库存现金　　100

　　贷：管理费用　　100

## 第五节　存货清查的管理与核算

物流企业储备的存货品种、规格繁多，收发极为频繁。在日常收发保管存货过程中，由于计量不准，计算差错、自然损耗、管理不善以及贪污、偷窃等原因，往往发生存货的盘盈、盘亏和毁损现象，从而使账面结存数量与实际库存数量不相一致。为了如实反映存货的数量和金额，监督存货的安全完整，掌握存货的储备情况，不断地改进存货管理，保证存货核算的真实性，做到账实相符，物流企业必须定期或不定期地组织存货的盘点清查工作。

### 一、存货清查的管理

#### （一）存货清查的概念和内容

存货清查是指通过对存货的实地盘点，确定存货的实有数量，并与账面资料核对，从而确定存货实存数与账面数是否相符的一种专门方法。

因为种种原因，物流企业日常账簿记录账面额与实际结存额会发生差异。造成账实不符的原因有很多方面，有工作差错，有外界影响，有的是可以避免的，有的是不可避免的。一般来说，主要有以下几个方面：

（1）存货在收发时，由于计量、检验不准确而发生品种、数量、质量上的差错。

（2）在凭证账簿记录中，出现漏记、错记或计算上的错误。

（3）存货在收发过程中没有填制凭证就登记入账。

（4）由于保管人员失职造成财产短缺、变质、损坏。

（5）由于存货保管过程中自然损耗或升温造成损失。

（6）由于自然灾害造成存货非常损失。

（7）由于贪污、盗窃、舞弊等造成存货损失。

为了确保会计核算资料的客观、真实、准确，保证存货的安全完整，物流企业一方面要建立健全岗位责任制，加强监督、管理，另一方面必须建立清查制度，对存货进行深入、细致的清查和核对工作。

#### （二）存货数量的确定方法

物流企业存货的数量需要通过盘存来确定，确定存货的实物数量通常有两种方法：一种是实地盘存制；另一种是永续盘存制。

1. 实地盘存制

实地盘存制又称定期盘存制，是指企业平时只在账簿中登记存货的增加，不计减少数,期末根据清点所得的实存数,计算本期减少数的一种方法。使用这种方法平时的核算工作比较简便,但不能随时反映各种物资的收发、结存情况,不能随时结转成本,并把物资的自然和人为短缺数隐含在发出数量之内;同时由于缺乏经常性资料,不便于对存货进行计划和控制,所以实地盘存制的实用性比较差。通常仅适用于一些单位价值较低、自然损耗大、数量不稳定、进出频繁的特定货物。

2. 永续盘存制

永续盘存制又称账面盘存制,是指企业设置各种数量金额式存货明细账,根据有关存货收发凭证,逐日逐笔登记各种存货的收发领退数量和金额,并随时结算出账面结存数量和金额的一种方法。采用永续盘存制,可随时掌握各种存货的收发、结存情况,有利于物流企业存货的管理。

为了核对存货账面记录,永续盘存制亦要求进行存货的实物盘点。盘点工作可定期或不定期进行,通常在生产经营活动的间隙盘点部分或全部存货;会计年度终了,应进行一次全面的盘点清查,并编制盘点表,保证账物相符,如有不符应查明原因及时处理。

我国企业会计实务工作中,多数存货的核算采用永续盘存制。但不论采用何种方法,前后各期应保持一致。

(三) 存货清查的方法

物流企业的存货清查工作,必须建立一定的制度,每年编制年度决算报告以前,要进行一次全面、彻底的清查,以保证年度决算报告的真实性。存货清查是一项工作量大、复杂、细致的工作。为了搞好存货清查,企业应组织有关部门深入仓库现场,进行实地盘点。平时,财务会计部门还应共同组织人员,对存货进行有计划的轮流盘点和重点抽查。

物流企业存货清查的方法通常有两种:实地盘点和技术测算盘点。

1. 实地盘点

实地盘点是通过逐一清点或采用计量器具衡量出存货的实际结存数量的一种方法。这种方法计量准确、直观,适用范围较广,对大多数存货的清查都可以采用这种方法。

企业在进行存货实地盘点之前,应先做好准备工作:① 存货明细账要记录齐全,并与有关账表核对相符。② 备齐必要的计量工具和清查表格用纸等。对存货进行实地盘点时,应分别采取点数或过磅、测量等不同方法点清实存数量。

2. 技术测算盘点

技术测算盘点是通过量方、计尺等方法,结合有关数据,推算出存货的实际结存数量的方法。这种方法计量的结果不是十分准确,允许有一定的误差,适用于大量、分散、成堆、笨重、难以逐一清点的存货(如砂石、煤炭等)。

对存货数量的清查是清查的一方面，除此还应对存货的质量进行核查。在核查实物质量时，根据其特点可以采用物理的或化学的方法进行检验。

## 二、存货清查的核算

经过存货盘存记录的实存数与存货的账面记录核对，若账面存货小于实际存货，为存货的盘盈；反之，为存货的盘亏。为了反映和监督存货盘盈、盘亏和毁损的发生和处理情况，企业应设置“待处理财产损溢”总分类账户，并设置“待处理流动资产损溢”明细账户。该账户借方登记存货的盘亏、毁损及盘盈的转销金额，贷方登记存货的盘盈及盘亏的转销金额，期末借方余额表示待处理财产的损失金额，贷方余额表示待处理财产的溢余金额。

物流企业盘盈、盘亏和毁损的存货，应按规定程序，报经上级主管部门审批后，才能进行处理。在未经批准前，应先通过“待处理财产损溢——待处理流动资产损溢”账户进行核算，待批准后，再根据不同原因分别处理。

存货收发的日常核算，采用计划成本计价下盘盈的存货按照计划成本计价入账；盘亏和毁损的存货，还应分配存货成本差异额。

### （一）存货盘盈的核算

物流企业发生存货盘盈时，在报经批准前，应借记有关存货类账户，贷记“待处理财产损溢”账户；在报经批准后，应借记“待处理财产损溢”账户，贷记“管理费用”账户。

**【例 3-17】** 上海申通物流公司在财产清查中，发现盘盈甲材料 10 千克，计划单位成本 50 元，经查明属于计量错误。作会计分录如下：

（1）批准处理前：

借：原材料——甲材料　　500
　贷：待处理财产损溢——待处理流动资产损溢　　500

（2）批准处理后：

借：待处理财产损溢——待处理流动资产损溢　　500
　贷：管理费用　　500

### （二）存货盘亏和毁损的核算

物流企业在发生存货盘亏和毁损时，在报经批准前应借记“待处理财产损溢”账户，贷记有关存货账户。报经批准后，应根据不同原因，分别下列情况进行账务处理：

（1）属于自然原因产生的定额内损耗，记入“管理费用”账户。

（2）属于计量收发差错和管理不善等原因造成的存货短缺或毁损，应先扣除残料价值、可以收回的保险赔偿和过失人的赔偿后，其差额记入“管理费用”账户。

（3）属于自然灾害或意外事故造成的存货毁损，应先扣除残料价值和可以收回的保险赔偿，其差额记入“营业外支出”账户。

**【例 3-18】** 上海申通物流公司在财产清查中发现盘亏燃料 5 000 元，材料成本差异率 2%，经查明原因，全部属于定额内损耗。作会计分录如下：

(1) 批准处理前：

借：待处理财产损溢——待处理流动资产损溢　　5 100
　贷：原材料——燃料　　5 000
　　材料成本差异——燃料　　100

(2) 批准处理后：

借：管理费用　　5 100
　贷：待处理财产损溢——待处理流动资产损溢　　5 100

**【例 3-19】** 上海申通物流公司在财产清查中发现盘亏乙材料 20 千克，每千克计划成本 100 元，其材料成本差异率 1%，经查明，是由于过失人造成的材料毁损，应由过失人赔偿 1 000 元，毁损材料残料价值 200 元。

(1) 批准处理前，作会计分录如下：

借：待处理财产损溢——待处理流动资产损溢　　2 020
　贷：原材料——乙材料　　2 000
　　材料成本差异——乙材料　　20

(2) 批准处理后，分别不同情况处理，作会计分录如下：

由过失人赔偿 1 000 元：

借：其他应收款　　1 000
　贷：待处理财产损溢——待处理流动资产损溢　　1 000

残料作价 200 元：

借：原材料——废料　　200
　贷：待处理财产损溢——待处理流动资产损溢　　200

余额计入管理费用：

借：管理费用　　820
　贷：待处理财产损溢——待处理流动资产损溢　　820

**【例 3-20】** 上海申通物流公司因台风造成丙材料毁损 200 千克，每千克计划成本 100 元，材料成本差异率 3%，根据保险责任范围及保险合同规定，应由保险公司赔偿 80%。应作会计分录如下：

(1) 批准处理前：

借：待处理财产损溢——待处理流动资产损溢　　20 600
　贷：原材料——丙材料　　20 000
　　　材料成本差异——丙材料　　600

（2）批准处理后，分别情况进行处理：

借：其他应收款——保险公司　　16 480
　　营业外支出——非常损失　　4 120
　贷：待处理财产损溢——待处理流动资产损溢　　20 600

## 单项选择题

1. 盘盈的存货按（　　）作为实际成本。

A. 同类或类似存货的市价　　B. 历史成本

C. 可变现净值　　D. 现值

2. 假定先收到的存货先发出，或先收到的存货先耗用，并根据这种假定的存货流转次序对发出存货和期末存货进行计价的方法是（　　）。

A. 个别计价法　　B. 全月一次加权平均法

C. 先进先出法　　D. 移动加权平均法

3. 先进先出法在物价上涨或下跌时，期末库存存货的成本（　　）市价。

A. 等于　　B. 不等于

C. 接近　　D. 远离

4. 某企业期初存货150件，单价4元；本月6日购入原材料300件，单价5元；本月10日购入400件，单价6元；本月发出材料共两次，分别为8日发出250件、15日发出300件。若采用先进先出法，则月末库存成本为（　　）元。

A. 1 800　　B. 2 000

C. 2 300　　D. 2 700

5. 某企业期初存货200件，单价4.8元；本月6日购入原材料300件，单价5元，本月10日购入400件，单价6元；本月发出材料共两次，分别8日发出250件、15日发出300件。若采用加权平均法，则本月发出成本单价为（　　）元。

A. 4.8　　B. 5　　C. 5.4　　D. 6

6. 原材料按实际成本计价核算时，一般只适用于（　　）的企业。

A. 业务少　　B. 材料收发业务较少

C. 业务多　　D. 材料收发业务较多

7. 下列各项中，不能归属于存货的是（　　）。

A. 原材料　　B. 半成品

C. 包装物　　D. 工程物资

8. "待处理财产损溢"账户属于(　　)。

A. 损益类账户　　B. 资产类账户

C. 成本类账户　　D. 所有者权益类账户

## 多项选择题

1. 存货按其存放地点可分为(　　)。

A. 半成品　　B. 在途存货

C. 加工中的存货　　D. 库存存货

2. 某企业期初存货200件,单价4.8元;本月6日购入原材料300件,单价5元;本月10日购入400件,单价6元;本月发出材料共两次,分别为8日发出250件、15日发出300件;若采用加权平均法,则本期发出成本和月末库存成本分别为(　　)元。

A. 2 970　　B. 2 680　　C. 2 280　　D. 1 890

3. 加权平均法的特点是(　　)。

A. 计算存货价值时,与市价无差距

B. 计算存货价值时,发出存货成本较为均衡

C. 市价上涨时,加权平均成本小于市价成本

D. 市价下跌时,加权平均成本大于市价成本

4. 采用(　　)计算存货价值时,发出存货成本较为均衡,但与市价有一定的差距。

A. 先进先出法　　B. 全月一次加权平均法

C. 移动加权平均法　　D. 个别计价法

5. 存货清查常用的方法有(　　)。

A. 实地盘点法　　B. 抽查盘点法

C. 技术推算盘点法　　D. 核对账目法

## 名 词 解 释

1. 存货　　2. 先进先出法　　3. 个别计价法

4. 低值易耗品　　5. 实地盘存制　　6. 永续盘存制

7. 实地盘点法　　8. 存货清查

# 思 考 题

1. 存货有哪两种核算方式？其实际成本构成包括哪些内容？
2. 实际成本核算方式下，发出存货的成本计价方法有哪几种？
3. 两种存货成本核算方式下，存货收发核算在账户设置上有何不同？
4. 物流企业车存燃料的管理方式有哪两种？其核算方法上有哪些异同点？
5. 什么是低值易耗品？低值易耗品如何核算？
6. 存货的盘盈、盘亏应如何进行账务处理？

# 习 题

## 习 题 一

**（一）目的** 练习发出存货的成本核算。

**（二）资料** 上海申通物流公司7月份甲材料入库、发出和结存的资料如下：

1. 1日，结存300千克，单价5元，金额1 500元。
2. 5日，购入900千克，单价6元，金额5 400元。
3. 16日，发出800千克。
4. 20日，购入600千克，单价7元，金额4 200元。
5. 25日，发出800千克。
6. 26日，购入200千克，单价8元，金额1 600元。
7. 31日，结存400千克。

**（三）要求** 分别采用先进先出法、全月一次加权平均法、移动加权平均法计算发出存货及期末存货的成本。

## 习 题 二

**（一）目的** 练习计划成本核算方式下存货的核算。

**（二）资料**

申通物流公司原材料采用计划成本法。3月初，“原材料”账户余额为50 000元，“材料成本差异”账户借方余额为2 400元。本月发生以下业务：

1. 5日，购入材料一批，买价20 000元，增值税额3 400元，以支票支付，货已验收入库，计划成本为24 000元。

2. 8日，购入材料一批，买价100 000元，增值税额17 000；运费价2 000元，增值税额 220 元。以银行汇票支付，货尚未验收入库，计划成本为 100 000 元。

3. 17 日，以银行承兑汇票方式购入材料一批，买价 50 000 元，增值税额 8 500 元，货已验收入库，计划成本为 46 000 元。

4. 28 日，本月共领用材料 100 000 元。其中：货运 1 队 50 000 元，货运 2 队 40 000 元，交通车队 10 000 元。

**(三) 要求**

1. 根据以上资料，编制有关会计分录。

2. 计算分摊本月材料成本差异。

## 习 题 三

**(一) 目的** 练习燃料耗用的核算。

**(二) 资料**

1. 上海申通物流公司燃料采用满油箱制管理制度，当月货运一队领用燃料(汽油，以下同此)26 000 升，货运二队领用燃料 30 000 升，公司交通车领用燃料 1 000 升，对外销售领用 3 000 升，燃料计划成本为5 元/升，当月燃料成本差异率为 1%。

2. 上海申通物流公司燃料采用盘存制管理制度。上月末货运一队存油 6 000 升，货运二队存油 8 000 升；本月末经盘点，货运一队存油 5 000 升，货运二队存油 10 000升，本月货运一队、货运二队、对外销售、公司交通车队领油数分别为 40 000 升、50 000 升、3 000 升、2 000 升，燃料计划成本为 5 元/升，当月材料成本差异率为 1%。

**(三) 要求**

1. 根据上述资料，编制发出燃料汇总表。

2. 根据发出燃料汇总表，编制会计分录。

## 习 题 四

**(一) 目的** 练习低值易耗品的核算。

**(二) 资料** 上海申通物流公司某年 3 月份发生下列经济业务：

1. 1 日，购入办公桌 6 张，每张 1 000 元，货款 6 000 元，运费 600 元，款项以转账支票付讫。办公桌已验收入库。

2. 8 日，购入劳保工具一批，货款 3 600 元，该批工具已验收入库，款项以转账支票付讫。

3. 20 日，公司管理部门领用办公桌 2 张，价款 2 200 元，采用五五摊销法摊销。

4. 25 日，公司货运车队领用劳保工具一批，价值 500 元，采用一次摊销法。

5. 28 日，去年领用的维修工具，价值 5 000 元，近日报废，收回残料价值 300 元，已验收入库，采用五五摊销法摊销。

**(三) 要求** 根据上述资料,编制会计分录(不考虑增值税)。

## 习 题 五

**(一) 目的** 练习存货清查和盘盈、盘亏的核算。

**(二) 资料** 上海申通物流公司存货采用计划成本核算,某年6月30日,公司对存货进行全面盘点清查,有关资料如下:

1. 根据清查结果编制存货盘盈、盘亏报告表如图表3-7所示。

图表3-7

**存货盘盈、盘亏报告表**

| 存货名称 | 计量单位 | 数量 | | 计划单价 | 盘盈 | | 盘亏 | | 盈亏原因 |
|---|---|---|---|---|---|---|---|---|---|
| | | 账存 | 实存 | | 数量 | 金额 | 数量 | 金额 | |
| 甲材料 | 千克 | 300 | 320 | 2.5 | 20 | 50 | | | 领料计量不准 |
| 乙材料 | 吨 | 550 | 500 | 300 | | | 50 | 15 000 | 电路故障火灾 |
| 汽油 | 公升 | 10 000 | 9 800 | 3.3 | | | 200 | 660 | 定额内自然损耗 |
| A配件 | 只 | 600 | 560 | 10 | | | 40 | 400 | 保管员李明失职 |

本月材料成本差异率:燃料为1%,材料为2%。

2. 以上盘盈、盘亏存货经上级批准,处理意见如下:

(1) 甲材料盘盈按规定办理。

(2) 乙材料盘亏系意外损失,应由保险公司赔偿12 000元,其余部分列作营业外支出。

(3) 汽油盘亏按规定处理。

(4) A配件应由保管员赔款300元,其余部分转作管理费用。

**(三) 要求** 根据上述资料,编制会计分录。

# 第四章　长期资产的管理与核算

**本章提要**

本章主要阐述固定资产、无形资产和递延资产的概念、分类及其价值确认和核算的主要方法。通过本章学习，学员应正确理解长期资产的基本理论，了解固定资产的计价，掌握固定资产增减变动的会计处理和折旧的计算方法，正确进行固定资产维护保养及无形资产计价和摊销的核算。

## 第一节　长期资产概述

### 一、长期资产的概念

物流企业从事的运输、储存、装卸、搬运、包装、流通加工、配送、信息处理等物流活动需要大量的机器设备、营运车辆、装卸机械等设备，这些设备与物流企业的现金、材料、应收账款、低值易耗品等资产不同，具有非流动资产的特征，它们使用年限较长，即使用寿命不短于1年或一个经营周期，其价值将逐渐并分次转化为现金，因而可以用来提供运输、配送、装卸等劳务作业达多年之久，并且能够为企业带来长期的经济利益，我们称这类资产为企业的长期资产。除了具有实物形态的非流动资产外，企业还拥有专利权、商标权、专有技术这样一些代表长期法定利益、而不具有实物形态的资产项目，这些资产也属于企业的长期资产。

### 二、长期资产的内容

物流企业的长期资产包括固定资产、无形资产、长期股权投资和其他资产等。

（一）固定资产

固定资产是指物流企业使用期限超过1年，为生产商品、提供劳务、出租或经营管理而持有的房屋、建筑物、装卸机械、运输工具以及其他与经营有关的维修设备、器具、工具等。不属于生产经营主要设备的物品，单位价值在2 000元以上，并且使用期限超过2年的，也应当作为企业的固定资产。不符合上述条件的劳动资料，企业一般作为低值易耗品进行管理和核算。另外，一项财产是否属于固定资产，还要视物流企业持有这项财产的目的是否为了长期使用，是否为了用于生产经营来确定。如果不是用于生产经营活动，而是用于出售，即使该设备价值再高，也只能作为企业的库存商品来处理。

为了加强固定资产的管理，正确进行会计核算，对物流企业固定资产应进行科学、合理的分类。根据我国的实际情况，固定资产主要有以下几种分类方法。

1. 按经济用途分类

按固定资产的经济用途，可分为生产经营用固定资产和非生产经营用固定资产。这种分类，可以反映物流企业固定资产在生产经营和非生产经营方面所占比重及其结构变化，有利于物流企业合理配置固定资产。

2. 按使用情况分类

固定资产按使用情况，可分为使用中的固定资产、未使用固定资产、不需用固定资产三大类。这种分类，便于分析比较固定资产的利用效率，挖掘固定资产的使用潜力，促进固定资产的合理使用。

3. 按综合情况分类

在会计实务中，企业将固定资产综合划分为以下七个大类：

(1) 生产经营用固定资产，是指直接服务于物流企业生产、经营过程的各种固定资产。如房屋、建筑物、动力设备、传导设备、工具、运输设备、装卸机械、管理用具和其他生产经营用固定资产。

(2) 非生产经营用固定资产，是指不直接服务于物流企业生产、经营过程的各种固定资产。如职工宿舍、招待所、食堂、浴室、托儿所、附属学校等使用的房屋和设备。

(3) 租出固定资产，是指经批准租给外单位使用，并向租用单位收取租金的各项固定资产。

(4) 未使用固定资产，是指尚未使用或尚待安装的固定资产、进行改建、扩建的固定资产和目前停用今后还需要使用的固定资产。

(5) 不需用固定资产，是指本物流企业多余或不适用，需要进行处理的固定资产。

(6) 土地，是指过去已经单独估计入账的土地。因征地而支付的补偿费，应计入与土地有关的房屋、建筑物的价值内，不单独作为土地价值入账。物流企业取得的土地使用权不能作为固定资产管理。

(7) 融资租入固定资产，是指以融资方式租入的固定资产。在租赁期内视同物流企业固定资产进行管理。

(二) 无形资产

无形资产是指物流企业为生产商品或者提供劳务而拥有或为管理目的而持有的、没有实物形态的非货币性长期资产。无形资产的内容包括：专利权、商标权、非专利技术、著作权、土地使用权、经营特许权及商誉等。

1. 专利权

专利权是指国家专利主管机关依法授予发明创造专利申请人对其发明创造在法

定期限内所享有的专有权利，包括发明专利权、实用新型专利权和外观设计专利权。只有那些能给物流企业带来较大经济价值并且物流企业为此花费了支出的专利才能作为无形资产核算。

2. 商标权

商标权是指专门在某类指定的商品或产品上使用特定的名称或图案的权利。商标权的内容包括独占使用权和禁止使用权。商标权的价值在于它能使享有人获得较高的盈利能力。我国商标法规定，商标权的有效期限为10年，期满前可继续申请延长注册期。

3. 非专利技术

非专利技术是指不为外界所知的、在生产经营活动中已采用了的、不享有法律保护的各种技术和经验。由于专有技术未经公开亦未申请专利权，所以不受法律保护，但事实上具有专利权的效用。专有技术可以作为资产对外投资，也可以转让。

4. 著作权

著作权也称版权，是指作者对其创作的文学、科学和艺术作品依法享有的某些特殊权利。著作权包括两方面的权利，即精神权利(人身权利)和经济权利(财产权利)。

5. 土地使用权

土地使用权是指国家允许某一企业在一定期间内对国有土地享有开发、利用、经营的权利。根据我国土地管理法的规定，我国土地实行公有制，任何单位和个人不得侵占、买卖或者以其他形式非法转让。国有土地可依法确定给国有企业、集体企业等单位，土地使用权可依法转让。如果取得土地使用权没有花费任何代价，就不能将其作为无形资产入账。当取得土地使用权时花费了支出，则应将其资本化，作为无形资产入账。

6. 经营特许权

经营特许权是指物流企业在某一地区经营或销售某种特定商品的权利或是一家企业接受另一家企业使用其商标、商号、技术秘密的权利。

### (三) 长期股权投资

长期股权投资是指企业持有的对其子公司、合营企业及联营企业的权益性投资以及企业持有的对被投资单位不具有控制、共同控制或重大影响，且在活跃市场中没有报价、公允价值不能可靠计量的权益性投资。这种投资在很大程度上是为了取得长期投资收益，或为了达到控制其他单位或对其他单位实施重大影响，或出于其他长期性质的目的而进行的投资。长期股权投资由于期限长、投资金额较大，在会计核算时采用不同的方法进行，在资产负债表中作为长期股权投资列示。

### (四) 其他资产

其他资产是指流动资产、长期股权投资、固定资产、无形资产等以外的资产，主要包括长期性质的待摊费用和其他长期资产。长期待摊费用是指物流企业已经支出，但摊销期限在1年以上(不含1年)的各项费用，如以经营租赁方式租入的固定资产发生的改良支出等。其他长期资产一般包括国家批准储备的特准物资、银行冻结存款以及临时设施和涉及诉讼中的财产等。

**三、长期资产核算的特点**

物流企业长期资产具有非流动资产的特征：① 资产的使用年限较长；② 长期资产的价值逐渐并分次转化；③ 是一种非货币性资产。根据物流企业长期资产存在的形态不同，其核算具有的特点也有所不同。

对长期资产中具有实物形态的固定资产进行核算，物流企业应根据固定资产的定义，结合本企业的具体情况，制定本企业固定资产的目录、分类方法、每类或每项固定资产的预计使用年限、预计的净残值、折旧方法等，编制成册，并按照管理权限，经股东大会或董事会、或经理会议或类似机构批准，按照法律、行政法规的规定报送有关各方备案，同时置于物流企业的所在地，以供投资者等有关各方查阅。一经确定不得随意变更，如需要变更，仍应按照上述程序，经批准后报送有关各方备案，并在会计报表附注中予以说明。

对长期资产中不具有实物形态的无形资产进行核算，物流企业应根据无形资产的定义结合物流企业具体情况进行核算。同时，应考虑无形资产所具有的特点：无形资产首先具有资产的一般特征，即是由过去的交易或事项所形成的、可以为物流企业带来未来经济效益；但与其他资产相比，无形资产还具有以下特征：① 不具有实物形态；② 是一种非货币性资产；③ 具有优越性和独占性，可以在较长时期内为物流企业提供经济效益，能够带来超额利润；④ 通常是长期资产；⑤ 未来经济利益具有很大的不确定性；⑥ 没有发达的交易市场；⑦ 一般是有偿取得的。

长期资产中的其他资产在进行核算时，也应结合物流企业的具体情况和资产的特点。如长期待摊费用的核算内容包括租入固定资产改良支出等。租入固定资产改良支出，其待摊期限和在租赁期或改良工程的有效使用期两者孰短的期限内摊销。这些费用本身没有价值，不可以转让。进行其他长期资产核算时，应明确其他长期资产包括特种储备物资、银行冻结存款、临时设施和诉讼中的财产等，这些资产一般不参加物流企业正常生产经营周转，不进行摊销。

## 第二节　固定资产的核算

**一、固定资产的计价基础**

固定资产的计价是指用货币计量单位表示固定资产的价值。固定资产的计价主要有以下两种方法。

（一）按历史成本计价

历史成本也称原始购置成本或原始价值，是指物流企业购建某项固定资产达到预定可使用状态前所发生的一切合理、必要的支出。物流企业新购建固定资产的计价、确定计提折旧的依据等均采用这种方法。其主要特点是具有客观性和可验证性，也就是说，按这种计价方法确定的价值，均是实际发生的并有支付凭据的支出。正是由于这种计价方法具有客观性和可验证性的特点，因此它是固定资产的基本计价标准。

（二）按净值计价

固定资产净值也称折余价值，是指固定资产原始价值减去已提折旧后的净额。它可以反映物流企业实际占用在固定资产上的资金数额和固定资产的新旧程度。这种计价方法主要用于计算盘盈、盘亏、毁损固定资产的损益等。

物流企业已经入账的固定资产，除发生下列情况，不得任意变动、调整固定资产的账面原值：根据国家规定对固定资产价值重新估价；增加补充设备或改良装置；将固定资产的一部分拆除；根据实际价值调整原来的暂估价值；发现原记固定资产价值有错误。

**二、固定资产的价值构成**

固定资产的价值构成是指固定资产价值所包括的范围。由于固定资产的来源渠道不同，其价值构成的具体内容也有所差异，现行会计制度对固定资产的价值构成作了明确的规定：

（1）购置的不需要经过建造过程即可使用的固定资产，按实际支付的买价、包装费、运输费、安装成本、缴纳的有关税金等作为入账价值。

（2）自行建造的固定资产，按建造该项资产达到预定可使用状态前发生的全部支出作为入账价值。

（3）投资者投入的固定资产，按投资各方所确定的价值作为入账价值。

（4）在原有固定资产的基础上进行改建、扩建的，按原固定资产的账面价值加上由于改建、扩建而使该项资产达到预定可使用状态前发生的支出，减去改建、扩建过程中发生的变价收入，作为入账价值。

（5）盘盈的固定资产，按同类或类似固定资产的市场价格，减去按该项资产的新旧程度估计的价值损耗后的余额，作为入账价值。

固定资产的入账价值中，还应当包括物流企业为取得固定资产而缴纳的契税、耕地占用税、车辆购置税等相关税费。

**三、固定资产的账户设置及会计处理**

为了组织固定资产的核算，物流企业一般需要设置“固定资产”“累计折旧”“工程物资”“在建工程”“固定资产清理”等账户。

“固定资产”账户核算物流企业所有固定资产的原价。该账户借方登记物流企业增加的固定资产的原价，贷方登记物流企业减少的固定资产的原价，期末借方余额反映物流企业在用、未用、融资租入固定资产的原价。

“累计折旧”账户是“固定资产”的调整账户，该账户核算物流企业所提取的固定资产折旧及固定资产折旧的累计数额。期末贷方余额反映物流企业固定资产折旧的累计数。

“工程物资”账户核算物流企业库存的用于建造或修理本企业固定资产工程项目的各种物资的实际成本。该账户借方登记购入工程物资的实际成本，贷方登记领出工程物资的实际成本，期末借方余额反映库存工程物资的实际成本。

“在建工程”账户核算物流企业为建造或修理固定资产而进行的各项建筑工程、安装工程的工程成本，包括固定资产新建工程、改造扩建工程等所发生的实际支出以及改扩建工程等转入的固定资产净值。该账户借方登记物流企业各项在建工程的实际支出，期末借方余额反映尚未完工的工程实际成本。

“固定资产清理”账户核算物流企业因出售、报废和毁损等原因转入清理的固定资产净值及其在清理过程中所发生的清理费用和清理收入等。该账户借方登记转入清理的固定资产净值和发生的费用等，贷方登记清理固定资产的变价收入和应由保险公司或过失人承担的损失等，期末余额反映物流企业尚未清理完毕固定资产的净值以及清理净收入(清理收入减去清理费用)。

物流企业取得固定资产的来源渠道很多，常见的有：外部购入、自行建造、接受捐赠、接受投资、融资租入等。物流企业应当分别不同来源进行会计处理。

### (一) 购入固定资产的核算

物流企业购入的固定资产，有不需要安装的固定资产和需要安装的固定资产两种，为此，应区分两种情况进行核算。

#### 1. 购入不需要安装的固定资产的核算

物流企业购入不需要安装的固定资产，应按购入时实际支付的买价、包装费、运输费、安装成本、缴纳的有关税金等，借记“固定资产”账户，贷记“银行存款”等账户。

**【例 4-1】** 上海申通物流公司购入不需要安装的货车 2 辆，买价为 280 000 元，增值税额为 36 400 元，另支付其他费用 5 000 元，款项以银行存款支付。

该固定资产的原价＝280 000＋36 400＋5 000＝321 400(元)

应作会计分录如下：

| | | |
|---|---|---|
| 借：固定资产 | 285 000 | |
| 　　应交税费——应交增值税(进项税额) | 36 400 | |
| 　贷：银行存款 | | 321 400 |

2. 购入需要安装的固定资产的核算

物流企业购入需要安装的固定资产，应先记入“在建工程”账户，即购入时，按实际支付的价款(包括买价、包装费、运输费、缴纳的有关税金等)，借记“在建工程”账户，贷记“银行存款”账户；发生的安装费用等，借记“在建工程”账户，贷记“银行存款”等账户；安装完成达到预定可使用状态时，按其实际成本(包括买价、税金、包装费、运输费和安装费等)作为固定资产的原价转账，借记“固定资产”账户，贷记“在建工程”账户。

**【例 4-2】** 上海申通物流公司购入需要安装才能使用的车辆检测线一条，买价为80 000 元，增值税额为 10 400 元，支付包装费及运输费2 000元。设备由供货商安装，支付安装费 2 000 元。款项均以银行存款支付。

(1) 支付设备价款、税金、包装费及运输费合计 92 400 元，作会计分录如下：

借：在建工程　　82 000
　应交税费——应交增值税(进项税额)　　10 400
　贷：银行存款　　92 400

(2) 支付安装费，作会计分录如下：

借：在建工程　　2 000
　贷：银行存款　　2 000

(3) 安装完成交付使用时，确定的固定资产价值为 84 000 元(82 000+2 000)，作会计分录如下：

借：固定资产　　84 000
　贷：在建工程　　84 000

(二) 自行建造固定资产的核算

自行建造的固定资产是指物流企业为了新建、改建、扩建固定资产或者对固定资产进行技术改造、设备更新而由物流企业自行建造的固定资产。按其建造实施方式的不同，可分为自营工程和出包工程两种。

1. 自营工程的核算

自营工程是指物流企业自行组织工程物资采购、自行组织施工人员施工的建筑工程和安装工程。购入工程物资时，借记“工程物资”账户，贷记“银行存款”账户。领用工程物资时，借记“在建工程”账户，贷记“工程物资”账户。在建工程领用本物流企业原材料时，借记“在建工程”账户，贷记“原材料”等账户。自营工程发生的其他费用(如支付职工工资、借款利息等)，借记“在建工程”账户，贷记“银行存款”“应付职工薪酬”“长期借款”等账户。自营工程完工交付使用时，按实际发生的全部支出，借记“固定资产”账户，贷记“在建工程”账户。

【例 4-3】 上海申通物流公司采用自营方式建造仓库一幢，为工程购置物资180 000元，全部用于工程建设，为工程支付的建设人员工资 32 000 元，为工程借款而发生的利息支出为 20 000 元，支付的其他费用 5 000 元。工程已完工验收交付使用。作会计分录如下：

（1）购入工程物资时：

借：工程物资　　180 000
　贷：银行存款　　180 000

（2）工程领用工程物资时：

借：在建工程　　180 000
　贷：工程物资　　180 000

（3）支付建设人员工资时：

借：在建工程　　32 000
　贷：应付职工薪酬　　32 000

（4）结转为工程而发生的借款利息时：

借：在建工程　　20 000
　贷：长期借款　　20 000

（5）支付工程发生的其他费用时：

借：在建工程　　5 000
　贷：银行存款　　5 000

（6）工程完工验收交付使用，按其实际造价 237 000 元（180 000＋32 000＋20 000＋5 000）转入“固定资产”账户：

借：固定资产　　237 000
　贷：在建工程　　237 000

2. 出包工程的核算

出包工程是指物流企业通过招标等方式将工程项目发包给建造商，由建造商组织施工的建筑工程和安装工程。物流企业采用出包方式进行的固定资产工程，其工程的具体支出主要由建造商核算。在这种方式下，“在建工程”账户主要是物流企业与建造商办理工程价款的结算账户，物流企业支付给建造商的工程价款作为工程成本，通过“在建工程”账户核算，具体会计处理如下：物流企业按合同约定向建造商支付预付款或进度款时，借记“在建工程”账户，贷记“银行存款”等账户；工程完工补付工程价款时，借记“在建工程”账户，贷记“银行存款”等账户；工程完工交付使用时，按实际发生的全部支出，借记“固定资产”账户，贷记“在建工程”等账户。

**【例 4-4】** 上海申通物流公司以出包方式建造仓库一座，预付工程款 300 000 元，工程完工决算，根据竣工工程决算表，需补付工程价款50 000元。编制的有关会计分录如下：

（1）预付工程价款时：

借：在建工程　　300 000

　贷：银行存款　　300 000

（2）补付工程款时：

借：在建工程　　50 000

　贷：银行存款　　50 000

（3）工程完工交付使用时：

借：固定资产　　350 000

　贷：在建工程　　350 000

（三）投资者投入固定资产的核算

物流企业投资者投资转入的固定资产，既要增加物流企业的固定资产，又要增加投资者的投资额，投资者投入的固定资产一般按投资双方确认的价值入账，借记“固定资产”账户，贷记“实收资本”或“股本”等账户。

**【例 4-5】** 上海申通物流公司接受 A 公司投资的已使用过的旧汽车 5 辆，账面原值为 800 000 元，评估确认的净值为 700 000 元。作会计分录如下：

借：固定资产　　700 000

　贷：实收资本——A 公司　　700 000

## 第三节　固定资产的管理

物流企业为了正常地进行经营活动，除了需要具有必备的流动资金外，还必须具有一定数量的固定资产，固定资产是物流企业进行经营活动不可缺少的物质技术基础。

随着科学技术的不断发展，物流企业拥有的固定资产越来越多，其现代化程度也越来越高，性能也越来越先进。固定资产占企业资产的比重相当高，投资也相当大。随着全球经济一体化，企业面临的市场竞争越来越激烈，每个企业面临着更为复杂的理财环节。如何正确地进行固定资产筹资和投资决策，节约固定资产投资，提高固定资产利用效果，加速固定资产更新改造，增强物流企业的经济实力，提高其参与市场的竞争能力，是物流企业资产管理的一项重要任务。

从固定资产的特点出发，加强固定资产的管理，既要着眼于实物方面，也要重视其价值方面，以保证固定资产的完整无缺和固定资产的有效使用。

物流企业固定资产的有效管理，应重点抓好固定资产折旧管理、固定资产增减变动管理和固定资产清查的管理。

**一、固定资产折旧的管理**

固定资产在使用过程中会发生价值损耗，它必须通过计提折旧的方式加以合理补偿。物流企业提取的折旧，是固定资产更新的资金来源。只有正确地对固定资产折旧进行管理，编制固定资产折旧计划，及时提取固定资产折旧，使固定资产在生产中的损耗足额得到补偿，才能保证固定资产再生产的顺利进行。

（一）固定资产折旧的概念

固定资产是一种为物流企业经营所需而长期使用的资产，它可以多次参加企业的生产经营过程而不改变其实物形态，但服务潜力会随着其在生产经营中的使用而逐渐降低以至于消逝，它的价值也会随着固定资产的使用而逐渐、分次地转移到成本费用中去，并从物流企业的最终收入中得到补偿。在会计上，将固定资产因使用磨损而逐渐转移到成本中去的价值称为固定资产折旧。

从本质上讲，折旧是一种费用，是固定资产在使用过程中由于逐渐损耗而减少的那部分价值。固定资产的损耗，分为有形损耗和无形损耗两种。有形损耗是指由于使用和自然力的影响而引起的服务潜能的降低。无形损耗是指由于社会劳动生产率不断提高和科学技术的进步而引起的原有固定资产的价值降低。

在会计核算上，根据配比原则，对固定资产损耗的价值，应在固定资产的预计有效使用期限内，以计提折旧的方式计入各期成本费用，从各期营业收入中逐步得到补偿。

（二）影响固定资产折旧的因素

影响物流企业固定资产折旧的因素主要有以下三个方面。

1. 固定资产原价

计算固定资产折旧，一般是以其账面原始价值为基数的。它包括为取得某项固定资产所发生的一切合理必要的支出。

2. 固定资产净残值

这是指固定资产报废时可以收回的残余价值扣除预计清理费用后的余额，是固定资产使用期满时的实际回收额。

固定资产的预计可使用年限和预计残值，一般由物流企业的会计政策所决定，在确定预计残值时还要注意扣除清理费用。若物流企业直至固定资产不再具有服务潜能时才予以报废，残值会很小。而有些物流企业在固定资产还有使用寿命时就予以更替，此时的残值就要参考被处置资产在处置时的公允市价来确定。比如许多航空公司在其飞机的物理寿命远未结束时就开始置换技术更先进的飞机，避免顾客抵制旧飞机。在残余废料收入和拆迁清理费用不相上下或难以估计，或与固定资产原始成本相比，比重不大时，因其对折旧的计算影响极小，这时，净残值可以不予考虑。

3. 固定资产使用年限

固定资产使用年限的长短直接影响各期应提的折旧额。因而，企业应当合理确定固定资产的使用年限。在确定固定资产的可使用年限时，既要考虑有形损耗，也要考虑无形损耗，有时对固定资产的维修保养也会影响到固定资产的使用寿命，这些因素都会影响到固定资产价值的转移。绝大多数的固定资产折旧是以年或月为估计单位的，也可使用其他单位如物流企业的营运车辆可以使用可行驶公里、通用设备可以使用预计工作量为估计单位。

（三）固定资产计提折旧的范围

根据《企业会计准则》的规定，除下列情况外，企业应对所有固定资产计提折旧：

（1）已提足折旧仍继续使用的固定资产。

（2）按规定单独作价作为固定资产入账的土地。

已达到预定可使用状态的固定资产，如果尚未办理竣工决算，应当按照估计价值暂估入账，并计提折旧；待办理了竣工决算手续后，再按照实际成本调整原来的暂估价值，同时调整原已计提的折旧额，当期计提的折旧额和对原折旧额的调整，均作为当期的成本、费用处理。

物流企业应当根据固定资产的性质和消耗的情况，合理确定固定资产的预计使用年限和预计净残值，并根据科技发展、环境变化及其他因素，选择合理的固定资产折旧方法，按照管理权限，经股东大会、董事会、经理会议或类似机构批准，作为计提折旧的依据。同时，按照法律、行政法规的规定报送有关方面备案，并备置于物流企业所在地，以供投资者或有相关利益的各方查阅。有关固定资产的预计使用年限和预计净残值、折旧方法等，一经确定不得随意变更，如确实需要变更，仍然应当按照上述程序，经批准后报送有关各方面备案，并在会计报表附注中予以说明。

物流企业一般以固定资产原价为依据按月提取折旧，当月增加的固定资产，当月不提折旧，从下月起计提；当月减少的固定资产，当月照提折旧，从下月起不提。固定资产提足折旧后，不管能否继续使用，均不再提取折旧；提前报废的固定资产，也不再补提折旧。所谓提足折旧，是指提足该项固定资产应提的折旧总额。应提的折旧总额为固定资产原价减去预计残值，再加上预计清理费用后的金额。

（四）固定资产折旧的方法

根据《企业会计制度》和《固定资产准则》的规定，现行物流企业固定资产的折旧方法可以采用平均年限法、工作量法、双倍余额递减法和年数总和法等。

1. 平均年限法

平均年限法也叫使用年限法，它是根据固定资产原始价值减去预计净残值后的余额，按照固定资产折旧年限平均计算折旧额的一种方法。由于按照这种方法提取的折旧额，在各个使用年份或月份都是相等的，折旧的累积额成一条直线上升的趋势线，因此这种方法也叫做直线法。

平均年限法的基本计算公式如下：

$$年折旧额=\frac{应提折旧额}{预计折旧年限}=\frac{原价-预计净残值}{预计折旧年限}=\frac{原价-原价\times预计净残值率}{预计折旧年限}$$

$$=\frac{原价\times(1-预计净残值率)}{预计折旧年限}$$

在实际工作中，采用平均年限法计算折旧，折旧额一般是根据固定资产原价乘以折旧率计算的。固定资产折旧率是指一定时期内固定资产折旧额对固定资产原价的比率。其计算公式如下：

$$年折旧率=\frac{年折旧额}{原价}\times100\%=\frac{原价\times(1-预计净残值率)}{预计折旧年限}\times\frac{1}{原价}\times100\%$$

$$=\frac{1-预计净残值率}{预计折旧年限}\times100\%$$

折旧额应该按月计算，因而还应根据年折旧率，算出月折旧率。

$$月折旧率=年折旧率\div12$$

在实际工作中，折旧额是按照固定资产原价乘以折旧率计算求得的，折旧额又包括年折旧额和月折旧额两种。通常，企业应按月提取固定资产折旧。

$$年折旧额=原价\times年折旧率$$

$$月折旧额=原价\times月折旧率$$

为了简化核算，企业不必每月按固定资产项目逐项计算，可以在上月计提折旧额的基础上，考虑上月固定资产增减变动的影响，加以调整。用公式表述如下：

$$本月应提折旧额=上月计提折旧额+上月增加固定资产应提折旧额-上月减少固定资产应提折旧额$$

**【例 4-6】** 上海申通物流公司某项固定资产原价 20 000 元，预计净残值率为 4%，预计折旧年限 10 年，有关计算如下：

$$年折旧额=20\,000\times(1-4\%)\div10=1\,920(元)$$

$$年折旧率=1\,920\div20\,000=9.6\%$$

或

$$=(1-4\%)\div10=9.6\%$$

$$月折旧率=9.6\%\div12=0.8\%$$

$$月折旧额=20\,000\times0.8\%=160(元)$$

上例中，计算出来的折旧率，是按某项固定资产计算的，称为个别折旧率或单项折旧率，它是某项固定资产在一定期间的折旧额与该项固定资产原价的比率。此外，还有分类折旧率和综合折旧率。分类折旧率是指企业某类固定资产折旧额与该类固定资产原价的比率，采用这种方法，应先把性质、结构和使用年限接近的固定资产归为一类，再按类计算平均折旧率；综合折旧率是指某一期间物流企业的全部固定资产折旧额与全部固定资产原价的比率。以上三种折旧率各有优缺点，现行会计实务中一般只允许采用个别折旧率和分类折旧率。分类折旧率的计算公式如下：

$$年分类折旧率=\frac{某类固定资产折旧额}{某类固定资产原价}\times100\%$$

$$月分类折旧率=\frac{年分类折旧率}{12}$$

2. 工作量法

工作量法是根据固定资产在使用时间内预计可完成的总工作量或总工作时间计算应提折旧额的一种计算方法。采用这种方法，先要确定固定资产单位工作量（工作小时）的折旧额（单位折旧额），每月再按照固定资产完成的工作数量或工作时间乘以单位折旧额，即可计算出各月份的折旧金额。其计算公式如下：

$$某项固定资产单位折旧额=\frac{该项固定资产应提折旧额}{该项固定资产预计使用年限内可完成的总工作量(或时数)}=\frac{固定资产原价\times(1-预计净残值率)}{固定资产规定的总工作量(或时数)}$$

$$该项固定资产月折旧额=该项固定资产该月完成的工作数量(或时数)\times单位折旧额$$

**【例 4-7】** 上海申通物流公司拥有载货汽车一辆，原价 150 000 元，预计净残值率为 5%，规定行驶 50 万公里，本月实际行驶了 3 000 公里。则，该辆载货汽车的单位折旧额和该月的折旧额如下：

$$单位折旧额=150\,000\times(1-5\%)\div500\,000=0.285(元/公里)$$

$$本月折旧额=3\,000\times0.285=855(元)$$

这种折旧计算方法主要适用于运输车辆、轮船、飞机等运输设备，还适用于工作任务不饱满的大型精密设备等，它们每月的工作量（公里、吨公里、人公里等）或工作时间（小时数、台班数）往往不均衡，若仍采用平均年限法计提折旧，会影响当期损益计算的正确性。采用工作量法计提的折旧额能够较好的反映其价值损耗，使物流企业当期损益计算更为合理。

3. 双倍余额递减法

双倍余额递减法是定率递减法的一种简化计算方法。它是不考虑固定资产残值的情况下，根据应提折旧的固定资产期初净值，以直线法折旧率的两倍计提折旧额的一种方法。其计算公式如下：

$$年折旧额=\frac{固定资产期}{初账面净值}\times\frac{双倍直线}{年折旧率}$$

$$年折旧率=2\times\frac{1}{预计折旧年限}\times100\%=\frac{2}{预计折旧年限}\times100\%$$

$$月折旧率=年折旧率\div12$$

$$月折旧额=年折旧额\div12$$

物流企业在采用双倍余额递减法时，固定资产的期末账面净值是逐年递减的，所以每年计提的折旧额也是逐年递减的。也就是使用前期的折旧额多，以后逐渐递减。在应用双倍余额递减法时，由于每年折旧额是递减的，到某一年度时，可能出现按双倍余额递减法所计提的折旧额小于按直线法计提的折旧额，这时，通常应转化为按直线法计提折旧。为了简化计算，我国现行财务制度规定，使用双倍余额递减法计提折旧，可在固定资产使用期限的最后两年，改用直线法计提折旧。

**【例 4-8】** 上海申通物流公司一项设备原值 20 000 元，预计净残值为 400 元，预计使用年限为 5 年。按双倍余额递减法计算每年折旧额，见图表 4-1。

图表 4-1

**折 旧 计 算 表**

| 年份 | 期初账面净值 | 年折旧率 | 年折旧额 | 累计折旧额 | 期末账面净值 |
|---|---|---|---|---|---|
| 1 | 20 000 | 40% | 8 000 | 8 000 | 12 000 |
| 2 | 12 000 | 40% | 4 800 | 12 800 | 7 200 |
| 3 | 7 200 | 40% | 2 880 | 15 680 | 4 320 |
| 4 | 4 320 | — | 1 960 | 17 640 | 2 360 |
| 5 | 2 360 | — | 1 960 | 19 600 | 400 |

$$年折旧率=2\div5\times100\%=40\%$$

从第四年开始，改用直线法计提折旧，其计算如下：

$$每年折旧额=(4\ 320-400)\div 2=1\ 960(元)$$

按双倍余额递减法计算出的每年折旧额各被 12 除，即为各年每月应计折旧额，如第三年每月应计折旧额为 240 元(2 880÷12)。

4. 年数总和法

年数总和法也称合计年限法、变率递减法，是将固定资产的原价减去预计净残值后的余额(该项固定资产应计折旧总额)乘以一个逐年递减的分数(相当于折旧率)计算每期折旧额的一种计算方法。

$$年折旧率=尚可使用年数\div 年数总和$$

$$年折旧额=(固定资产原值-预计净残值)\times 年折旧率$$

$$月折旧额=年折旧额\div 12$$

**【例 4-9】** 上海申通物流公司某项固定资产原值 50 000 元，预计净残值为 2 000 元，预计使用年限为 5 年。其采用年数总和法计算折旧的过程，如图表 4-2 所示。

图表 4-2

**折 旧 计 算 表**

| 使用年限 | 应提折旧额 | 年折旧率 | 年折旧额 | 累计折旧 |
|---|---|---|---|---|
| 1 | 48 000 | 5÷15 | 16 000 | 16 000 |
| 2 | 48 000 | 4÷15 | 12 800 | 28 800 |
| 3 | 48 000 | 3÷15 | 9 600 | 38 400 |
| 4 | 48 000 | 2÷15 | 6 400 | 44 800 |
| 5 | 48 000 | 1÷15 | 3 200 | 48 000 |

(五) 固定资产折旧的核算

固定资产折旧的总分类核算是通过“累计折旧”账户进行的。物流企业计提的固定资产折旧，应根据固定资产的不同用途计入有关成本费用。对于运输车队固定资产计提的折旧，记入“主营业务成本——运输支出”账户；行政管理部门固定资产计提的折旧，记入“管理费用”账户；营业站点固定资产计提的折旧，记入“销售费用”账户；经营租赁租出固定资产计提的折旧，记入“其他业务成本”账户。

在我国会计实务中，各月计提折旧的工作一般是通过编制“固定资产折旧计算汇总表”来完成的，格式见图表 4-3。

图表 4-3

**固定资产折旧计算汇总表**

××××年×月

| 车队、部门 | 上月固定资产折旧额 | 上月增加固定资产折旧额 | 上月减少固定资产折旧额 | 本月固定资产折旧额 |
|---|---|---|---|---|
| 运输车队 | 23 000 | 5 000 | 3 000 | 25 000 |
| 行政管理部门 | 4 000 | 2 000 | 1 000 | 5 000 |
| 营业站 | 3 000 | | | 3 000 |
| 经营租赁部门 | 2 500 | | 500 | 2 000 |
| 合　　计 | 32 500 | 7 000 | 4 500 | 35 000 |

**【例 4-10】** 上海申通物流公司根据某月"固定资产折旧计算表"资料，运输车队折旧额为 25 000 元，行政管理部门折旧额为 5 000 元，营业站固定资产折旧额为3 000 元，经营租赁租出固定资产计提的折旧额为2 000元。作会计分录如下：

借：主营业务成本——运输支出　　25 000
　　管理费用　　5 000
　　销售费用　　3 000
　　其他业务成本　　2 000
　贷：累计折旧　　35 000

## 二、固定资产增减变动的管理

### （一）固定资产的日常管理

固定资产的日常管理是指物流企业在组织日常的固定资产管理工作中，按照固定资产投资方案、计划及其管理制度的要求，对固定资产的筹措、使用和利用效果进行的指导、协调和监督工作。

为了掌握固定资产增减变动的情况，保证固定资产的安全完整，不断提高固定资产的利用效果，物流企业应在日常的固定资产管理工作中，着重做好以下四个方面的工作。

1. 建立固定资产管理责任制

建立固定资产管理责任制，可以使管理工作规范化，有利于物流企业正确处理与各方面的经济关系，调动物流企业各职能部门和职工群众管理固定资产的积极性和主动性。

建立固定资产管理责任制的基本原则是：

（1）归口分级管理的原则。为了划清各自的职责，调动管理者的主动性，有效的办法是对固定资产实行“归口”“分级”管理。即先按横向归口，将固定资产按从属关系归口职能部门负责管理；再按纵向分级，将固定资产落实到各使用单位或个人负责，从而形成完整的固定资产管理体系。

（2）合理制约原则。在固定资产管理责任制中，体现制约机制十分重要，它对于防止、发现并纠正那些人为或客观因素造成的对固定资产的损失危害特别有利。

（3）责权结合的原则。即承担一定的职责，就应享有一定的权利，如奖励技术改革有功者、维修保养工作贡献突出者，只有这样，才能持久保持管理者的积极性。

根据以上原则，物流企业应该建立和执行以下的固定资产管理责任制：① 固定资产核算制度。② 生产设备的操作规程制度。③ 固定资产保管与清查制度。④ 固定资产保养、维护、革新改造及报废清理制度等。

凡执行上述管理制度的部门、单位或个人，均应加强协作，共同管理好固定资产，及时做好固定资产增减变动的记录工作，以求不断提高固定资产的使用效果。

2. 监督固定资产的增减变动情况

监督固定资产的增减变动和实存情况，切实保障固定资产的安全完整，是固定资产日常管理工作的重要环节。因此，物流企业财务部门负有重要的责任。为了充分发挥其监督职能作用，财务部门应深入现场协同有关部门认真做好以下工作：

（1）加强新增固定资产的验收和调出固定资产的移交工作。凡有固定资产增加，都必须在收到时填制凭证，办理验收交接。发生调出的固定资产移交时，财务人员应根据固定资产调拨单，认真地审查固定资产调拨手续是否完备，调拨数量是否准确，质量是否良好，价格是否合理。

（2）做好固定资产报废的鉴定和清理工作。为了保护固定资产的安全和完整，物流企业的财会部门应对固定资产的减少和报废实行严格的监督。减少固定资产，必须按照规定办理审查和批准手续，未经财会部门同意，任何固定资产不得运出企业。

（3）定期组织财产清查和固定资产增减变动情况的管理工作。固定资产清查，首先，要盘点实物、查核账目，及时编制固定资产盘存报告单。对于固定资产的盘亏、毁损，在查明原因、分清责任的基础上，妥善处理；其次，要针对固定资产管理工作的薄弱环节，提出切实可行的改进意见。如对长期闲置的设备，应建议及时处理；对运转不良的设备，要建议及时修理；对保管、维护不妥的固定资产，应建议及时改进等。此外，对租入、租出的固定资产，也应及时登记，采取措施，加强管理。

（4）编制固定资产目录。为了加强固定资产的管理，物流企业的财务部门要会同固定资产的使用和管理部门，按照国家规定的固定资产划分标准，分类详细编制固定资产目录。在编制固定资产目录时要统一固定资产的分类编号。各管理部门和各使用部门的账、卡、物都要统一使用此编号。

(5) 建立固定资产卡片或登记簿。为了及时了解固定资产的增减变动及结余情况,财会部门应建立固定资产卡片或登记簿。固定资产卡片实际上是以每个独立的固定资产项目为对象开设的明细账。物流企业在收到固定资产时应设立卡片,登记固定资产的名称、类别、编号、预计使用年限、原始价值、建造单位等原始资料。还要登记有关验收、启用、大修、内部转移、调出及报废清理等内容。

物流企业财会部门为了汇总各种固定资产的使用和变动情况,还应设置"固定资产登记簿",按固定资产的明细类别分设账页,按保管和使用单位设置专栏,序时登记其增减变动的金额。

3. 核查固定资产投资效果

为了确保固定资产投资计划的顺利完成,物流企业应该经常检查、核实固定资产的使用情况,主要应进行以下几个方面的核查:

(1) 实际投资支出是否符合原定投资方向,是否出现不合理的超支。

(2) 实际投资效果是否背离预期目标。

(3) 实际折旧是否远离实体的实际损耗。

一旦发现偏差,应及时查明原因,分清责任,采取相应措施或调整原计划目标。

4. 促进物流企业不断提高固定资产的使用效果

提高固定资产的使用效果,是为了创造更多的价值,获得较多的盈利。为此,就要不断地改进经营用固定资产的使用状况。经营用固定资产在全部固定资产中占有较大比重,它的使用状况,对增加物流企业的业务收入,降低业务成本都起着决定性的作用。改进经营用固定资产使用状况的主要途径是:

(1) 扩大经营用固定资产比重,增加其实物数量。主要措施是:适当缩减非经营用固定资产,相应扩大经营用固定资产比重;在保证质量的前提下,缩短未使用固定资产的安装时间,使其尽快形成经营能力;积极处理不需用固定资产,使其尽快转化为新的生产能力等。

(2) 增加经营用固定资产的实际作业时间。主要措施是:合理加班加点,提高修理工作质量和效率,减少修理次数和时间,消除计划外停工,改进作业时间等。

(3) 提高经营用固定资产的作业效率。主要措施是:采用新技术、新工艺,提高职工驾驶技术、操作水平和熟练程度等。

(二) 固定资产增减变动的核算

物流企业在生产经营过程中,经常会发生固定资产的增减变动。企业所有者投入、购买、自行建造、融资租入、接受捐赠、盘盈会导致固定资产的增加。同时,物流企业固定资产出售、盘亏、对外投资转出、捐赠支出、非正常原因毁损等会造成固定资产的减少。固定资产增加的核算,前面已经介绍过了。本节我们重点介绍固定资产减少的核算。

根据规定，物流企业固定资产的减少一般应通过“固定资产清理”账户进行核算。固定资产的清理是指固定资产的报废和出售，以及对因各种不可抗力的自然灾害而遭到损失的固定资产所进行的清理工作。“固定资产清理”账户是计价对比账户，它核算物流企业因出售、报废和毁损等原因转入清理的固定资产净值以及在清理过程中所发生的清理费用和清理收入，其借方反映转入清理的固定资产的净值和发生的清理费用，贷方反映清理固定资产的变价收入和应由保险公司或过失人承担的损失等。

1. 出售、报废和毁损的固定资产

物流企业因出售、报废、毁损等原因减少的固定资产，会计处理一般可以分为以下几个步骤：

（1）固定资产转入清理。出售、报废和毁损的固定资产转入清理时：

借：固定资产清理　（转入清理的固定资产账面净值）
　　累计折旧　（已计提的折旧）
　　固定资产减值准备　（已计提的减值准备）
　贷：固定资产　（固定资产的账面原价）

（2）发生清理费用时：

借：固定资产清理　（实付清理费用）
　贷：银行存款　（实付清理费用）

（3）出售收入和残料等的处理。收回出售固定资产的价款、残料价值和变价收入等时：

借：银行存款　（出售收入额）
　　原材料　（残料价值）
　贷：固定资产清理　（上述两项合计价款）

（4）保险赔偿的处理，应由保险公司或过失人赔偿时：

借：其他应收款　（赔偿额）
　贷：固定资产清理　（赔偿额）

（5）清理净损益的处理时：

固定资产清理后的净收益：

借：固定资产清理　（清理净收益额）
　贷：长期待摊费用　（属于筹建期间净收益）
　　　营业外收入——处理固定资产净收益　（属于生产经营期间净收益）

固定资产清理后的净损失：

借：长期待摊费用　（属于筹建期间）
　营业外支出——非常损失　（由于自然灾害等非正常原因造成的损失额）
　——处理固定资产净损失　（生产经营期间正常的处理损失额）
　贷：固定资产清理　（清理额）

**【例 4-11】** 上海申通物流公司报废一台维护设备，账面原价18 000元，已计提折旧16 000 元，已计提减值准备 600 元，以现金 500 元支付清理费用，回收残料价值300 元。

（1）转销报废设备时，作会计分录如下：

借：固定资产清理　1 400
　累计折旧　16 000
　固定资产减值准备　600
　贷：固定资产　18 000

（2）支付清理费用时，作会计分录如下：

借：固定资产清理　500
　贷：库存现金　500

（3）结转残料价值时，作会计分录如下：

借：原材料　300
　贷：固定资产清理　300

（4）结转清理净损失时，作会计分录如下：

借：营业外支出——固定资产清理损失　1 600
　贷：固定资产清理　1 600

2. 投资转出的固定资产

物流企业在生产经营过程中，为使生产要素更合理地结合，可以把一些多余或闲置的固定资产作为投资，投入其他企业。具体账务处理如下：

借：长期股权投资　（转出固定资产的账面净值加上应支付的相关税费）
　累计折旧　（投资转出固定资产已计提的折旧）
　固定资产减值准备　（该项固定资产已计提的减值准备）
　贷：固定资产　（投资转出固定资产的账面原价）
　　银行存款　（支付的相关费用）
　　应交税费　（应支付的相关税金）

**【例 4-12】** 上海申通物流公司向另一单位投资一台设备，账面原价为 50 000 元，已计提折旧 20 000 元，该设备已提取减值准备 5 000 元。作会计分录如下：

借：长期股权投资　　25 000
　　累计折旧　　20 000
　　固定资产减值准备　　5 000
　贷：固定资产　　50 000

3. 捐赠转出的固定资产

物流企业对外捐赠转出的固定资产，可以作账务处理如下：

(1) 转销固定资产时：

借：固定资产清理　　（固定资产净值）
　　累计折旧　　（该项固定资产已计提的折旧）
　贷：固定资产　　（固定资产的账面原价）
借：固定资产减值准备　　（该项固定资产已计提的减值准备）
　贷：固定资产清理

(2) 支付相关税费时：

借：固定资产清理　　（捐赠转出的固定资产应支付的相关税费）
　贷：银行存款等

(3) 结转"固定资产清理"账户余额时：

借：营业外支出——捐赠支出　　（"固定资产清理"账户的余额）
　贷：固定资产清理

**【例 4-13】** 上海申通物流公司向希望小学捐赠教学设备一套，账面原价 120 000 元，已计提折旧 20 000 元，以现金支付运杂费 2 000 元。

(1) 转销固定资产时，作会计分录如下：

借：固定资产清理　　100 000
　　累计折旧　　20 000
　贷：固定资产　　120 000

(2) 发生清理费用时，作会计分录如下：

借：固定资产清理　　2 000
　贷：库存现金　　2 000

(3) 结转固定资产清理账户余额时，作会计分录如下：

借：营业外支出——捐赠支出　　102 000
　贷：固定资产清理　　102 000

## 三、固定资产清查管理

### （一）固定资产清查的核算内容

物流企业应定期对固定资产进行清查盘点，每年至少实地清查盘点一次，以保证固定资产核算的真实性，充分挖掘物流企业现有固定资产的潜力。在固定资产清查过程中，如果发现盘盈、盘亏的固定资产，应填制固定资产盘盈、盘亏报告表，并报经批准处理。同时还要编制“固定资产盘盈盘亏报告表”，作为固定资产盘盈、盘亏账务处理的根据。清查固定资产的损溢，应于办理年终决算前查明原因，并及时处理。未能在年终前处理完毕的，应在会计报表附注中予以说明。

### （二）固定资产盘盈的核算

企业在财产清查中盘盈的固定资产，作为前期差错处理。企业在财产清查中盘盈的固定资产，在按管理权限报经批准处理前应先通过“以前年度损益调整”账户核算。盘盈的固定资产，应按重置成本确定其入账价值，借记“固定资产”账户，贷记“以前年度损益调整”账户。

**【例 4-14】** 上海申通物流公司在财产清查过程中，发现一台未入账的设备，重置成本为 30 000 元。根据《企业会计准则第 28 号——会计政策、会计估计变更和差错更正》的规定，该盘盈固定资产作为前期差错进行处理。假定丁公司适用的所得税税率为 25%，按净利润的 10%计提法定盈余公积。丁公司应作会计处理如下：

（1）盘盈固定资产时：

| | | |
|---|---|---|
| 借：固定资产 | 30 000 | |
| 　贷：以前年度损益调整 | | 30 000 |

（2）确定应缴纳的所得税时：

| | | |
|---|---|---|
| 借：以前年度损益调整 | 7 500 | |
| 　贷：应交税费——应交所得税 | | 7 500 |

（3）结转为留存收益时：

| | | |
|---|---|---|
| 借：以前年度损益调整 | 22 500 | |
| 　贷：盈余公积——法定盈余公积 | | 2 250 |
| 　　　利润分配——未分配利润 | | 20 250 |

### （三）固定资产盘亏的核算

物流企业盘亏的固定资产应先通过“待处理财产损溢”账户核算，报经批准转销时，再转入“营业外支出”账户。企业发生固定资产盘亏时，按盘亏固定资产的净值，借记“待处理财产损溢”账户，按已计提折旧，借记“累计折旧”账户，按固定资产的原价，贷记“固定资产”账户。盘亏的固定资产报经批准转销时，借记“营业外支出——固定资产盘亏”账户，贷记“待处理财产损溢”账户。

**【例 4-15】** 上海申通物流公司在财产清查中盘亏设备一台，账面原始价值为50 000元，已提折旧 20 000 元，已提减值准备 6 000 元。

（1）上报有关机构批准时，作会计分录如下：

| | | |
|---|---|---|
| 借：待处理财产损溢——待处理固定资产损溢 | 24 000 | |
| 累计折旧 | 20 000 | |
| 固定资产减值准备 | 6 000 | |
| 贷：固定资产 | | 50 000 |

（2）批准后转账时，作会计分录如下：

| | | |
|---|---|---|
| 借：营业外支出——固定资产盘亏 | 24 000 | |
| 贷：待处理财产损溢——待处理固定资产损溢 | | 24 000 |

## 第四节　固定资产的维护保养

### 一、固定资产的后续支出

物流企业的固定资产投入使用后，为了适应新技术发展的需要，或者为维护或提高固定资产的使用效能，往往会发生一些必要的支出，如发生对现有固定资产进行改建、扩建、改良或者维护保养的支出。这些支出也称之为“固定资产的后续支出”。物流企业在发生这些支出时，需要确定这些支出应该资本化还是费用化。如果这些支出增强了固定资产获取未来经济利益的能力，提高了固定资产的性能，如延长了固定资产的使用寿命、使营业质量实质性提高或使营业成本实质性降低，即，使可能流入物流企业的经济利益超过了原先的估计，则应将该后续支出计入固定资产的账面价值；否则，应将这些后续支出予以费用化，计入发生当期的损益。

#### （一）资本化的后续支出

物流企业通过对库房进行改建、扩建而使其更加耐用坚固，延长了库房等固定资产的使用寿命；物流企业通过对设备的大修，提高了机器设备等固定资产的生产能力等，通常都表明后续支出提高了固定资产原定的创利能力。此时，应将后续支出予以资本化。在将后续支出资本化时，后续支出的计入，不应导致计入后的固定资产账面价值超过其可回收金额。

**【例 4-16】** 某年 1 月 1 日，上海申通物流公司所持有的一条车辆检测线，原价为200 000元，已计提累计折旧为80 000元，账面价值为120 000元；公司决定对现有检测线进行大修理，以提高其检测能力；当年 1 月 1 日至 3 月 31 日，经过 3 个月完成了对这条检测线的大修理工程，共发生修理费用支出 30 000 元，全部以银行存款支付；该检测线达到预定可使用状态后，大大提高了检测能力，预计将其使用年限延长了 5 年；为简化计算，整个过程不考虑其他相关费用。

本例中，由于对检测线的大修理支出，提高了生产能力并延长了其寿命，所以，此项后续支出应增加固定资产的账面价值。上海申通物流公司的账务处理如下：

(1) 1 月 1 日，固定资产转入大修理时的会计分录如下：

| | | |
|---|---|---|
| 借：在建工程 | 120 000 | |
| 　　累计折旧 | 80 000 | |
| 　贷：固定资产 | | 200 000 |

(2) 1 月 1 日至 3 月 31 日，固定资产后续支出发生时的会计分录如下：

| | | |
|---|---|---|
| 借：在建工程 | 30 000 | |
| 　贷：银行存款 | | 30 000 |

(3) 200×年 3 月 31 日，大修理工程达到预定可使用状态时的会计分录如下：

| | | |
|---|---|---|
| 借：固定资产 | 150 000 | |
| 　贷：在建工程 | | 150 000 |

(二) 费用化的后续支出

一般情况下，固定资产投入使用之后，由于固定资产磨损、各组成部分耐用程度不同，可能会导致固定资产的局部损坏，为了维持固定资产的正常运转和使用，充分发挥其使用效能，企业会对固定资产进行必要的维护。固定资产的日常维护支出只是确保固定资产的正常工作状况，通常不满足固定资产的确认条件，应在发生时计入管理费用或销售费用，不得采用预提或待摊方式处理。

**【例 4-17】** 某年 1 月 23 日，上海申通物流公司对某办公楼进行修理，修理过程中领用原材料一批，价值为 120 000 元，应支付维修人员薪酬为 43 000 元，该公司的账务处理如下：

| | | |
|---|---|---|
| 借：管理费用 | 163 000 | |
| 　贷：原材料 | | 120 000 |
| 　　　应付职工薪酬 | | 43 000 |

## 二、固定资产维护保养

物流企业的营运车辆、装卸机械等固定资产的维护保养一般分为日常维护保养、一级保养和二级保养，日常维护保养是全部维护工作的基础。它的特点是经常化、制度化。一般日常维护保养包括班前、班后和运行中维护保养。设备的一级保养是要使设备达到整齐、清洁、润滑和安全的要求，减少设备的磨损，消除设备隐患，排除一般故障，使设备处于正常技术状态。一级保养一般在每月或运行 500～700 小时后进行。每次保养之后，要填写保养记录卡，谁保养，谁记录，并将其装入设备档案。设备的二级保养，是为延长设备的大修周期和使用年限，使操作者进一步熟悉设备的结构和性能，使设备达到完好标准，提高及保持设备的完好率。保养时间一般 1 年进行一次或设备累计运转 2 500 小时后进行，并填写保养记录卡。

维护保养和经常修理的性质是不同的，维护保养是为了预防固定资产损坏，使其处于正常的运行状态，经常修理是为了恢复固定资产正常服务功能，前者是预防性的，后者是治理性的。但在实际工作中，这两者是很难加以区分的，所以在发生维护保养支出时，通常与经常修理一样计作当期费用。

**【例 4-18】** 上海申通物流公司对一营运汽车每年维修保养一次，某年 12 月份进行维护保养，领用维修配件 1 200 元，发生人工费 600 元。有关账务处理如下：

| | | |
|---|---|---|
| 借：销售费用 | 1 800 | |
| 贷：原材料 | | 1 200 |
| 应付职工薪酬 | | 600 |

### 三、固定资产维护保养的监督检查

物流企业应设置专门管理固定资产的机构，加强固定资产的维护和保养工作。该机构的职责包括：每年制定出各类设备的维修计划并实施，或根据使用中出现的应急情况采取修理措施；监督使用部门的使用情况；对使用、维护和保养的结果进行记录等。

固定资产管理部门应对各种房屋和设备分别设置有关表单记录其使用、维护和保养情况，同时在房屋、营运车辆、设备明细账的卡片或者表单上进行记录，并对记录情况定期检查。

在会计上，对于维护和保养所发生的费用应全部计入当期或分期摊入各期成本中。物流企业的财会部门还应根据编制的维护和保养费用表，分析各月之间费用重大波动的原因。

## 第五节　无形资产和其他资产的管理与核算

### 一、无形资产的管理与核算

无形资产是指物流企业为进行经营活动而取得或自创的，不具有实物形态，并能为企业带来较高收益的非货币性资产，如专利权、商标权、著作权、土地使用权、非专利技术、商誉等。为了确保无形资产核算与监督工作的正常进行，维护资产所有者的正当权益，物流企业必须对无形资产实施有效的管理和核算。

(一) 无形资产的管理

1. 正确评估无形资产的价值

做好无形资产的管理，首先必须对无形资产的价值进行合理估价。无形资产估价的基本方法是：

(1) 绝对值估价法。绝对值估价法是指转让方根据无形资产在形成过程中所耗费的实际成本及期望获取的收益，再结合承接方引进该项资产将要付出的代价及其预期的收益能力等，通过双方报价还价，共同确认并一次性结算其估计价值的方法。

(2) 相对值估价法。相对值估价法是指以承接方实现的年利润额、销售净额或成本降低额等收益额为基数，用法定或双方商定的计提比例和年限计算的提成额作为该资产的估计价值并分次偿付的方法。

(3) 混合估价法。混合估价法是上述两种方法的结合运用。即在承接方引进无形资产时，先有一次性偿付，再在经营年度内，按法定或双方商定的"基数"和比例逐年提成和偿付的一种方法。

上述方法，在实际工作中，应按照有关的计价原则，并结合具体情况灵活使用。如有必要还应考虑"时间价值"因素。

2. 分期摊销已使用的无形资产

无形资产与有形资产一样，其价值会逐步丧失。同时，无形资产所带来的经济效益涉及多年或多个经营周期。因此，它们的价值应当在其发挥效用的期间内进行分摊，借以合理地确定各个会计期间的经营损益。国家规定，已使用无形资产的成本应在其有效期限内分期摊销。

3. 发挥无形资产的效能并提高其使用效益

能否发挥无形资产的效能，是关系物流企业的生存和发展的大事。因此，物流企业必须不失时机地充分利用现有无形资产的效能，不断地发展自身的经济实力，提高物流企业的创利和获利能力。其主要途径是：

(1) 充分利用专利权、商标权等，积极发展横向联合。

(2) 充分利用物流企业的商誉等，在筹集资金、购进材料、开拓业务等方面取得更多的优惠和扩大经营业务。

(3) 充分利用非专利技术等，不断地降低成本，改进经营管理，增强竞争能力和提高经济效益。

(4) 通过无形资产的有偿出让，不断地提高物流企业的收益水平等。

(二) 无形资产的计价

无形资产通常是按实际(历史)成本计量的，即以取得无形资产并使之达到预定用途而发生的全部支出，作为无形资产的成本。对于不同来源取得的无形资产，其成本构成不尽相同。

（1）购入的无形资产，按实际支付的价款作为实际成本。

（2）投资者投入的无形资产，按投资各方确认的价值作为实际成本。但是，为首次发行股票而接受投资者投入的无形资产，应按该无形资产在投资方的账面价值作为实际成本。

（3）自行开发并按法律程序申请取得的无形资产，按依法取得时发生的注册费、聘请律师费等费用，作为无形资产的实际成本。在研究与开发过程中发生的材料费用、直接参与开发人员的工资和福利费、开发过程中发生的租金、借款费用等，直接计入当期损益。

已经计入各期费用的研究与开发费用，在该项无形资产获得成功并依法申请取得权利时，不得再将原已计入费用的研究与开发费用予以资本化。

应当注意的是，有关商誉的确认和计量，按照国际会计惯例，只有购入的商誉可以入账，自行发展的商誉不能入账。

按照现行会计惯例，世界各国对于自创商誉都不予确认。自创的其他可辨认无形资产，如果能够单独计算，一般都应予确认。从理论上讲，自创的无形资产的成本应包括为创造该项无形资产而发生的全部支出，但是，某些成本在发生时无法与某项确定的无形资产相联系。例如，广告费的大量投入可能会提高某种商标的知名度，从而为物流企业带来经济利润，但我们很难确定广告费的支出究竟在多大程度上与商标权的价值有关；一项专利权在申请批准以前可能会产生大量的研究开发费用，但在发生研究与开发费用时往往并不知道是否会形成某项专利权。由于自创的无形资产成本计量上的困难，现行会计惯例所确认的自创无形资产成本，通常只包括那些可明确确认的、与无形资产的形成直接相关的成本。

（三）无形资产取得的核算

为了反映和监督无形资产的取得、摊销和处置等情况，物流企业应设置“无形资产”账户。该账户借方登记取得的无形资产成本，贷方登记无形资产摊销和转出的金额，期末余额在借方，反映尚未摊销的无形资产账面余额。该账户应按无形资产的项目设置明细账，进行明细核算。

1. 购入的无形资产

物流企业购入各项无形资产时，应按实际支出，借记“无形资产”账户，贷记“银行存款”账户。

**【例 4-19】** 上海申通物流公司从外部某单位购入 A 项专利权，价款 210 000 元，用银行存款付讫。作会计分录如下：

借：无形资产——专利权 A　　210 000

　贷：银行存款　　210 000

2. 自创的无形资产

物流企业自行开发并按法律程序申请取得的无形资产，按依法取得时的注册费、聘请律师费等费用，借记“无形资产”账户，贷记“银行存款”账户。企业在研究与开发过程中发生的材料费用、直接参与开发人员的工资及福利费、开发过程中发生的租金、借款费用，借记“管理费用”账户，贷记“银行存款”账户。

**【例 4-20】** 上海申通物流公司申请 B 专利获得成功，以银行存款支付专利登记费、律师费等共计 120 000 元。作会计分录如下：

借：无形资产——专利权 B　　120 000
　贷：银行存款　　120 000

3. 投资者投入的无形资产

投资者投入的无形资产，按投资各方确认的价值，借记“无形资产”账户，贷记“实收资本”或“股本”等账户。为首次发行股票而接受投资者投入的无形资产，应按该项无形资产在投资方的账面价值，借记“无形资产”账户，贷记“实收资本”或“股本”等账户。

**【例 4-21】** 上海申通物流公司接受某公司以某项商标权作为投入资本，该项商标权经评估后，双方确认的价值为 80 000 元。作会计分录如下：

借：无形资产——商标权　　80 000
　贷：实收资本　　80 000

（四）无形资产摊销

无形资产摊销主要涉及无形资产的成本、摊销开始月份、摊销的方法、摊销的年限、残值等。无形资产是一项长期资产，在其有用期限内持续为物流企业带来未来的经济利益，其成本也应在其有用年限内进行系统、合理地摊销，计入各项损益或有关资产的成本。物流企业应根据无形资产产生经济利益的方式，选择适当的摊销方法，但由于无形资产的成本与所带来的经济利益之间一般没有明显的、必然联系，采用什么方法对各期损益的影响不大，为简便起见，通常采用直线法。

无形资产应当自取得当月起在预计使用年限内分期平均摊销计入损益。如预计使用年限超过了相关合同规定的受益年限或法律规定的有效年限，该无形资产的摊销年限按如下原则确定：

（1）合同规定受益年限，但法律没有规定有效年限的，摊销年限不应超过合同规定的受益年限。

（2）合同没有规定受益年限，但法律规定有效年限的，摊销年限不应超过法律规定的受益年限。

（3）合同规定受益年限，法律也规定有效年限的，摊销年限不应超过受益年限和有效年限两者中的较短者。

(4) 如果合同没有规定受益年限,法律也没有规定有效年限的,摊销年限不应超过 10 年。

其摊销方法为:摊销无形资产价值时,借记“管理费用——无形资产摊销”账户,贷记“无形资产”账户。

**【例 4-22】** 根据[例 4-19]和[例 4-20],若上海申通物流公司将专利权 A 和专利权 B 分别按 5 年和 10 年平均摊销,专利权 A 每月摊销3 500元,专利权 B 每月摊销1 000元。作会计分录如下:

| | | |
|---|---|---|
| 借: 管理费用 | 4 500 | |
| 　贷: 累计摊销——专利权 A | | 3 500 |
| 　　　　　　——专利权 B | | 1 000 |

(五) 无形资产的处置

1. 无形资产的出售

物流企业将无形资产出售,表明物流企业放弃无形资产的所有权。企业会计制度规定,物流企业出售无形资产时,应将所得价款与该项无形资产账面价值之间的差额计入当期损益。根据《企业会计准则第 14 号——收入》的定义,出售无形资产所得应以净额核算和反映。

物流企业出售无形资产进行账务处理,按实际取得的转让收入,借记“银行存款”等账户,按该项无形资产已计提的减值准备,借记“无形资产减值准备”账户,按无形资产的账面余额,贷记“无形资产”账户,按应支付的相关税费,贷记“银行存款”“应交税费”等账户,按其差额,贷记“营业外收入——出售无形资产收益”账户或借记“营业外支出——出售无形资产损失”账户。

**【例 4-23】** 上海申通物流公司购入一项专利权,支付价款共计120 000元,作无形资产入账,确定的摊销期限为 10 年;该公司在购入该项专利权使用 15 个月后又将其所有权出售给其他单位,取得出售收入 100 000 元,有关会计分录如下:

(1) 购入专利权时:

| | | |
|---|---|---|
| 借: 无形资产——某项专利权 | 120 000 | |
| 　贷: 银行存款 | | 120 000 |

(2) 按月摊销时,月摊销额为 1 000 元(120 000÷10÷12):

| | | |
|---|---|---|
| 借: 管理费用 | 1 000 | |
| 　贷: 累计摊销——某项专利权 | | 1 000 |

(3) 出售时：

借：银行存款　　100 000

　　累计摊销　　15 000

　　营业外支出——出售无形资产损失　　5 000

　贷：无形资产——某项专利权　　120 000

2. 无形资产的出租

无形资产的出租是指物流企业将所拥有的无形资产的使用权让渡给他人，并收取租金的经营活动。根据《企业会计准则第 14 号——收入》的规定，无形资产的出租收入应在符合以下条件时才予以确认：① 与出租交易有关的经济利益能够流入企业；② 租金收入的金额能够可靠地计量。同时，租金收入应按合同或协议规定计算确定。为了确保收入与费用相配比，在确认租金收入的同时，还应确认相关的费用。

物流企业出租无形资产进行账务处理，应按所取得的租金收入，借记“银行存款”等账户，贷记“其他业务收入”等账户；结转出租无形资产的成本时，借记“其他业务成本”账户，贷记“无形资产”账户。

**【例 4-24】** 根据[例 4-22]，若该物流企业只是将专利的使用权出租给外单位，租期为 5 年，每年收取使用费 18 000 元，出租时以现金支付技术服务费 2 000 元。出租时收取使用费和支付服务费的会计分录如下：

借：银行存款　　18 000

　贷：其他业务收入　　18 000

借：其他业务成本　　2 000

　贷：库存现金　　2 000

3. 无形资产的转销

如果物流企业拥有的无形资产不能为物流企业带来经济利益，因而不再符合无形资产的定义时，则应将其价值予以转销。

当存在下列一项或若干项情况时，应当将该项无形资产的账面价值全部转入当期损益，借记“管理费用”账户；贷记“无形资产”账户。

(1) 某项无形资产已被其他新技术等所替代，并且该项无形资产已无使用价值和转让价值。

(2) 某项无形资产已超过法律保护期限，并且已不能为物流企业带来经济利益。

(3) 其他足以证明某项无形资产已经丧失其使用价值和转让价值的情形。

(六) 无形资产的减值

如果无形资产将来为物流企业创造的经济利益还不足以补偿无形资产成本(摊

余成本)，则说明无形资产发生了减值，具体表现为无形资产的账面价值超过了其可收回金额。

1. 检查账面价值

物流企业应定期检查其账面价值，如果发现以下情况，则应对该项无形资产的可收回金额进行估计，并将该无形资产的账面价值超过其可收回金额部分认定为减值准备。

当存在下列一项或若干项情况时，应当计提无形资产的减值准备：

(1) 某项无形资产已被其他新技术等所替代，使其为物流企业创造经济利益的能力受到重大不利影响。

(2) 某项无形资产的市价在当期大幅下跌，在剩余摊销年限内预期不会恢复。

(3) 某项无形资产已经超过法律保护年限，但仍然具有部分使用价值。

(4) 其他足以证明某项无形资产实质上已经发生了减值的情形。

2. 确定可收回金额

企业会计制度规定，无形资产的可收回金额指以下两项金额中的较大者：

(1) 无形资产的出售净额，即该项无形资产的销售额减去因出售该无形资产所发生的律师费和其他相关费后的余额。

(2) 预期从无形资产的持续使用和使用年限结束时的处置中产生的预计未来现金流量的现值。

3. 计提减值准备

如果无形资产的账面价值超过其可收回金额，则应按照超过部分确认为无形资产的减值准备。假定上海申通物流公司所拥有的专利权在某年的账面价值为 8 000 万元，其可收回金额为 6 500 万元，则应计提减值准备为 1 500 万元。

4. 已确认减值准备的转回

无形资产的价值受许多因素的影响。有时，由于特殊的原因，以前期间导致的无形资产的减值，可能已经部分消失或全部消失，当出现这种情况时，物流企业才能将以前年度已确认的减值损失予以全部或部分转回；同时，转回的金额不得超过已计提的减值准备。

## 二、其他资产的管理与核算

其他资产是指除流动资产、长期股权投资、固定资产、无形资产等以外的资产，主要包括长期待摊费用和其他长期资产。

### (一) 长期待摊费用的管理与核算

长期待摊费用是指物流企业已经支出，但摊销期限在 1 年以上(不含 1 年)的各项费用，包括固定资产大修理支出、租入固定资产的改良支出等。物流企业应当由本期负担的借款利息、租金等，不得作为长期待摊费用处理。

物流企业对长期待摊费用应当单独核算，设置“长期待摊费用”总账账户，核算各项长期待摊费用的发生、摊销以及结余情况。该账户应按费用的种类设置明细账，进行明细核算，并在会计报表附注中按照费用项目披露其摊余价值、摊销期限和摊销方式等。该账户期末借方余额，反映尚未摊销的各项长期待摊费用的摊余价值。

物流企业发生的固定资产大修理支出、租入固定资产的改良支出等长期待摊费用，首先，应在“长期待摊费用”账户的借方进行归集；然后在各费用项目的受益期限内分期平均摊销。其中，大修理费用采用待摊方式的，应当将发生的大修理费用在下一次大修理前平均摊销；租入固定资产改良支出应当在租赁期限与租赁资产尚可使用年限两者孰短的期限内平均摊销；其他长期待摊费用应当在受益期内平均摊销；股份有限公司委托其他单位发行股票支付的手续费或佣金减去发行股票冻结期间的利息收入后的相关费用，从发行股票的溢价中不够抵销的，或者无溢价的，作为长期待摊费用，在不超过 2 年的期限内平均摊销，计入管理费用。

账务处理上，物流企业发生的长期待摊费用，应借记“长期待摊费用”账户，贷记有关账户；摊销时，应按费用发生的用途，借记“主营业务成本”“销售费用”“管理费用”等账户，贷记“长期待摊费用”账户。

**【例 4-25】** 上海申通物流公司与外单位签订经营性租赁合同，租入专用设备一台，租期为 5 年。该设备租入后需要进行改良，改良过程中，实际耗用原材料 90 000 元，发生工资费用 20 000 元，用银行存款支出其他改良支出 10 000 元。该设备改良完成后交付运输车队使用。发生改良支出时应编制会计分录如下：

| | | |
|---|---|---|
| 借：长期待摊费用——租入固定资产改良支出 | 120 000 | |
| 贷：原材料 | | 90 000 |
| 应付职工薪酬 | | 20 000 |
| 银行存款 | | 10 000 |

按月平均摊销时，每月摊销额为：

$$120\,000 \div 5 \div 12 = 2\,000(\text{元})$$

按月摊销时的会计分录如下：

| | | |
|---|---|---|
| 借：主营业务成本——运输支出 | 2 000 | |
| 贷：长期待摊费用——租入固定资产改良支出 | | 2 000 |

另外，物流企业在筹建期间内发生的费用，即开办费，包括人员工资、办公费、培训费、差旅费、印刷费、注册登记费以及不计入固定资产价值的借款费用等，首先应在“长期待摊费用”账户中归集；待该物流企业开始生产经营的当月，一次计入开始生产经营当月的损益，借记“管理费用”账户，贷记“长期待摊费用”账户。

**【例 4-26】** 上海申通物流公司在筹建期间用银行存款支付筹办人员工资、职工培训费、注册登记费等共计 50 000 元。作会计分录如下：

借：长期待摊费用——开办费　　50 000
　贷：银行存款　　50 000

当该物流企业开始生产经营的当月，应作会计分录如下：

借：管理费用　　50 000
　贷：长期待摊费用——开办费　　50 000

(二) 其他长期资产的管理和核算

其他长期资产包括特准储备物资、银行冻结存款、冻结物资、涉及诉讼中的财产等。这些资产一般都有特定的用途，或者由于某种原因暂时不能自由支配。因此，在会计核算上应与一般的长期资产或流动资产分开，单独核算。

(1) 特准储备物资。这是指具有专门用途但不参加生产经营的经国家批准储备的特种物资，其储备的目的主要是为了满足国家应付自然灾害和意外事故等特殊需要。

(2) 银行冻结存款和冻结物资。冻结是指人民法院对被执行人在银行的存款或物资等财产实施强制执行的一种措施。被冻结的存款和物资，不准提取和动用。

(3) 涉及诉讼中的财产。这主要是指被查封、扣押、冻结的财产。物流企业对这些涉及诉讼中的财产，不得隐匿、转移、变卖或毁损。

以上各项其他长期资产，正常生产经营中的物流企业一般很少发生。特准储备物资虽是国家批准物流企业储备的，或是国家直接调拨给物流企业的，但其产权属于物流企业所有；银行冻结存款、冻结物资和涉及诉讼中的财产，物流企业虽然暂时不能自由支配，但在司法机关作出最终裁决之前，其产权也属于物流企业所有。为了完整地反映物流企业的财务状况，对于这部分资产应通过单独设置的“特准储备物资”“银行冻结存款”等账户进行核算，或统一设置“其他资产”账户进行核算。并按其他资产的种类设置明细账。在期末资产负债表上，应根据其他资产的性质分别列入“其他流动资产”和“其他非流动资产”项目。

## 单项选择题

1. 企业为取得长期股权投资发生的审计、评估费用，应记入的账户是(　　)。

A. “长期股权投资”　　B. “应收股利”

C. “管理费用”　　D. “投资收益”

2. 采用权益法核算长期股权投资时，当被投资企业宣告发放现金股利时，投资企业应贷记的账户为(　　)。

A. “投资收益”

B. “长期股权投资——××公司(投资成本)”

C. “长期股权投资——××公司(损益调整)”

D. “应收股利”

3. 下列各项计价标准中,属于固定资产计价基本标准的是(　　)。

A. 重置价值　　B. 折余价值　　C. 市场价值　　D. 原始价值

4. 企业采用出包方式购建固定资产,按合同规定预付的工程款,应记入的账户是(　　)。

A. “在建工程”　　B. “预付账款”　　C. “应付账款”　　D. “固定资产”

5. 下列各项中,应计提折旧的固定资产是(　　)。

A. 当月购入的固定资产

B. 融资租入的固定资产

C. 已提足折旧仍在继续使用的固定资产

D. 以经营租赁方式租入的固定资产

6. 下列各项固定资产折旧方法中,不考虑净残值的折旧方法是(　　)。

A. 平均年限法　　B. 工作量法

C. 双倍余额递减法　　D. 年数总和法

7. 企业出售固定资产取得收入时,应贷记的账户为(　　)。

A. “固定资产清理”　　B. “固定资产”

C. “银行存款”　　D. “营业外收入”

8. 企业转让无形资产所有权的净收益应记入的账户是(　　)。

A. “主营业务收入”　　B. “其他业务收入”

C. “营业外收入”　　D. “营业外支出”

9. 企业出租无形资产取得的租金收入应记入的账户是(　　)。

A. “主营业务收入”　　B. “其他业务收入”

C. “营业外收入”　　D. “投资收益”

10. 出租的无形资产在摊销时,应借记的账户是(　　)。

A. “管理费用”　　B. “无形资产摊销”

C. “其他业务成本”　　D. “主营业务成本”

## 多项选择题

1. 下列各项中,构成长期股权投资的成本是取得长期股权投资时支付的(　　)。

A. 价款　　B. 相关税金

C. 已宣告但尚未支付的现金股利　　D. 评估、审计、咨询等费用

E. 经纪人佣金

2. 长期股权投资的核算方法有(　　)。

A. 成本法　　B. 权益法

C. 成本与市价孰低法　　D. 现值法

E. 公允价值法

3. 下列各项中,应计入固定资产入账价值的是(　　)。

A. 购买固定资产的买价　　B. 支付的增值税

C. 支付的消费税　　D. 运输途中的保险费、装卸费

E. 安装成本

4. 下列各项中,属于固定资产计价属性的有(　　)。

A. 原始价值　　B. 重置价值

C. 净值　　D. 可变现净值

E. 账面价值

5. 下列各项中,应计提折旧的固定资产有(　　)。

A. 提前报废的固定资产　　B. 融资租入的固定资产

C. 未使用的房屋、建筑物　　D. 土地

E. 经营性租出的固定资产

6. 计提固定资产折旧的直线法包括(　　)。

A. 平均年限法　　B. 工作量法

C. 双倍余额递减法　　D. 年数总和法

E. 分类法

7. 固定资产清理核算的内容包括(　　)。

A. 固定资产盘亏　　B. 固定资产盘盈

C. 固定资产报废　　D. 固定资产出售

E. 固定资产毁损的处理

8. 下列各项中,表明固定资产可能发生减值的迹象包括(　　)。

A. 固定资产市价大幅度下跌,其跌幅大大高于因时间推移或正常使用而预计的下跌,并且预计在近期内不可能恢复

B. 同期市场利率等大幅度提高,进而很可能影响企业计算固定资产可收回金额的折现率,并且导致固定资产可收回金额大幅度降低

C. 企业所处经营环境,如技术、市场、经济或法律环境,或者产品营销市场在当

期发生或在近期发生重大变化，并对企业产生负面影响

D. 固定资产陈旧过时或发生实体损坏等

E. 固定资产已经或者将被闲置、终止使用或计划提前处置

9. 无形资产的特点是(　　)。

A. 无实物形态　　B. 企业有偿取得

C. 较长时期内给企业带来经济效益　　D. 可以辨认

E. 经济效益的大小具有较大的不确定性

10. 下列各项资产减值损失中，一经确认不得转回的包括(　　)。

A. 坏账准备　　B. 存货跌价准备

C. 长期股权投资减值准备　　D. 固定资产减值准备

E. 无形资产减值准备

## 名词解释

1. 固定资产
2. 固定资产折旧
3. 固定资产清查
4. 无形资产
5. 长期股权投资
6. 有形损耗
7. 自营工程
8. 出包工程
9. 专利权
10. 直线法
11. 固定资产净残值
12. 双倍余额递减法

## 思考题

1. 固定资产的入账价值应如何确定？
2. 哪些固定资产应计提折旧？固定资产折旧的方法有哪几种？
3. 什么是无形资产？一般包括哪些具体内容？
4. 无形资产的摊销应如何核算？
5. 投资者投入的无形资产应如何核算？

## 习　题

### 习题一

**(一) 目的**　练习固定资产取得的核算。

**(二) 资料** 上海申通物流公司某年6月份发生下列有关经济业务：

1. 5日，向甲公司购入需要安装的仓库设备一套，价值100 000元，增值税额17 000元，包装费、运费计4 000元，增值税额440元。款项已承付，仓库设备已运到。

2. 8日，支付安装仓库设备人员的工资2 000元，并转入设备安装成本。

3. 8日，仓库设备安装完毕，验收使用，予以转账。

4. 10日，接受乙公司投入运输车辆五辆，已验收使用。每辆运输车辆账面原价80 000元，已提折旧20 000元，经双方同意，以车辆的账面净值作为其投资额。经审核，固定资产交接清单无误，予以入账。

5. 20日，购入一台运输设备，价值250 000元，增值税额42 500元，货款以银行存款付讫，另支付车辆购置附加费25 000元，支付其他费用8 000元，设备已验收使用。

**(三) 要求** 根据上述资料，编制会计分录。

## 习 题 二

**(一) 目的** 练习采用加速折旧法计提折旧额。

**(二) 资料** 上海申通物流公司一台设备原始价值为66 000元，预计净残值为4 000元，预计可使用5年。

**(三) 要求** 分别采用双倍余额递减法和年数总和法计算固定资产各年折旧额。

## 习 题 三

**(一) 目的** 练习固定资产处置的核算。

**(二) 资料** 上海申通物流公司某年6月份发生下列有关经济业务：

1. 10日，经营用叉车一辆损坏严重，经批准转入报废清理。该叉车原始价值为100 000元，已提折旧70 000元。

2. 15日，将清理叉车的残料出售，收入3 500元，存入银行。

3. 25日，以现金支付叉车的清理费用500元。

4. 30日，叉车清理完毕，结转清理损益。

**(三) 要求** 根据上述资料，编制会计分录。

## 习 题 四

**(一) 目的** 练习固定资产清查的核算。

**(二) 资料** 上海申通物流公司某年6月30日进行财产清查，发生下列情况：

1. 盘盈仓储设备一台，其重置完全价值为60 000元，估计折旧额为10 000元。

2. 盘亏检验设备一台，其原始价值为8 600元，已提折旧2 600元，上报审批并予以转账。

**（三）要求** 根据上述资料，编制批准前后的会计分录。

## 习 题 五

**（一）目的** 练习无形资产的会计处理。

**（二）资料** 上海申通物流公司发生下列业务：

1. 本公司与兴达公司合作，对方以一项商标权作为投资，作价150 000元。

2. 为了提高经济效益，扩大本公司影响力。向科达技术开发公司购买一项专利，开出转账支票支付价款240 000元。

3. 购买一项专利技术，支付价款100 000元，规定摊销期限为10年，使用6个月后又转让给其他单位，取得价款90 000元，已转存入银行。

4. 对外转让一项商标使用权，实际收到价款50 000元已存入银行，该商标账面价值为48 000元。

**（三）要求** 根据上述资料，编制会计分录。

# 第五章　成本和费用的管理与核算

**本章提要**

成本和费用是物流企业的核心内容，做好物流成本和费用的管理与核算，是企业降低消耗，提高经济效益的有效途径。本章主要阐述物流企业运输成本、装卸成本、配送成本等主要成本环节的管理与核算，同时阐述包装、堆存、代理等其他业务环节的核算方法。通过本章学习，学员应了解物流企业的主要成本和费用，掌握这些成本和费用的管理与核算方法。

## 第一节　物流企业成本管理概述

我国《企业会计准则》将费用定义为："费用是指企业在日常活动中发生的、会导致所有者权益减少的、与向所有者分配利润无关的经济利益的总流出。"并将费用的内容严格地划分为生产经营成本和期间费用两大类。这种基本规定同样适用于现代物流企业。必须指出的是，以上所指的费用不包括所得税费用的概念。

### 一、物流成本概述

物流企业的生产经营成本又称为物流成本。物流成本有广义和狭义之分。狭义的物流成本仅指由于物品移动而产生的运输、包装、装卸等费用。广义的物流成本是指生产、流通、消费全过程的物品实体与价值变化而发生的全部费用。它具体包括了从生产企业内部原材料的采购、供应开始，经过生产制造中的半成品、产成品的仓储、搬运、装卸、包装、运输以及在消费领域发生的验收、分类、仓储、保管、配送、废品回收等发生的所有成本。物流成本从其所处的领域看，可分为流通企业物流成本和生产企业物流成本。

领域不同，其物流成本的构成也不同，下面我们介绍流通企业和生产企业的物流成本的具体构成。

1. 流通企业物流成本的构成

在我国，物质资料的经营主要是由物资企业、运输企业和商业企业共同承担的。流通企业物流成本是指在组织物品的购进、运输、仓储、销售等一系列活动中所消耗的人力、物力、财力的货币表现，其具体构成如下：

（1）人工费用，包括职工工资、奖金、津贴以及福利费等。

（2）营运费用，如能源消耗、运杂费、折旧费、办公费、差旅费、保险费等。

（3）财务费用，指经营活动中发生的资金使用成本支出，如利息、手续费等。

（4）其他费用，如税金、资产损耗、信息费等。

2. 生产企业物流成本构成

生产企业的主要目的是生产能够满足社会需要的产品，以此换取企业的利润。为了进行生产经营活动，企业必须同时进行有关生产要素的购进、仓储、搬运以及产成品的销售等。另外，为保证产品质量，为消费者提供优良产品，企业还要进行产品的返修和废品的回收。因此，生产型企业的物流成本是指企业在进行供应、生产、销售、回收等过程中所发生的运输、包装、仓储、配送、回收方面发生的费用。与流通企业相比，生产企业的物流成本大多体现在所生产的产品成本中，具有与产品成本的不可分割性。生产企业的物流成本一般包括以下内容：

（1）供应、仓储、搬运和销售环节的职工工资、奖金、津贴以及福利费等。

（2）生产材料的采购费用，包括运杂费、保险费、合理损耗成本等。

（3）产品销售费用，如广告费、运输费、展览推销费、信息费等。

（4）仓储保管费，如仓库维护费、搬运费等。

（5）有关设备和仓库的折旧费、维修费、保养费等。

（6）营运费用，如能源耗费、物料消耗费、折旧费、办公费、差旅费、保险费、劳动保护费等。

（7）财务费用，如仓储物资占用的资金利息等。

（8）回收废品发生的物流成本。

物流成本的高低，直接关系到利润的多少。因此，如何以最少的物流成本“在适当的时间将适当的产品送到适当的地方”是摆在企业面前的一个重要问题。解决这个问题的根本出路在于加强对物流系统即采购、仓储、运输三个环节的成本控制。

从总体来看，物流环节不同，各环节的成本构成也各不相同。物流各环节成本费用的构成、管理和核算将在下面各节具体阐述。

**二、物流成本管理的内容**

物流企业的最主要特点是将物资流转各环节的经营活动进行有机的整合，使物流成本最低化，从而提高物流企业的经营效益。因而，物流成本管理覆盖了物流活动的全过程，其成本管理的具体内容包括：物流成本核算、物流成本预测、物流成本决策、物流成本计划、物流成本控制、物流成本分析和物流成本检查等。

1. 物流成本核算

物流成本核算是根据企业确定的成本计算对象，采用相适应的成本计算方法，按照规定的成本项目，通过一系列的物流费用汇集与分配，从而计算出各物流环节成本计算对象的实际总成本和单位成本。通过物流成本计算，可以如实地反映物流经营过程中的实际耗费，同时，也是对各种物流费用实际支出的控制过程。

2. 物流成本预测

物流成本预测是根据有关成本数据和企业具体的发展情况，运用一定的技术方法，对未来的成本水平及其变动趋势作出科学的估计。成本预测是成本决策、成本计划和成本控制的基础工作，它可以提高物流成本管理的科学性和预见性。

在物流成本管理的许多环节都存在成本预测问题。如仓储环节的库存预测；流通环节的加工预测；运输环节的货物周转量预测等。

3. 物流成本决策

物流成本决策是在成本预测的基础上，结合其他有关资料，运用一定的科学方法，从若干个方案中选择一个满意的方案的过程。从物流整个流程来说，有配送中心新建、改建、扩建的决策，装卸搬运设备、设施添置的决策，流通加工合理下料的决策等。进行成本决策、确定目标成本是编制成本计划的前提，也是实现成本的事前控制，提高经济效益的重要途径。

4. 物流成本计划

物流成本计划是根据成本决策所确定的方案、计划期的生产任务、降低成本的要求以及有关资料，通过一定的程序，运用一定的方法，以货币形式规定计划期物流各环节耗费水平和成本水平，并提出保证成本计划顺利实现所采取的措施。通过成本计划管理，可以在降低物流各环节方面给企业提出明确的目标，推动企业加强成本管理责任制，增强企业的成本意识，控制物流环节费用，挖掘降低成本的潜力，保证企业降低物流成本目标的实现。

5. 物流成本控制

物流成本控制是根据计划目标，对成本发生和形成过程以及影响成本的各种因素和条件施加主动的影响，以保证实现物流成本计划的一种行为。从企业生产经营过程来看，成本控制包括成本的事前控制、事中控制和事后控制。成本事前控制是整个成本控制活动中最重要的环节，它直接影响以后各作业流程成本的高低。事前成本控制活动主要有物流配送中心的建设控制，物流设施、设备的配备控制，物流作业过程改进控制等。成本的事中控制是对物流作业过程实际劳动耗费的控制，包括设备耗费的控制、人工耗费的控制、劳动工具耗费和其他费用支出的控制等方面。成本的事后控制是通过定期对过去某一段时间成本控制的总结、反馈来控制成本。通过成本控制，可以及时发现存在的问题，采取纠正措施，保证成本目标的实现。

6. 物流成本分析

物流成本分析是在成本核算及其他有关资料的基础上，运用一定的方法，揭示物流成本水平的变动，进一步查明影响物流成本变动的各种因素。通过物流成本分析，可以提出积极的建议，采取有效的措施，合理地控制物流成本。

上述各项成本管理活动的内容是互相配合、相互依存的一个有机整体。成本核算为成本预测提供基础资料，成本预测是成本决策的前提，成本计划是成本决策所确定目标的具体化，成本控制是对成本计划的实施进行监督，以保证目标的实现。成本核算与分析又是对目标是否实现的检验。

**三、降低物流成本的途径**

降低物流成本是企业的“第三利润源泉”，也是企业可挖掘利润的一片新的绿地。物流成本的降低成为企业获得利润的重要方面，从长远的角度来看，降低物流成本可以通过以下几个途径加以实现。

1. 物流合理化

物流合理化就是使一切物流活动和物流设施趋于合理，以尽可能低的成本获得尽可能好的物流服务。根据物流成本的效益背反理论，物流的各个活动的成本往往此消彼长，若不综合考虑，必然会造成物流成本的增大，造成物流费用的极大浪费。对于一个企业而言，物流合理化，是降低物流成本的关键因素，它直接关系到企业的效益，也是物流管理追求的总目标。物流的合理化要根据实际的流程来设计、规划，不能单纯地强调某环节的合理、有效、节省成本，而是要系统考虑。

2. 物流质量

加强物流质量管理，也是降低物流成本的有效途径。这是因为只有不断提高物流质量，才能减少并最终消除各种差错事故，降低各种不必要的费用支出，降低物流过程的消耗，从而保持良好的信誉，吸引更多的客户，形成规模化的集约经营，提高物流效率，从根本上降低物流成本。

物流质量内涵丰富。其主要内容有：

(1) 商品质量。商品质量是指商品运送过程中对原有质量（数量、形状、性能）的保证，尽量避免商品的破损。

(2) 物流服务质量。物流服务质量是指物流企业对客户提供服务，使客户满意的程度。如第三方物流企业采用GPS定位系统，能使客户对货物的运送情况进行随时跟踪。由于信息和物流设施的不断改善，企业对客户的服务质量必然会不断得到提高。

(3) 物流工作质量。物流工作质量是指物流服务各环节、各岗位具体的工作质量。这是相对于企业内部而言的，是在一定标准下的物流质量的内部控制。具体的控制是物流工作质量指标，包括运输工作质量指标、仓库工作质量指标、包装工作质量指标、配送工作质量指标、流通加工工作质量指标及信息工作质量指标等。

物流质量管理与一般商品质量管理的主要区别是：它一方面要满足生产者的要求，使其产品能及时准确地运送给用户；另一方面要满足用户的要求，即按用户要求将其所需的商品送达，并使两者在经济效益上求得一致。

3. 物流速度

提高物流速度，可以减少资金占用，缩短物流周期，降低存储费用，从而节省物流成本。提高物流速度可以通过加快采购物流、生产物流、销售物流的速度，来缩短整个物流周期，提高资金的利用率。美国的生产企业的物流周期平均每年 16～18 次，而我国目前还不到 2 次。也就是说，生产同样的物品，我们需要的资金是美国的 8～9 倍。由此可见，在我国，通过提高物流效率来降低物流成本的空间非常巨大。

## 第二节　运输成本的管理与核算

运输生产过程是物流企业经营活动的中心环节。运输活动不创造实物产品，而是提供运输劳务，使物资发生位移。对物流运输成本进行管理与核算，必须确定物流成本核算项目，做好成本核算的各项基础工作，这样才能进行物流成本的核算管理与控制。

### 一、运输成本项目

根据《企业会计准则》的规定，结合运输生产耗费的实际情况，运输成本项目可划分为直接人工、直接材料、其他直接费用、营运间接费用四个基本部分。

1. 直接人工

这是指支付给营运车辆司机和助手的工资，包括司机和助手随车参加本人所驾车辆保养和修理作业期间的工资、工资性津贴、生产性奖金等。

2. 直接材料

物流运输过程的直接材料包括：

(1) 燃料。燃料是指营运车辆运行过程所耗用的各种燃料，如营运过程耗用的汽油、柴油等燃料(自动倾卸车时所耗用的燃料也包括在内)。

(2) 轮胎。轮胎是指营运车辆所耗用的外胎、内胎、垫带、轮胎翻新费和零星修补费用等。

3. 其他直接费用

这主要包括：

(1) 保养修理费。这是指营运车辆进行各级保养及各种修理所发生的料工费(包括大修理费用计提额)、修复旧件费用和行车耗用的机油、齿轮油费用等。采用总成互换保修法的企业，保修部门领用的周转总成、卸下总成的价值及卸下总成的修理费也包括在内。

(2) 折旧费。这是指按规定计提的营运车辆折旧费。

(3) 养路费。这是指按规定向公路管理部门缴纳的营运车辆养路费。

(4) 其他费用。这是指不属于以上各项目的与营运车辆运行直接有关的费用，包括车管费(指按规定向运输管理部门缴纳的营运车辆管理费)、行车事故损失(指营运车辆在运行过程中，因行车事故发生的损失，但不包括非行车事故发生的货物损耗及由于不可抗力造成的损失)、车辆牌照和检验费、保险费、车船税、洗车费、过桥费、轮渡费、司机途中宿费、行车杂费等。

4. 营运间接费用

这是指车队、车站、车场等基层营运单位为组织与管理营运过程所发生的，应由各类成本负担的管理费用和销售费用，包括工资、职工福利费、劳动保护费、取暖费、水电费、办公费、差旅费、修理费、保险费、设计制图费、试验检验费等。

## 二、运输成本核算的基础工作

运输成本是表明企业经营管理工作质量的一项重要的综合性指标，在很大程度上反映企业生产经营活动的经济成果。运输成本管理的目的，是要通过对成本的核算、分析和考核，挖掘企业内部降低成本的潜力，寻找降低成本的途径和方法，以降低生产费用和一切非生产性消耗，增加盈利。为此，必须加强成本管理，做好成本核算的各项基础工作。

1. 加强运输成本管理的基础工作

企业各职能部门必须在经理、财会部门的领导下，认真做好成本管理的基础工作。

(1) 要建立健全货物招揽业务记录，运输生产记录，车辆维修作业记录，车辆、设备利用记录，财产物资变动记录，管理信息记录等原始记录。

(2) 企业应对各种原材料、燃料、轮胎、工具和各级维修作业等，根据市场行情，制订计划价格，定期调整价格差异，保证成本核算的真实性。

(3) 对各种原材料、燃料、工具、工时、物资储备、资金占用、费用等制定出平均先进定额，并根据企业生产技术水平和管理水平的提高，生产环境的改善，定期或不定期地进行修订。

(4) 对一切物资进出都要经过计量、验收，计量仪表要配备齐全，并定期校正和维修，保证计量的准确性和可靠性。

(5) 企业的物资财产要定期盘存，保证账实相符，并及时处理多余积压物资，减少物资损耗。

2. 要严格区分不同性质的费用支出范围

企业的费用支出种类多，且费用来源和用途不同，为了加强运输成本管理，必须严格按规定的成本开支范围和标准进行开支。在企业会计核算中，要严格区分销售费用与基建费用的开支范围、营业支出与营业外支出的界限，保证成本的真实性与可比性，防止乱挤、乱摊成本等违犯财经纪律的行为。

3. 加强成本监督，保证成本的核算真实性

成本计划、成本控制和成本分析，有赖于成本核算资料。若成本核算不真实，则不能发挥成本管理的作用，同时企业财务成果将会失真。造成成本核算不真实的主要原因有：

(1) 企业原始记录不健全，计量不准确。

(2) 有些财务人员业务不熟悉，对各项费用的开支范围和标准不清，造成成本归集、分配和财务处理的方法不当。

(3) 有些企业负责人违反会计核算准则，假账真算，搞"经理成本"。

要保证企业成本核算真实，还必须加强成本监督工作。认真审查成本计划和各项费用开支标准，经常进行成本检查，对违反成本法规的，要及时制止，确保成本核算的真实性。

4. 实行全面成本管理

全面成本管理是指企业全员参与企业生产经营全过程的成本管理。企业成本高低，关系到企业经济效益，也关系到企业每个职工的经济利益。因此，每个职工都应参与成本管理，做到干什么，管什么，成本管理责任到人。

运输企业要从供应、维修、装卸、运行、结算全过程进行成本管理。生产经营全过程的每个环节都对总成本有直接影响。例如，配件型号选择不当或价高质次，维修成本过高或维修质量不好，既影响车辆的使用成本，又影响车辆使用效率和运输质量。在运输生产过程中，运行燃料消耗、运输质量、驾驶员劳动生产率等，也都直接影响到运输成本。

## 三、运输费用的核算与成本计算

### (一) 直接人工的归集与分配

物流企业直接人工中的工资，每月根据工资结算表进行汇总与分配。对于有固定车辆的司机和助手的工资，直接计入各自成本计算对象的成本，对于没有固定车辆的司机和助手的工资以及后备司机和助手的工资，则需按一定标准(一般为车辆的车日)分配计入各成本计算对象的成本，计算方法如下：

$$\text{每一车日的工资分配额}=\frac{\text{应分配的司机及助手工资总额}}{\text{各车辆总车日}}$$

$$\text{营运车辆应分配的工资额}=\text{每一车日的工资分配额}\times\text{营运车辆总车日}$$

**【例 5-1】** 设上海申通物流公司下设车站、货运车队以及保养场等营运生产单位。运输成本和保养场生产成本由公司集中核算。

20×7 年 12 月，根据工资结算表等有关资料，编制工资费用分配汇总表如图表 5-1 所示。

图表 5-1

**工资费用分配汇总表**

20×7 年 12 月

| 部门及人员类别 | 基础工资 | 奖金与津贴 | 合　计 |
|---|---|---|---|
| 南区营运车队 | 61 000 | 8 540 | 69 540 |
| 司机及助手 | 55 000 | 7 700 | 62 700 |
| 保修工人 | 2 000 | 280 | 2 280 |
| 管理人员 | 4 000 | 560 | 4 560 |
| 北区营运车队 | 71 000 | 9 940 | 80 940 |
| 司机及助手 | 63 000 | 8 820 | 71 820 |
| 保修工人 | 3 000 | 420 | 3 420 |
| 管理人员 | 5 000 | 700 | 5 700 |
| 保养场 | 30 000 | 4 200 | 34 200 |
| 生产工人 | 23 000 | 3 220 | 26 220 |
| 管理人员 | 7 000 | 980 | 7 980 |
| 车站人员 | 5 000 | 700 | 5 700 |
| 公司管理人员 | 15 000 | 2 100 | 17 100 |
| 合　计 | 182 000 | 25 480 | 207 480 |

根据工资费用分配汇总表(图表 6-1),作会计分录如下(本例设营运间接费用不分各站、队核算,而综合核算、统一分配):

借:主营业务成本——运输支出——南车队(直接人工)　62 700
　　　　　　　　　　　　　——南车队(保养修理费)　2 280
　　　　　　　　　　　　　——北车队(直接人工)　71 820
　　　　　　　　　　　　　——北车队(保养修理费)　3 420
　主营业务成本——辅助营运费用　34 200
　制造费用——营运间接费用(工资)　15 960
　管理费用　17 100
贷:应付职工薪酬　207 480

(二)直接材料的归集与分配

1. 燃料

对于燃料消耗,企业应根据燃料领用凭证进行汇总与分配。但必须注意,在燃料采用满油箱制的情况下，车辆当月加油数就是当月耗用数；在燃料采用盘存制的情况下，当月燃料耗用数应按公式确定：

当月耗用数＝月初车存数＋本月领用数－月末车存数

**【例 5-2】** 设上海申通物流公司燃料耗用数采用盘存制计算，20×7 年 12 月，根据燃料领料凭证及车存燃料盘点表等有关资料编制燃料（汽油）耗用计算汇总表如图表 5-2 所示。

图表 5-2

**燃料（汽油）耗用计算汇总表**

20×7 年 12 月

| 领用单位 | 本月领用（升） | 期初存油（升） | 期末存油（升） | 本期耗用（升） | 计划成本（2.40 元/升） | 成本差异（2%） |
|---|---|---|---|---|---|---|
| 南区营运车队 | 54 000 | 3 000 | 1 000 | 56 000 | 134 400 | 2 688 |
| 北区营运车队 | 71 000 | 3 500 | 4 500 | 70 000 | 168 000 | 3 360 |
| 保养场 | 1 000 | | | 1 000 | 2 400 | 48 |
| 公司本部 | 2 000 | | | 2 000 | 4 800 | 96 |
| 合　　计 | 128 000 | 6 500 | 5 500 | 129 000 | 309 600 | 6 192 |

根据燃料耗用计算汇总表（图表 5-2），作会计分录如下：

借：主营业务成本——运输支出——南车队（燃料）　　134 400
　　　　　　　　　　　　　　——北车队（燃料）　　168 000
　　主营业务成本——辅助营运费用　　2 400
　　管理费用　　4 800
　贷：原材料——燃料　　309 600
借：主营业务成本——运输支出——南车队（燃料）　　2 688
　　　　　　　　　　　　　　——北车队（燃料）　　3 360
　　主营业务成本——辅助营运费用　　48
　　管理费用　　96
　贷：材料成本差异——燃料　　6 192

2. 轮胎

营运车辆领用轮胎内胎、垫带以及轮胎零星修补费等，一般根据轮胎领用汇总表及有关凭证，按实际数直接计入各成本计算对象的成本。至于领用外胎，其成本差异也直接计入各成本计算对象的成本，而其计划成本如何计入各成本计算对象的成本，则有不同的处理方法。当采用外胎价值一次摊销计入成本的办法时，应根据“轮胎发出汇总表”进行归集与分配；发生外胎翻新费时，根据付款凭证直接（或通过待摊费用）计入各成本计算对象的成本。当采用按行驶胎公里预提轮胎费用摊入成本的办法时，其成本（包括废胎里程超、亏的费用调整）应根据“轮胎摊提费计算表”进行归集与分配；轮胎翻新费包括在摊提率之内计算的，发生翻新费时，实际翻新费用与计划翻新费用的差额，根据记账凭证所附原始凭证调整计入各成本计算对象的成本；轮胎翻新费用不包括在摊提率之内计算的，发生的轮胎翻新费直接计入相应成本计算对象的成本。

**【例 5-3】** 设上海申通物流公司外胎采用按行驶胎公里预提轮胎费用摊入成本的办法，20×7 年 12 月份有关业务的账务处理如下：

设根据胎卡记录、摊提率等有关资料，编制外胎摊提费计算表如图表 5-3 所示。

图表 5-3

**外胎摊提费计算表**

20×7 年 12 月

| 领用单位 | 实际千车公里 | 每车装胎 | 实际千胎公里 | 报废胎超、亏千胎公里 | 总千胎公里 | 千胎公里摊提额 | 摊提额 |
|---|---|---|---|---|---|---|---|
| 南区车队 | 210 | 6 | 1 260 | −10 | 1 250 | 6.80 | 8 500 |
| 北区车队 | 250 | 6 | 1 500 | +20 | 1 520 | 6.80 | 10 336 |
| 公司本部 | 10 | 4 | 40 | | 40 | 6.00 | 240 |
| 合　　计 | 470 | | 2 800 | +10 | 2 810 | | 19 076 |

根据外胎摊提费计算表（图表 5-3），作会计分录如下：

借：主营业务成本——运输支出——南车队（轮胎）　　8 500

　　　　　　　　　　　　　　——北车队（轮胎）　　10 336

　　管理费用　　240

　贷：其他应付款——轮胎预提费用　　19 076

**【例 5-4】** 设根据领用外胎、内胎和垫带的凭证，编制轮胎领用汇总表如图表 5-4 所示。

图表 5-4

**轮胎领用汇总表**

20×7 年 12 月

| 领用单位 | 外胎 | | 内胎 | | 垫带 | | 合计 | |
|---|---|---|---|---|---|---|---|---|
| | 计划成本 | 差异（5%） | 计划成本 | 差异（4%） | 计划成本 | 差异（4%） | 计划成本 | 差异 |
| 南区车队 | 8 000 | 400 | 1 200 | 48 | 300 | 12 | 9 500 | 460 |
| 北区车队 | 12 000 | 600 | 1 800 | 72 | 200 | 8 | 14 000 | 680 |
| 合　　计 | 20 000 | 1 000 | 3 000 | 120 | 500 | 20 | 23 500 | 1 140 |

根据轮胎领用汇总表(图表5-4),作会计分录如下:

借:其他应付款——轮胎预提费用　　20 000
　贷:原材料——轮胎　　20 000
借:主营业务成本——运输支出——南车队(轮胎)　　400
　　　　　　　　　　　　　——北车队(轮胎)　　600
　贷:材料成本差异——轮胎　　1 000
借:主营业务成本——运输支出——南车队(轮胎)　　1 500
　　　　　　　　　　　　　——北车队(轮胎)　　2 000
　贷:原材料　　3 500
借:主营业务成本——运输支出——南车队(轮胎)　　60
　　　　　　　　　　　　　——北车队(轮胎)　　80
　贷:材料成本差异——材料　　140

**【例5-5】** 设保养场分配转入轮胎零星修补费5 100元,其中南区车队2 000元,北区车队3 000元,公司本部100元。根据辅助营运费用分配表(见图表5-8),作会计分录如下:

借:主营业务成本——运输支出——南车队(轮胎)　　2 000
　　　　　　　　　　　　　——北车队(轮胎)　　3 000
　管理费用　　100
　贷:主营业务成本——辅助营运费用　　5 100

**【例5-6】** 设委托外单位翻新外胎,实际支付翻新费用5 520元。根据外胎费用摊提率计算资料及翻新费用有关凭证,编制外胎翻新费用差异计算表如图表5-5所示。

图表5-5

**外胎翻新费用差异计算表**

20×7年12月

| 领用单位 | 外胎规格 | 翻新胎数量 | 每胎次计划翻新费 | 计划翻新费 | 实际翻新费 | 差异 |
|---|---|---|---|---|---|---|
| 南车队 | 9.00—20 | 10 | 200 | 2 000 | 2 150 | 150 |
| 北车队 | 9.00—20 | 15 | 200 | 3 000 | 3 370 | 370 |
| 合计 | | 25 | | 5 000 | 5 520 | 520 |

根据外胎翻新费用差异计算表(图表5-5),作会计分录如下:

借:其他应付款——轮胎预提费用　　5 000
　主营业务成本——运输支出——南车队(轮胎)　　150
　　　　　　　　　　　　　——北车队(轮胎)　　370
　贷:银行存款　　5 520

### （三）其他直接费用的归集与分配

1. 保养修理费

物流运输企业车辆的各级保养和修理作业，分别由车队保修班和企业所属保养场(保修厂)进行。由车队保修班进行的各级保修和小修理的费用，包括车队保修工人的工资及职工福利费、行车耗用的机油和保修车辆耗用的燃料、润料和备品配件等，一般可以根据各项凭证汇总，全部直接计入各成本计算对象的成本。对于保修班发生的共同性费用，可按营运车日比例分配计入各车队运输成本。由保养场(保修厂)进行的保修主要是大修理所发生的费用，视同辅助生产费用，通过“辅助营运费用”二级账户进行归集与分配。

必须注意的是，由于营运车辆大修理一般数额较大，修理的间隔期也较长，为均衡损益，一般采用预提的办法。即根据大修理费计提额预提时借记“主营业务成本——运输支出”账户，贷记“预提费用”账户，发生与分配修理费时再借记“预提费用”账户，贷记“银行存款”或“辅助营运费用”二级账户。大修理费月计提额计算公式如下：

$$\begin{matrix}\text{车辆月大修}\\\text{理费计提额}\end{matrix}=\begin{matrix}\text{当月车辆}\\\text{行驶里程}\end{matrix}\times\begin{matrix}\text{大修理费}\\\text{月计提率}\end{matrix}$$

$$\text{大修理费月计提率}=\frac{\text{预计大修理费用总额}}{\text{车辆由新至废行驶里程定额}}$$

$$\begin{matrix}\text{预计大修理}\\\text{费用总额}\end{matrix}=\begin{matrix}\text{预计大}\\\text{修理次数}\end{matrix}\times\begin{matrix}\text{一次大修理}\\\text{计划费用}\end{matrix}$$

$$\text{预计大修理次数}=\frac{\text{车辆由新至废行驶里程定额}}{\text{大修理间隔里程定额}}-1$$

上式中之所以要减1，是由于大修理次数比大修理间隔次数少1(因为到最后一次时，车辆已报废，不必再修了)。

在实际工作中车辆大修理费应按各车型当月行驶的千车公里数分别计提，其计算公式如下：

$$\begin{matrix}\text{千车公里大修}\\\text{理费用计提额}\end{matrix}=\frac{\left(\dfrac{\text{车辆由新至旧行驶里程定额}}{\text{大修理间隔里程定额}}-1\right)\times\begin{matrix}\text{一次大修理}\\\text{计 划 费 用}\end{matrix}}{\text{车辆由新至废行驶里程定额}}\times 1\,000$$

**【例 5-7】** 设某型号货车由新至废行驶里程定额为 800 000 公里，大修间隔里程定额为 160 000 公里，一次大修理计划费用为10 000元。则：

$$\begin{matrix}\text{千车公里大修}\\\text{理 费 计 提 额}\end{matrix}=\frac{\left(\dfrac{800\,000}{160\,000}-1\right)\times 10\,000}{800\,000}\times 1\,000=50(\text{元})$$

车辆送大修理(或报废)前实际行驶里程与大修理间隔里程定额会发生差异，因此必须对计入运输成本的大修理费计提额进行调整，超驶里程应予调减，节驶里程则予调增。其计算公式如下：

$$\frac{\text{大修车辆超}(-)}{\text{节}(+)\text{驶里程差异}}=\frac{\text{千车公里大修}}{\text{理费计提额}}\times\left(\frac{\text{大修间隔}}{\text{里程定额}}-\frac{\text{实际大修}}{\text{间隔里程}}\right)$$

**【例 5-8】** 设上海申通物流公司货车送大修理，超驶里程为 20 000 公里，则应调减大修理费计提额和货车运输成本 1 000 元(50×20 000÷1 000)。

车辆送大修理后，实际发生的大修理费用与大修理计划费用也会发生差异，同样要进行调整，前者大于后者为超支，应调增大修理费计提额和运输成本；反之，则为节约而应调减。即：

$$\frac{\text{大修费用超}(+)}{\text{节}(-)\text{差异额}}=\frac{\text{实际大}}{\text{修理费用}}-\frac{\text{计划大}}{\text{修理费用}}$$

**【例 5-9】** 设根据材料领用凭证，编制材料耗用汇总表如图表 5-6 所示。

图表 5-6

**材料耗用汇总表**

20×7 年 12 月

| 领用单位 | 备用配件 | | 润料 | | 其他材料 | | 合计 | |
|---|---|---|---|---|---|---|---|---|
| | 计划成本 | 差异(4%) | 计划成本 | 差异(4%) | 计划成本 | 差异(4%) | 计划成本 | 差异 |
| 南区车队 | 3 000 | 120 | 10 000 | 400 | 2 000 | 80 | 15 000 | 600 |
| 北区车队 | 4 000 | 160 | 12 000 | 480 | 3 000 | 120 | 19 000 | 760 |
| 保养场 | 12 000 | 480 | 3 000 | 120 | 11 000 | 440 | 26 000 | 1 040 |
| 公司本部 | | | 500 | 20 | 250 | 10 | 750 | 30 |
| 合计 | 19 000 | 760 | 25 500 | 1 020 | 16 250 | 650 | 60 750 | 2 430 |

根据材料耗用汇总表(图表 5-6)，作会计分录如下：

借：主营业务成本——运输支出——南车队(保养修理费)　15 000
　　　　　　　　　　　　　　——北车队(保养修理费)　19 000
　　主营业务成本——辅助营运费用　26 000
　　管理费用　750
　贷：原材料　60 750
借：主营业务成本——运输支出——南车队(保养修理费)　600
　　　　　　　　　　　　　　——北车队(保养修理费)　760
　　主营业务成本——辅助营运费用　1 040
　　管理费用　30
　贷：材料成本差异——材料　2 430

**【例 5-10】** 设根据车辆大修理费计提率、行驶记录、大修理费用分配表或支付凭证等，编制车辆计提大修理费计算表如图表 5-7 所示。

图表 5-7

**车辆计提大修理费计算表**

20×7 年 12 月

| 领用单位 | 实际千车公里 | 千车公里计提额 | 月大修理费计提额 | 大修车调整[超(一)亏(+)] | | 大修理费调整[超(+)节(一)] | 调整后计提额 |
|---|---|---|---|---|---|---|---|
| | | | | 千车公里 | 调整金额 | | |
| 南区车队 | 210 | 70 | 14 700 | 10 | 700 | −1 100 | 14 300 |
| 北区车队 | 250 | 50 | 12 500 | −20 | −1 000 | 1 600 | 13 100 |
| 公司本部 | 10 | 40 | 400 | | | | 400 |
| 合　　计 | 470 | | 27 600 | −10 | −300 | 500 | 27 800 |

根据车辆计提大修理费计算表(图表 5-7)，作会计分录如下：

按实际行驶里程计提大修理费用：

借：主营业务成本——运输支出——南车队(保养修理费)　　14 700
　　　　　　　　　　　　　　——北车队(保养修理费)　　12 500
　　管理费用　　400
　贷：其他应付款——预提修理费用　　27 600

进厂(场)大修车超、节驶里程差异调整：

借：主营业务成本——运输支出——南车队(保养修理费)　　700
　贷：其他应付款——预提修理费用　　700

借：主营业务成本——运输支出——北车队(保养修理费)　　1 000
　贷：其他应付款——预提修理费用　　1 000

送修车大修理费用超、节差异调整：

借：主营业务成本——运输支出——南车队(保养修理费)　　1 100
　贷：其他应付款——预提修理费用　　1 100

借：主营业务成本——运输支出——北车队(保养修理费)　　1 600
　贷：其他应付款——预提修理费用　　1 600

以上分录也可简并为以下分录：

借：主营业务成本——运输支出——南车队(保养修理费)　　14 300
　　　　　　　　　　　　　　——北车队(保养修理费)　　13 100
　　管理费用　　400
　贷：其他应付款——预提修理费用　　27 800

**【例 5-11】** 设根据保养场修理成本计算资料，编制辅助营运费用分配表如图表5-8所示。

图表 5-8

**辅助营运费用分配表**

20×7 年 12 月

| 受益单位 | 车辆大修 | 轮胎零星修补 | 轮胎翻新 | 合计 |
|---|---|---|---|---|
| 南车队 | 20 900 | 2 000 | | 22 900 |
| 北车队 | 31 600 | 3 000 | | 34 600 |
| 公司本部 | | 100 | | 100 |
| 合计 | 52 500 | 5 100 | | 57 600 |

根据辅助营运费用分配表(图表 5-8)，作有关大修车费用分配的会计分录如下：

借：预提费用——预提修理费用　　52 500
　贷：主营业务成本——辅助营运费用　　52 500

2. 折旧费

物流运输企业计提固定资产折旧，可以采用平均年限法、工作量法、双倍余额递减法、年数总和法，但属车辆的固定资产折旧一般采用工作量法计提。当采用工作量法时，由于外胎费用核算有两种不同的方法，所以车辆折旧的计算也有两种方法。如采用外胎价值一次摊销计入成本的方法，计提折旧时，外胎价值不必从车辆原价中扣减；如采用按行驶胎公里预提外胎费用摊入成本的方法，则计算折旧时，外胎价值就应从车辆原价中扣减，否则会出现重复摊提的现象。折旧计算公式一般如下：

$$\text{车辆月折旧额}=\text{车辆折旧率}\times\text{车辆月实际行驶里程}$$

$$\frac{\text{车辆折旧率}}{\text{(元/千车公里)}}=\frac{\text{车辆原值}-\text{车装轮胎价值}-\text{预计残值}+\text{预计清理费}}{\text{车辆由新至废行驶里程定额}}\times 1\,000$$

**【例 5-12】** 设上海申通物流公司运输车辆采用工作量法计提折旧，其余各类固定资产采用平均年限法计提折旧。根据有关资料编制固定资产折旧计算表如图表5-9所示。

图表 5-9

**固定资产折旧计算表**

20×7 年 12 月

| 固定资产类别 | 使用单位 | 应计折旧固定资产原值 | 分类月折旧率 | 实际行驶千车公里 | 车辆折旧率 | 应计提折旧额 |
|---|---|---|---|---|---|---|
| （一）生产用固定资产 | | 16 500 000 | | | | 122 100 |
| 房屋及建筑物 | 公司 | 800 000 | 0.002 | | | 1 600 |
| | 车站 | 500 000 | 0.002 | | | 1 000 |
| | 南车队 | 70 000 | 0.002 | | | 140 |
| | 北车队 | 80 000 | 0.002 | | | 160 |
| | 保养费 | 400 000 | 0.002 | | | 800 |
| 运输设备 | 南车队 | 6 750 000 | | 210 | 270 | 56 700 |
| | 北车队 | 7 000 000 | | 250 | 220 | 55 000 |
| | 公司 | 250 000 | | 10 | 150 | 1 500 |
| 机械设备 | 保养场 | 500 000 | 0.008 | | | 4 000 |
| 其他 | 公司 | 150 000 | 0.008 | | | 1 200 |
| （二）非生产用固定资产 | | 1 100 000 | | | | 2 200 |
| 房屋及建筑物 | 公司 | 1 000 000 | 0.0018 | | | 1 800 |
| 其他 | 公司 | 100 000 | 0.004 | | | 400 |
| 合　　计 | | 17 600 000 | | 470 | | 124 300 |

根据固定资产折旧计算表(图表 5-9)，作会计分录如下：

| | | |
|---|---|---|
| 借：主营业务成本——运输支出——南车队(折旧费) | 56 700 | |
| 　　　　　　　　　　　　　——北车队(折旧费) | 55 000 | |
| 　　主营业务成本——辅助营运费用 | 4 800 | |
| 　　制造费用——营运间接费用(折旧费) | 1 300 | |
| 　　管理费用 | 6 500 | |
| 　贷：累计折旧 | | 124 300 |

3. 养路费

运输企业向公路管理部门缴纳的车辆养路费，一般按货车吨位数计算缴纳。因此，企业缴纳的车辆养路费可以根据缴款凭证直接计入各成本计算对象成本及有关费用。

**【例 5-13】** 设上海申通物流公司 20×7 年 12 月按规定缴纳的车辆养路费为 134 840元，其中南车队 96 000 元，北车队 35 000 元、公务车3 840元。根据交款凭证，作会计分录如下：

| | | |
|---|---|---|
| 借：主营业务成本——运输支出——南车队(养路费) | 96 000 | |
| 　　　　　　　　　　　　　——北车队(养路费) | 35 000 | |
| 　　管理费用 | 3 840 | |
| 　贷：银行存款 | | 134 840 |

4. 其他费用

营运车辆发生的其他直接费用，除保养修理费、折旧费、养路费等项外，还包括其他几项有关费用，内容比较复杂，但费用发生时同样可以根据费用凭证直接计入各成本计算对象的成本。

营运车辆的公路运输管理费，一般按运输收入的规定比例计算缴纳。因此，企业缴纳的车管费可以根据交款凭证直接计入各类运输成本。

营运车辆在营运过程中因种种行车事故所发生的修理费、救援和善后费用，以及支付外单位人员的医药费、丧葬费、抚恤费、生活费等支出，扣除向保险公司收回的赔偿收入及事故对方或过失人的赔偿款后，净损失也可根据付款、收款凭证直接计入各类运输成本。如果行车事故较为严重复杂，处理时间较长，可在发生各项支出时通过“其他应收款——暂付事故赔款”账户核算，然后逐月将已发生事故净损失转入各该类运输成本。对于当年不能结案的事故，年终时可按估计净损失数预提转入运输成本；在结案的年底，再将预提损失数与实际损失数的差额，调整当年的有关运输成本。

车辆牌照和检验费、车船税、洗车费、过桥费、轮渡费、司机途中宿费、行车杂费等费用发生时都可以根据付款凭证直接计入各类运输成本。此外，领用随车工具及其他低值易耗品，可以根据领用凭证，一次或分期摊入各类运输成本。

**【例 5-14】** 设上海申通物流公司 20×7 年 12 月缴纳的营运车辆车管费以及支付的车辆清洗费、过桥费、行车杂费等项费用，经汇总为44 500元，其中：南车队 11 822 元，北车队 32 304 元，公务车 374 元。

根据上述各项费用的付款凭证，如予以汇总，则其会计分录如下：

| | | |
|---|---|---|
| 借：主营业务成本——运输支出——南车队(其他费用) | 11 822 | |
| ——北车队(其他费用) | 32 304 | |
| 管理费用 | 374 | |
| 贷：银行存款、库存现金等 | | 44 500 |

(四) 营运间接费用的归集与分配

1. 营运间接费用的归集

运输企业所属基层营运单位(车队、车站、车场)为组织与管理营运过程所发生的不能直接计入成本计算对象的各种间接费用，应通过“制造费用——营运间接费用”账户进行核算。企业如实行公司和站、队两级核算体制，“营运间接费用”账户应按基层营运单位设置明细账，并按费用项目进行明细核算，如实行公司集中核算体制，也可不分单位设置明细账，而直接按费用项目进行明细核算。

设上海申通物流公司营运成本由公司集中核算，20×7 年 12 月各站、队发生的营运间接费用，除前面列举的工资及职工福利费、折旧费外，还有以下几项：分配水电费，以银行存款或现金支付办公费，以现金支付或报销差旅费，等等。有关业务举例从略，各项费用已记入营运间接费用明细账如图表 5-10 所示。

图表 5-10

**营运间接费明细账**

| 20×7 年 | | 凭证字号 | 摘　　要 | 工资费用 | 折旧费 | 水电费 | 办公费 | 差旅费 | 其他 | 合 计 |
|---|---|---|---|---|---|---|---|---|---|---|
| 月 | 日 | | | | | | | | | |
| 12 | 31 | | 工资费 | 15 960 | | | | | | 15 960 |
| | | | 折旧费 | | 1 300 | | | | | 1 300 |
| | | （略） | 水电费 | | | 1 000 | | | | 1 000 |
| | | | 办公费 | | | | 700 | | | 700 |
| | | | 差旅费 | | | | | 690 | | 690 |
| | | | 修理费 | | | | | | 300 | 300 |
| | | | 劳动保护费 | | | | | | 200 | 200 |
| 12 | 31 | | 合　　计 | 15 960 | 1 300 | 1 000 | 700 | 690 | 500 | 20 150 |

2. 营运间接费用的分配

各基层营运单位发生的营运间接费用，经归集后应于月末分配计入各有关成本计算对象的成本。

实行公司和站、队两级核算体制的运输企业，车站、车队、装卸队等单位发生的营运间接费用（通称车站经费、车队经费），应分别设账归集与分配。货车队经费，可以分别直接计入货车运输成本；装卸队经费可以直接计入装卸成本；车站经费全部由运输业务负担，应分配计入货车运输成本，车站经费一般按照货车队营运车日比例进行分配，其计算公式如下：

$$\text{每营运日应分配车站经费}=\frac{\text{车站经费总额}}{\text{货车营运车日数}}$$

$$\text{货车应分配车站经费}=\text{每营运车日应分配车站经费}\times\text{货车营运车日数}$$

实行公司集中核算体制的运输企业，各站、队发生的营运间接费用，装卸队应单独设账，车站、货车队则可以合并设账核算。如果企业同时经营运输业务和装卸业务，而装卸队经费又未单独设账核算，则营运间接费用应先在运输业务与装卸业务之间进行分配，其分配方法一般采用直接成本比例法。

**【例 5-15】** 设上海申通物流公司仅经营运输业务，各站、队合并设账归集营运间接费用，20×7 年 12 月实际发生额为20 150元（见图表5-10）。当月营运车日总计为2 015元，其中：南车队为 930 元，北车队为 1 085 元。根据以上资料，编制营运间接费用分配表如表 5-11 所示。

图表 5-11

**营运间接费用分配表**

20×7 年 12 月

| 成本计算对象 | 分配标准(营运车日) | 分配率 | 分配额 |
| --- | --- | --- | --- |
| 南区运输队 | 930 | | 9 300 |
| 北区运输队 | 1 085 | | 10 850 |
| 合　　计 | 2 015 | 10 | 20 150 |

根据营运间接费用分配表(图表 5-11),作会计分录如下:

借:主营业务成本——运输支出——南车队(营运间接费用)　　9 300

　　　　　　　　　　　　　　——北车队(营运间接费用)　　10 850

　贷:制造费用——营运间接费用　　20 150

(五) 运输成本明细账的设置与登记

运输成本是在分类(成本项目)归集运输费用的基础上计算出来的,其明细账就是按成本计算对象开设、按成本项目划分专栏的运输支出明细账(一般格式如图表 5-12、图表 5-13 所示)。

图表 5-12

**运输支出明细表**

明细账户:南区车队

| 20×7 年 | | 凭证号 | 摘　要 | 直接人工 | 直接材料 | | 其他直接费用 | | | | 营运间接费用 | 合计 |
| --- | --- | --- | --- | --- | --- | --- | --- | --- | --- | --- | --- | --- |
| 月 | 日 | | | | 燃料 | 轮胎 | 保养修理 | 折旧费 | 养路费 | 其他费用 | | |
| 12 | 31 | (略) | 工资费 | 62 700 | | | 2 280 | | | | | 64 980 |
| | | | 燃料 | | 134 400 | | | | | | | 134 400 |
| | | | 价差 | | 2 688 | | | | | | | 2 688 |
| | | | 轮胎摊提 | | | 8 500 | | | | | | 8 500 |
| | | | 领用 | | | 1 500 | | | | | | 1 500 |
| | | | 价差 | | | 460 | | | | | | 460 |
| | | | 零修 | | | 2 000 | | | | | | 2 000 |
| | | | 翻新 | | | 150 | | | | | | 150 |
| | | | 保修用料 | | | | 15 000 | | | | | 15 000 |
| | | | 价差 | | | | 600 | | | | | 600 |
| | | | 大修理费计提 | | | | 14 300 | | | | | 14 300 |
| | | | 折旧费 | | | | | 56 700 | | | | 56 700 |
| | | | 养路费 | | | | | | 96 000 | | | 96 000 |
| | | | 车管等其他费 | | | | | | | 11 822 | | 11 822 |
| | | | 营运间接费用 | | | | | | | | 9 300 | 9 300 |
| 12 | 31 | | 合　计 | 62 700 | 137 088 | 12 610 | 32 180 | 56 700 | 96 000 | 11 822 | 9 300 | 418 400 |

运输支出明细账根据前述直接人工、直接材料、其他直接费用和营运间接费用等各种费用凭证或其汇总分配计算表进行登记。

设上海申通物流公司 20×7 年 12 月运输支出明细账的记录如图表 5-12 和图表 5-13 所示。

图表 5-13

**运输支出明细表**

明细账户:北区车队

| 20×7年 | | 凭证号 | 摘　要 | 直接人工 | 直接材料 | | 其他直接费用 | | | | 营运间接费用 | 合计 |
|---|---|---|---|---|---|---|---|---|---|---|---|---|
| 月 | 日 | | | | 燃料 | 轮胎 | 保养修理 | 折旧费 | 养路费 | 其他费用 | | |
| 12 | 31 | （略） | 工资费 | 71 800 | | | 3 420 | | | | | 75 240 |
| | | | 燃料 | | 168 000 | | | | | | | 168 000 |
| | | | 价差 | | 3 360 | | | | | | | 3 360 |
| | | | 轮胎摊提 | | | 10 336 | | | | | | 10 336 |
| | | | 领用 | | | 2 000 | | | | | | 2 000 |
| | | | 价差 | | | 680 | | | | | | 680 |
| | | | 零修 | | | 3 000 | | | | | | 3 000 |
| | | | 翻新 | | | 370 | | | | | | 370 |
| | | | 保修用料 | | | | 19 000 | | | | | 19 000 |
| | | | 价差 | | | | 760 | | | | | 760 |
| | | | 大修理费计提 | | | | 13 100 | | | | | 13 100 |
| | | | 折旧费 | | | | | 55 000 | | | | 55 000 |
| | | | 养路费 | | | | | | 35 000 | | | 35 000 |
| | | | 车管等其他费 | | | | | | | 32 304 | | 32 304 |
| | | | 营运间接费用 | | | | | | | | 10 850 | 10 850 |
| 12 | 31 | | 合　计 | 71 820 | 171 360 | 16 386 | 36 280 | 55 000 | 35 000 | 32 304 | 10 850 | 429 000 |

（六）运输总成本和单位成本的计算

运输企业完成一定运输业务所发生的直接人工、直接材料、其他直接费用和营运间接费用等运输费用总额，组成了运输总成本。运输总成本除以运输周转量得出单位成本。其计算公式如下：

$$运输单位成本(元/千吨公里)=\frac{运输总成本}{运输周转量(千吨公里)}$$

设上海申通物流公司 20×7 年 12 月完成的货车运输周转量为南区车队 8 000 千吨公里，北区车队 1 100 千吨公里。可计算单位成本见图表5-14。

运输企业月末应编制运输成本计算表，以反映运输总成本和单位成本。本例上海申通物流公司根据以上资料，可编制运输成本计算表如图表 5-14 所示。

图表 5-14

**运输成本计算表**

上海申通物流公司　　　　20×7 年 12 月

| 项　　目 | 行次 | 计划数 | 本月实际数 | | | 本月累计数 | | |
|---|---|---|---|---|---|---|---|---|
| | | | 合计 | 南车队 | 北车队 | 合计 | 南车队 | 北车队 |
| 一、直接人工 | 1 | | 134 520 | 62 700 | 71 820 | | | |
| 二、直接材料 | 2 | | 337 444 | 149 698 | 187 746 | | | |
| 1. 燃料 | 3 | | 308 448 | 137 088 | 171 360 | | | |
| 2. 轮胎 | 4 | | 28 996 | 12 610 | 16 386 | | | |
| 三、其他直接费用 | 5 | | 355 286 | 196 702 | 158 584 | | | |
| 1. 保养修理费 | 6 | | 68 460 | 32 180 | 36 280 | | | |
| 2. 折旧费 | 7 | (略) | 111 700 | 56 700 | 55 000 | (略) | (略) | (略) |
| 3. 养路费 | 8 | | 131 000 | 96 000 | 35 000 | | | |
| 4. 其他费用 | 9 | | 44 126 | 11 822 | 32 304 | | | |
| 四、营运间接费用 | 10 | | 20 150 | 9 300 | 10 850 | | | |
| 五、运输总成本 | 11 | | 847 400 | 418 400 | 429 000 | | | |
| 六、周转量(千吨公里) | 12 | | 9 100 | 8 000 | 1 100 | | | |
| 七、单位成本(元/千吨公里) | 13 | | 446 | 52.30 | 390 | | | |

# 第三节　装卸成本的管理与核算

## 一、装卸成本计算的特点

物流企业的装卸业务，是生产不可缺少的组成部分。物流企业经营装卸业务时，应按照机械化作业和人工作业的不同，分别核算成本。物流企业既有机械化作业，又有人工作业，如以机械作业为主仅配备少量人工作业时，可只计算机械作业成本；如以人工作业为主仅配备少量机械作业时，可只计算人工装卸成本。

物流企业的装卸成本，一般实行两级核算，各装卸队仅计算本装卸队的装卸成本，企业汇算各装卸队总的装卸成本。装卸成本的计算对象是机械装卸和人工装卸，计算装卸成本的单位是复合单位“元/千操作吨”。

另外，为装卸业务配备的车辆一般视同装卸机械，其所发生的费用计入装卸成本，不再单独核算。

## 二、装卸成本项目

物流企业的装卸成本项目，一般可分为以下四类七项。

1. 直接人工

这是指支付给装卸机械司机、助手和装卸工人的工资等。

2. 直接材料

(1) 燃料和动力。这是指装卸机械在运行和操作过程中，所耗用的燃料(如汽油、柴油)、动力(如电力、蒸气)费用。

(2) 轮胎。这是指装卸机械领用的外胎、内胎、垫带以及外胎翻新费和零星修补费。

3. 其他直接费用

(1) 保养修理费。这是指为装卸机械和装卸工具进行保养、大修、小修所发生的料、工、费，以及装卸机械在运行和操作过程所耗用的机油、润滑油的费用。为装卸机械保修所领用的周转总成的费用，也包括在本项目内。

(2) 折旧费。这是指按规定计提的装卸机械折旧费。

(3) 其他费用。这是指不属于以上各项目的与装卸业务直接有关的工具费、劳动保护费、外付装卸费(指支付给外单位装卸工人的装卸费用)、事故损失(指在装卸作业过程中，因装卸队责任造成的应由本期装卸成本负担的事故损失，包括货物破损等货损货差损失、损坏车辆设备所支付的修理费以及外单位人员人身伤亡事故所支付的各种费用)等。

4. 营运间接费用

这是指各装卸队为组织与管理装卸业务而发生的管理费用和业务费用。

## 三、装卸费用核算与成本计算

### (一) 装卸费用的归集与分配

物流企业的装卸费用通过“主营业务成本——装卸支出”账户进行归集与分配，该账户应按成本计算对象设置明细账户，并按成本项目进行明细核算。

物流公司如同时经营装卸业务，在公司下设立装卸队，装卸队队部统一管理机械装卸队和人工装卸队，其中人工装卸队配备少量装卸机械，机械装卸队和人工装卸队应分别核算装卸支出与计算装卸成本。

装卸费用的归集与分配方法，与运输费用基本相同，其有关的汇总表、计算表、分配表及会计分录，一般都可并入前述核算运输业务的有关凭证（汇总表、计算表、分配表）及分录中。下面举例简要说明各项装卸费用的归集与分配方法。

1. 直接人工

企业的直接人工可根据“工资结算表”等有关资料，编制工资费用分配汇总表（格式同图表5-1），据以直接计入各类装卸成本。

**【例5-16】** 设装卸队20×7年12月发生工资如下：机械装卸队司机及助手29 000元、保修工人6 000元；人工装卸队48 000元，保修工人2 000元；队部管理人员9 000元。作会计分录如下：

| | | |
|---|---|---|
| 借：主营业务成本——装卸支出——机械（直接人工） | 33 060 | |
| ——机械（保养修理费用） | 6 840 | |
| ——人工（直接人工） | 54 720 | |
| ——人工（保养修理费用） | 2 280 | |
| 制造费用——营运间接费用（装卸支出） | 10 260 | |
| 贷：应付职工薪酬 | | 107 160 |

2. 直接材料中的燃料和动力

对于燃料和动力，企业可于每月终了根据油库转来装卸机械领用燃料凭证计算实际消耗数量计入成本。企业耗用的电力可根据供电部门的收费凭证或企业的分配凭证直接计入成本。

**【例5-17】** 设上海申通物流公司装卸队20×7年12月领用装卸过程用的燃料53 400元，其中：机械装卸队48 000元，人工装卸队5 400元。当月燃料成本差异率为2%，作会计分录如下：

| | | |
|---|---|---|
| 借：主营业务成本——装卸支出——机械（燃料及动力） | 48 000 | |
| ——人工（燃料及动力） | 5 400 | |
| 贷：原材料——燃料 | | 53 400 |
| 借：主营业务成本——装卸支出——机械（燃料及动力） | 960 | |
| ——人工（燃料及动力） | 108 | |
| 贷：材料成本差异——燃料 | | 1 068 |

设上海申通物流公司机械装卸队机械操作耗用电力，已付或应付电费2 000元，有关会计分录如下：

| | | |
|---|---|---|
| 借：主营业务成本——装卸支出——机械（燃料及动力） | 2 000 | |
| 贷：银行存款或应付账款 | | 2 000 |

3. 直接材料中的轮胎

物流企业装卸机械的轮胎磨耗是在装卸场地操作过程中发生的,因此其轮胎费用不宜采用胎公里摊提方法处理。一般可于领用新胎时将其价值一次直接计入装卸成本。如一次集中领换轮胎数量较多,为均衡各期成本负担,可将其作为待摊费用按月份分摊计入装卸成本。

装卸机械轮胎的翻新和零星修补费用,一般在费用发生和支付时,直接计入装卸成本。

装卸队所属各种车辆所领用新胎及翻新和零星修补的费用,也可按上述方法计入成本。

**【例 5-18】** 设上海申通物流公司机械装卸队 20×7 年 12 月领用外胎 3 200 元,材料成本差异率为 5%,领用内胎、垫带 750 元,材料成本差异率为 4%,作会计分录如下:

| | | |
|---|---|---|
| 借:主营业务成本——装卸支出——机械(轮胎) | 3 360 | |
| 贷:原材料——轮胎 | | 3 200 |
| 材料成本差异——轮胎 | | 160 |
| 借:主营业务成本——装卸支出——机械(轮胎) | 780 | |
| 贷:原材料 | | 750 |
| 材料成本差异——材料 | | 30 |

设上海申通物流公司机械装卸队送保养场零星修补轮胎,分配修补费用 260 元,作会计分录如下:

| | | |
|---|---|---|
| 借:主营业务成本——装卸支出——机械(轮胎) | 260 | |
| 贷:主营业务成本——辅助营运费用 | | 260 |

设机械装卸队委托外单位翻新轮胎,支付翻新费用 1 000 元,作会计分录如下:

| | | |
|---|---|---|
| 借:主营业务成本——装卸支出——机械(轮胎) | 1 000 | |
| 贷:银行存款 | | 1 000 |

4. 其他直接费用中的保养修理费

上海申通物流公司由专职装卸机械保修工或保修班组进行装卸机械保修作业的工料费,直接计入装卸成本;由保养场(或保修车间)进行装卸机械保修作业的工料费,通过"辅助营运费用"账户核算,然后分配计入装卸成本。

企业的装卸机械计提大修理费用一般按下列公式计算:

$$\text{装卸机械月大修理费计提额}=\text{当月机械运转台班}\times\text{装卸机械台班大修理费计提额}$$

$$\text{装卸机械台班大修理费计提额}=\frac{\left(\dfrac{\text{机械由新至废运转台班定额}}{\text{大修理间隔台班定额}}-1\right)\times\text{一次大修理计划费用}}{\text{机械由新至废运转台班定额}}$$

装卸机械大修理费用的计提额，送大修机械超、亏运转台班差异调整，大修理费用超、节差异调整等的计算及其账务处理，都与前述运输车辆相类似。

装卸机械在运行和装卸操作过程中耗用的机油、润滑油以及装卸机械保修领用周转总成的价值，月终根据油料库、材料库提供的领料凭证直接计入装卸成本。

**【例 5-19】** 设上海申通物流公司机械装卸队 20×7 年 12 月保养修理装卸机械领用备品配件、润料及其他材料 6 000 元，其中：机械装卸队领用 5 000 元，人工装卸队领用 1 000 元。当月材料类的成本差异率为 4%，作会计分录如下：

| | | |
|---|---|---|
| 借：主营业务成本——装卸支出——机械(保养修理费) | 5 000 | |
| ——人工(保养修理费) | 1 000 | |
| 贷：原材料 | | 6 000 |
| 借：主营业务成本——装卸支出——机械(保养修理费) | 200 | |
| ——人工(保养修理费) | 40 | |
| 贷：材料成本差异——材料 | | 240 |

当月按装卸运转台班和台班大修理费计提额计算，大修理费计提额为：机械装卸队 11 250 元，人工装卸队 1 950 元，作会计分录如下：

| | | |
|---|---|---|
| 借：主营业务成本——装卸支出——机械(保养修理费) | 11 250 | |
| ——人工(保养修理费) | 1 950 | |
| 贷：其他应付款——预提修理费用 | | 13 200 |

**【例 5-20】** 设当月机械装卸队送保养场大修装卸机械，亏运转台班差异应调增大修理费用 2 700 元，大修理费用超支应调增大修理费用3 300元。保养场分配装卸机械大修理费用 57 300 元。分别作会计分录如下：

| | | |
|---|---|---|
| 借：主营业务成本——装卸支出——机械(保养修理费) | 6 000 | |
| 贷：其他应付款——预提修理费用 | | 6 000 |
| 借：其他应付款——预提修理费用 | 57 300 | |
| 贷：主营业务成本——辅助营运费用 | | 57 300 |

5. 其他直接费用中的折旧费

物流企业装卸机械的折旧应按规定的折旧率计提，根据固定资产折旧计算表(格式与图表 5-9 相似)直接计入各类装卸成本。

装卸机械计提折旧适宜采用工作量法，一般按其工作时间(以台班表示)计提。

其计算公式如下：

$$\text{装卸机械台班折旧额}=\frac{\text{装卸机械原值}-\text{预计残值}+\text{预计清理费用}}{\text{装卸机械由新至废运转台班定额}}$$

$$\text{装卸机械月折旧额}=\text{当月运转台班}\times\text{台班折旧额}$$

**【例 5-21】** 设上海申通物流公司装卸队 20×7 年 12 月应计提固定资产折旧如下：机械装卸队用装卸机械 38 400 元，人工装卸队用装卸机械 5 760 元，装卸队部用房屋 160 元。作会计分录如下：

| | | |
|---|---|---|
| 借：主营业务成本——装卸支出——机械(折旧费) | 38 400 | |
| ——人工(折旧费) | 5 760 | |
| 制造费用——营运间接费用——装卸 | 160 | |
| 贷：累计折旧 | | 44 320 |

6. 其他直接费用中的其他费用

装卸机械领用的随机工具、劳保用品和装卸过程中耗用的工具，在领用时根据领用凭证可将其价值一次直接计入各类装卸成本。一次领用数额过大时，可作为待摊费用处理。

工具的修理费用以及防暑、防寒、保健饮料、劳动保护安全措施等费用，在费用发生和支付时，可根据费用支付凭证或其他有关凭证，一次直接计入各类装卸成本。

物流企业对外发生和支付装卸费时，可根据支付凭证直接计入各类装卸成本。事故损失一般于实际发生时直接计入有关装卸成本，或先通过“其他应收款——暂付赔款”账户归集，然后于月终将应由本期装卸成本负担的事故净损失结转计入有关装卸成本。

**【例 5-22】** 设上海申通物流公司装卸队 20×7 年 12 月发生的各项其他费用，如予以汇总，其有关会计分录如下：

| | | |
|---|---|---|
| 借：主营业务成本——装卸支出——机械(其他费用) | 890 | |
| ——人工(其他费用) | 742 | |
| 贷：周转材料、银行存款、库存现金等 | | 1 632 |

7. 营运间接费用

装卸队直接开支的管理费和业务费，可在发生和支付时，直接列入装卸成本。当按机械装卸和人工装卸分别计算成本时，可先通过营运间接费用汇集，月终再按直接费用比例分配计入各类装卸成本。

**【例 5-23】** 设上海申通物流公司装卸队 20×7 年 12 月发生的管理费和业务

费，除工资及福利费 10 260 元、折旧费 160 元以外，还分配水电费、支付办公费、报销差旅费等1 080元（有关分录从略），合计11 500元。已归集的机械装卸与人工装卸的直接费用，分别为 158 000 元和 72 000 元，根据装卸支出明细账和营运间接费用（装卸）明细账记录，可编制营运间接费用（装卸）分配表如图表 5-15 所示。

图表 5-15

**营运间接费用(装卸)分配表**

20×7 年 12 月

| 成本计算对象 | 分配标准（直接费用） | 分配率 | 分配额 |
|---|---|---|---|
| 机械装卸 | 158 000 | | 7 900 |
| 人工装卸 | 72 000 | | 3 600 |
| 合　　计 | 230 000 | 0.05 | 11 500 |

根据营运间接费用（装卸）分配表，作会计分录如下：

借：主营业务成本——装卸支出——机械（营运间接费用）　　7 900

　　　　　　　　　　　　　　——人工（营运间接费用）　　3 600

　贷：制造费用——营运间接费用（装卸）　　11 500

（二）装卸总成本和单位成本的计算

物流企业的装卸总成本是通过“主营业务成本——装卸支出”账户的明细账所登记的各项装卸费用总额确定的。装卸支出明细账的格式与登记方法，与前述运输支出明细账相同。

装卸业务的单位成本，以“元/千操作吨”为计算单位。其计算公式如下：

$$\frac{\text{装卸单位成本}}{\text{(元/千操作吨)}}=\frac{\text{装卸总成本}}{\text{装卸操作量(操作吨)}}\times 1\,000$$

设上海申通物流公司装卸队 20×7 年 12 月完成的机械装卸作业量为 140 千操作吨，人工装卸作业量为 80 千操作吨，装卸总作业量为 220 千操作吨。以机械装卸作业为例，其总成本为 165 900 元，其单位成本可计算如下：

$$\text{机械装卸单位成本}=\frac{165\,900}{140}\approx 1\,185\text{(元/千操作吨)}$$

同时经营装卸业务的物流企业，除编制运输成本计算表外，还要按月编制装卸成本计算表。本例上海申通物流公司按机械装卸和人工装卸计算成本，可编制 20×7 年 12 月份的装卸成本计算表如图表 5-16 所示。

图表 5-16

**装卸成本计算表**

上海申通物流公司　　　　20×7 年 12 月

| 项　　目 | 行次 | 计划数 | 本月实际数 | | | 本月累计数 | | |
|---|---|---|---|---|---|---|---|---|
| | | | 合计 | 机械装卸 | 人工装卸 | 合计 | 机械装卸 | 人工装卸 |
| 一、直接人工 | 1 | | 87 780 | 33 060 | 54 720 | | | |
| 二、直接材料 | 2 | | 61 868 | 56 360 | 5 508 | | | |
| 1. 燃料及动力 | 3 | | 56 468 | 50 960 | 5 508 | | | |
| 2. 轮胎 | 4 | | 5 400 | 5 400 | | | | |
| 三、其他直接费用 | 5 | | 80 352 | 68 580 | 11 772 | | | |
| 1. 保养修理费 | 6 | | 34 560 | 29 290 | 5 270 | | | |
| 2. 折旧费 | 7 | （略） | 44 160 | 38 400 | 5 760 | （略） | （略） | （略） |
| 3. 其他费用 | 8 | | 1 632 | 890 | 742 | | | |
| 四、营运间接费用 | 9 | | 11 500 | 7 900 | 3 600 | | | |
| 五、运输总成本 | 10 | | 241 500 | 165 900 | 75 600 | | | |
| 六、装卸作业量（千操作吨） | 11 | | 220 | 140 | 80 | | | |
| 七、单位成本（元/千操作吨） | 12 | | 1 097.73 | 1 185 | 945 | | | |

# 第四节　配送成本的管理与核算

配送是物流企业重要的作业环节，它是指在经济合理区域范围内，根据客户要求，对物品进行拣选、加工、包装、分割、组配等作业，并按时送达指定地点的物流活动。

配送是物流系统中一种特殊的、综合的活动形式，是商流与物流的紧密结合，包含了物流中若干功能要素的一种物流活动。从物流角度来说，配送几乎包括了所有物流功能要素，是物流的一个缩影或在较小范围中物流全部活动的体现。一般的配送集装卸、包装、保管、运输于一身，通过一系列活动完成将物品送达客户的目的。特殊的配送则还要以流通加工活动为支撑，其内容更广泛。

## 一、配送流程与方式

在市场经济高度发达的当今社会，客户对货物的品种、质量、数量、包装方式等要求往往是多种多样的。物流企业要做好对客户的配送服务，必须通过一定的准备和流程才能完成。

（一）配送流程

1. 集货

这是指企业将分散的小批量的物品集中起来，以便进行运输、配送的作业。集货是配送的重要环节，为了满足特定客户的配送要求，有时需要把从数家甚至数十家供应商处预订的物品集中，并将要求的物品分配到指定容器或场所。集货是配送的准备工作或基础工作，配送的优势之一，就是可以集中客户的需求进行一定规模的集货。

2. 分拣

这是指企业将物品按品种、出入库先后顺序进行分门别类堆放的作业。分拣是配送不同于其他物流形式的功能要素，也是配送成败的一项重要支持性工作，它是完善送货、支持送货准备性工作，是不同配送企业在送货时进行竞争和提高自身经济效益的必然延伸。所以，也可以说分拣是送货向高级形式发展的必然要素。有了分拣，就会大大提高送货的服务水平。

3. 配货

这是指企业使用各种拣选设备和传输装置，将存放的物品按客户的要求分拣出来，配备齐全，送入指定发货地点的物流作业。

4. 配装

在单个客户配送数量不能达到车辆的有效载运负荷时，就存在如何集中不同客户的配送货物，进行搭配装载以充分利用运能、运力的问题，这就需要配装。与一般送货不同之处在于，通过配装送货可以大大提高送货水平及降低送货成本。所以配装也是配送系统中有现代特点的功能要素，也是现代配送不同于传统送货的重要区别之一。

5. 配送运输

运输中的末端运输、支线运输和一般运输形态的主要区别在于：配送运输是较短距离、较小规模、额度较高的运输形式，一般使用汽车做运输工具。与干线运输的另一个区别是，配送运输的路线选择问题是一般干线运输所没有的。干线运输的干线是唯一的运输线，而配送运输由于配送客户多，一般城市交通线路比较复杂，如何优化最佳配送线路，如何使配装和路线有效搭配等是配送运输的特点。

6. 送达服务

将配好的物品运输到客户还不算配送工作的结束，这是因为送达物品和客户接收物品往往会出现不协调，使配送前功尽弃。因此，要圆满地实现运到物品的移交，并有效地、方便地处理相关手续并完成结算，还应和客户协商卸货地点、卸货方式等。

送达服务也是配送独具的特殊性。

7. 配送加工

配送加工是按照配送客户的要求所进行的流通加工。在配送中，配送加工这一功能要素不具有普遍性，但往往是有重要作用的功能要素。这是因为通过配送加工，可以大大提高客户的满意程度。配送加工是流通加工的一种，但配送加工有其自己的特点，即配送加工一般只取决于客户的要求，其加工目的较为单一。

8. 回程

在执行完配送任务之后，配送车辆需要回程。在一般情况下，回程车辆往往空驶。这是降低配送效益、提高配送成本的因素之一。在规划配送线路时，回程路线应尽量缩短。在进行稳定的、计划的配送时，回程车辆可将包装物、残次品等运回集中处理，或者将用户的商品运回配送中心，作为配送中心的资源，向其他用户进行配送。

（二）配送服务方式

1. 定时配送

这是指根据配送企业和客户双方达成的配送时间协议，按照规定的时间和时间间隔进行配送。配送的品种及配送的数量可预先在协议中确定，实行计划配送；也可以根据用户的实际需要以双方商定的信息联络方式通知配送品种及数量。

定时配送这种方式，由于时间确定，对用户而言，可以根据自己的经营情况，在合适的时间进货，也易于安排接货力量；对于配送企业而言，这种服务方式易于安排工作计划，有利于对多个用户实行共同配送，易于合理安排配送车辆使用和线路优化。定时配送有几种具体的形式：

（1）小时配送。小时配送是指接到配送信息之后，在 1 小时之内将货物送达的配送方式，这种方式适用于一些消费者突发的需求所产生的配送要求。也是配送系统中应急的配送方式。

（2）日配。日配是接到配送信息之后，在 24 小时之内将货物送达的配送方式。日配是定时配送中实行较为广泛的配送方式，一般而言，日配的时间要求方式是以工作日为基本单位，如上午的配送订货，下午送达；下午的配送订货，第二天早上送达。这样就可以使用户获得前置时间的服务保障。

日配方式广泛而稳定开展，可以使用户基本上无须保持库存，进而实现“零库存”，降低其库存成本。

（3）准时配送方式。按照双方协议的时间，配送企业准时将货物送到用户指定地点的配送方式。与小时配送和日配送相比，准时配送往往是根据用户的生产节奏，按指定的时间将货送达，配送方式更为精密，可以使用户实现真正的“零库存”。准时制配送方式要求有很高水平的配送系统作为保证。

2. 定量配送

这是指按事先双方协议规定的数量进行配送。定量配送数量固定，备货工作有较强的计划性，可以按托盘、集装单元及车辆的装载能力来有效地选择配送的数量，配送效率高。

3. 定时定量配送

这是指按照规定的配送时间和配送数量进行配送。定时定量配送兼有定时、定量两种方式优点，是一种精密的配送方式。

4. 定时定线路配送

这是指在规定的运行路线上，制定配送车辆到达的时间表，按运行时间表进行配送。用户可以按照配送企业规定的路线及规定的时间选择这种配送服务，并到指定时间及指定位置接货。

5. 应急配送

这是指完全按照用户突然提出的配送要求随即进行配送的方式，应急配送是对配送服务进行补充和完善，也是配送企业应当具有的应急能力。

6. 共同配送

这是指为了提高物流效率，对许多企业一起进行配送。共同配送的主要追求目标，是使配送合理化。共同配送可以分为以货主为主体的共同配送和以物流企业为主体的共同配送两种类型。

7. 加工配送

这是指配送和流通加工相结合，通过流通加工后进行配送。流通加工和配送结合，使流通加工更有针对性，减少盲目性，配送企业不但可以依靠送货服务取得收益，还可以通过流通加工增值取得收益。

**二、配送成本的构成**

配送是集货、分拣、配载、包装、组配及加工等一系列活动的集合。通过配送，物流活动才得以最终实现，但完成配送活动是需要付出代价的，即需配送成本。配送成本是配送过程中所支付的费用总和。

配送是与市场经济相适应的一种先进物流方式，是物流企业按用户订单或配送协议进行配货，经过科学统筹规划，在用户指定的时间，将货物送达用户指定地点的一种供应方式。从整个物流系统来讲，配送几乎包括了所有的物流功能要素，是物流活动的一个缩影或在某小范围中物流全部活动的体现。一般的配送集装卸搬运、包装、保管、运输于一体，通过一系列物流活动将货物送达目的地。特殊的配送则还要以流通加工活动为支撑，严格来讲，整个物流活动，没有配送环节就不能成为完整的物流活动。

配送的主体活动是配送运输、分拣、配货及配载。分拣配货是配送的独特要求，也是配送中有特点的活动。以送货为目的的配送运输是最后实现配送的主要手段，从这一点出发，常常将配送简化看成运输中的一种。

根据配送流程及配送环节，配送成本实际上是含配送运输费用、分拣费用、配装及流通加工费用等全过程。其成本应由以下费用构成。

（一）配送运输费用

配送运输费用主要包括以下方面：

（1）车辆费用。这是指从事配送运输生产而发生的各项费用，具体包括驾驶员及助手等工资及福利费、燃料、轮胎、修理费、折旧费、养路费、车船税等项目。

（2）营运间接费用。这是指营运过程中发生的不能直接计入各成本计算对象的站、队经费，包括站、队人员的工资及福利费、办公费、水电费、折旧费等内容，但不包括管理费用。

（二）分拣费用

（1）分拣人工费用。这是指从事分拣工作的作业人员及有关人员工资、奖金、补贴等费用的总和。

（2）分拣设备费用。这是指分拣机械设备的折旧费用及修理费用。

（三）配装费用

（1）配装材料费用。常见的配装材料有木材、纸、自然纤维和合成纤维、塑料等。这些包装材料功能不同，成本相差很大。

（2）配装辅助费用。除上述费用外，还有一些辅助性费用，如包装标记、标志的印刷，拴挂物费用等的支出。

（3）配装人工费用。这是指从事包装工作的工人及有关人员的工资、奖金、补贴等费用总和即配装人工费用。

（四）流通加工费用

（1）流通加工设备费用。流通加工设备因流通加工形式不同而不同，购置这些设备所支出的费用，以流通加工费用的形式转移到被加工产品中去。

（2）流通加工材料费用。这是指在流通加工过程中，投入到加工过程中的一些材料消耗所需要的费用，即流通加工材料费用。

（3）在流通加工过程中从事加工活动的管理人员、工人及有关人员工资、奖金等费用的总和。

实际应用中，应该根据配送的具体流程归集成本，不同的配送模式，其成本构成差异较大。相同的配送模式下，由于配送物品的性质不同，其成本构成差异也很大。

### 三、配送成本的核算

配送成本费用的核算是多环节的核算，是各个配送环节或活动的集成。配送各个环节的成本费用核算都具有各自的特点，如流通加工的费用核算与配送运输费用的核算具有明显的区别，其成本计算的对象及计算单位都不同。

配送成本费用的计算由于涉及多环节的成本计算，对每个环节应当计算各成本计算对象的总成本。总成本是指成本计算期内成本计算对象的成本总额，即各个成本项目金额之和。配送成本费用总额是由各个环节的成本组成。其计算公式如下：

配送成本＝配送运输成本＋分拣成本＋配装成本＋流通加工成本

需要指出的是，在进行配送成本费用核算时要避免配送成本费用重复交叉。

### （一）运输成本的核算

配送运输成本的核算是指将配送车辆在配送生产过程中所发生的费用，按照规定的配送对象和成本项目，计入配送对象的运输成本项目中去的方法。运输成本的核算方法在本章第二节已作了详细阐述，这里只作简单介绍。

#### 1. 配送运输成本的数据来源

（1）工资费。根据“工资分配汇总表”中各车型分配的金额，计入成本。

（2）燃料。根据“燃料发出凭证汇总表”中各车型耗用的燃料金额，计入成本。配送车辆在本企业以外的油库加油，其领发数量不作为企业购入和发出处理的，应在发生时按照配送车辆领用数量和金额计入成本。

（3）轮胎。轮胎外胎采用一次摊销法的，根据“轮胎发出凭证汇总表”中各车型领用的金额计入成本；采用按行驶胎公里提取法的，根据“轮胎摊提费计算表”中各车型应负担的摊提额计入成本。发生轮胎翻新费时，根据付款凭证直接计入各车型成本或通过待摊费用分期摊销。内胎、垫带根据“材料发出凭证汇总表”中各车型成本领用金额，计入成本。

（4）修理费。辅助生产部门对配送车辆进行保养和修理的费用，根据“辅助营运费用分配表”中分配各车型的金额，计入成本。

（5）折旧费。根据“固定资产折旧计算表”中按照车辆种类提取的折旧金额，计入各分类成本。

（6）养路费及运输管理费。配送车辆应缴纳的养路费和运输管理费，应在月终计算成本时，编制“配送营运车辆应缴纳养路费及管理费计算表”，据此计入配送成本。

（7）车船税、行车事故损失和其他费用。如果是通过银行转账、应付票据、现金支付的，根据付款凭证等直接计入有关的车辆成本；如果是在企业仓库内领用的材料物资，根据“材料发出凭证汇总表”“低值易耗品发出凭证汇总表”中各车型领用的金额，计入成本。

（8）营运间接费用。根据“营运间接费用分配表”的相关金额，计入有关配送车辆成本。

#### 2. 配送运输成本计算表

物流配送企业月末应编制配送运输成本计算表，以反映配送总成本和单位成本。

配送运输总成本是指成本计算期内成本计算对象的成本总额，即各个成本项目金额之和。单位成本是指成本计算期内各成本计算对象完成单位周转量的成本额。各成本计算对象计算的成本降低额，是指用该配送成本的上年度实际单位成本乘以本期实际周转量计算的总成本，减去本期实际总成本的差额。它是反映该配送运输成本由于成本降低所产生的节约金额的一项指标。

按各成本计算对象计算的成本降低率，是指该配送运输成本的降低额与上年度实际单位成本乘以本期实际周转量计算的总成本比较的百分比。它是反映该配送运输成本降低幅度的一项指标。

各成本计算对象的降低额和降低率的计算公式如下：

$$\text{成本降低额}=\text{上年度实际单位成本}\times\text{本期实际周转量}-\text{本期实际总成本}$$

$$\text{成本降低率}=\frac{\text{成本降低额}}{\text{上年度实际单位成本}\times\text{本期实际周转量}}\times 100\%$$

配送运输成本计算表的格式如图表 5-17 所示。

图表 5-17

**配送运输成本计算表**

编制单位：××配送分公司　　20×7 年 12 月份　　单位：元

| 项目 | 计算依据 | 配送车辆合计 | 配送营运车辆 | | | | | | | |
|---|---|---|---|---|---|---|---|---|---|---|
| | | | 解放 | 东风 | | | | | | |
| 一、车辆费用 | | 171 466 | | | | | | | | |
| 工资 | | 55 404 | | | | | | | | |
| 燃料 | | 51 200 | | | | | | | | |
| 轮胎 | | 4 100 | | | | | | | | |
| 修理费 | | 12 602 | | | | | | | | |
| 折旧 | | 21 340 | | | | | | | | |
| 养路费 | | 18 510 | | | | | | | | |
| 行车事故损失 | | 8 310 | | | | | | | | |
| 其他 | | | | | | | | | | |
| 二、营运间接费用 | | 22 600 | | | | | | | | |
| 三、配送运输总成本 | | 194 066 | | | | | | | | |
| 四、周转量/千吨公里 | | 2 100 | | | | | | | | |
| 五、单位成本/(元/千吨公里) | | 410 | | | | | | | | |
| 六、成本降低率 | | 3.8 | | | | | | | | |

（二）分拣成本的核算

分拣成本是指分拣机械及人工在完成货物分拣过程中所发生的各种费用。

1. 分拣成本项目和内容

（1）分拣直接费用。分拣直接费用包括：工资，指按规定支付给分拣作业工人的标准工资、奖金、津贴等；修理费，指分拣机械进行保养和修理所发生的工料费用；折旧费，指分拣机械按规定计提的折旧费；其他费用，指不属于以上各项的费用。

（2）分拣间接费用。这是指配送分拣管理部门为管理和组织分拣生产，需要由分拣成本负担的各项管理费用和业务费用。

上述分拣直接费用和间接费用构成了配送环节的分拣成本。

2. 分拣成本的计算方法

配送环节的分拣成本的计算方法，是指分拣过程所发生的费用，按照规定的成本计算对象和成本项目，计入分拣成本的方法。

（1）工资费。根据“工资分配汇总表”中分配的金额，计入分拣成本。

（2）修理费。辅助生产部门对分拣机械进行保养和修理的费用，根据“辅助生产费用分配表”中分配的分拣成本金额，计入成本。

（3）折旧费。根据“固定资产折旧计算表”中按照分拣机械提取的折旧金额，计入成本。

（4）其他。根据“低值易耗品发出凭证汇总表”中分拣成本领用的金额，计入成本。

（5）分拣间接费用。根据“配送管理费用分配表”中相关金额，计入分拣成本。

3. 分拣成本计算表

物流配送企业月末应编制配送分拣成本计算表，以反映配送分拣总成本。

配送总成本是指成本计算期内成本计算对象的成本总额，即各个成本项目金额之和。分拣成本的计算可用图表 5-18 进行计算。

图表 5-18

**分拣成本计算表**

编制单位：××配送分公司　　　　20×7 年 12 月份　　　　单位：元

| 项　　目 | 计算依据 | 合　计 | 分　拣　品　种 | | | |
|---|---|---|---|---|---|---|
| | | | 货物甲 | 货物乙 | | |
| 一、分拣直接费用 | | 12 214 | | | | |
| 工资 | | 6 954 | | | | |
| 修理费 | | 1 160 | | | | |

（续表）

| 项　　　　目 | 计算依据 | 合　计 | 分　拣　品　种 | | | |
|---|---|---|---|---|---|---|
| | | | 货物甲 | 货物乙 | | |
| 折旧 | | 2 700 | | | | |
| 其他 | | 1 400 | | | | |
| 二、分拣间接费用 | | 3 970 | | | | |
| 分拣总成本 | | 16 184 | | | | |

（三）配装成本的核算

配装成本是指在完成配装货物过程中所发生的各种费用。

1. 配装成本项目和内容

（1）配装直接费用。配装直接费用包括：工资，指按规定支付的配装作业工人的标准工资、奖金、津贴；材料费用，指配装过程中消耗的各种材料，如包装纸、箱、塑料等；辅助材料，指配装过程中耗用的辅助材料，如标志、标签等；其他费用，指不属于以上各项的费用，如配装工人的劳保用品费等。

（2）配装间接费用。这是指配送配装管理部门为管理和组织配装生产所发生的各项费用，由配装成本负担的各项管理费用和业务费用。

上述配装直接费用和配装间接费用构成了配装成本。

2. 配装成本的计算方法

配送环节的配装活动是配送的独特要求，其成本的计算方法，是指配装过程中所发生的费用按照规定的成本计算对象和成本项目进行计算的方法。

（1）工资费。根据“工资分配汇总表”中分配的配装成本的金额，计入成本。

（2）材料费用。根据“材料发出凭证汇总表”“领料单”及“领料登记表”等原始凭证配装成本耗用的金额，计入成本。

直接材料费用中，材料费用数额是根据领料凭证汇总编制“耗用材料汇总表”确定的；在归集直接材料费用时，凡能分清某一成本计算对象的费用，应单独列出，以便直接计入该配装对象的成本计算单中；属于几个配装成本对象共同耗用的直接材料费用，应当选择适当的方法，分配计入各配装成本计算对象的成本计算单中。

（3）辅助材料费用。根据“材料发出凭证汇总表”“领料单”中的金额，计入成本。

（4）其他费用。根据“材料发出凭证汇总表”“低值易耗品发出凭证”中配装成本领用的金额，计入成本。

（5）配装间接费用。根据“配送间接费用分配表”的相关金额，计入配装成本。

3. 配装成本计算表

物流配送企业月末应编制配送环节配装成本计算表，以反映配装过程发生的成本费用总额。

配装作业是配送的独特要求，只有进行有效的配装，才能提高送货水平，降低送货成本。图表 5-19 所示为配装成本计算表。

图表 5-19

**配装成本计算表**

编制单位：××配送分公司　　20×7 年 12 月份　　单位：元

| 项目 | 计算依据 | 合计 | 配装品种 | | | |
|---|---|---|---|---|---|---|
| | | | 货物甲 | 货物乙 | | |
| 一、配装直接费用 | | 25 614 | | | | |
| 工资 | | 8 094 | | | | |
| 材料费 | | 12 300 | | | | |
| 辅助材料费 | | 3 600 | | | | |
| 其他 | | 1 620 | | | | |
| 二、配装间接费用 | | 4 580 | | | | |
| 配装总成本 | | 30 194 | | | | |

（四）流通加工成本的核算

1. 流通加工成本项目和内容

（1）直接材料费。流通加工的直接材料费用是指对流通加工产品加工过程中直接消耗的材料、辅助材料、包装材料以及燃料和动力等费用。与工业企业相比，在流通加工过程中的直接材料费用，占流通加工成本的比例不大。

（2）直接人工费用。流通加工成本中的直接人工费用，是指直接进行加工生产的生产工人的工资。生产工人工资包括计时工资、计件工资、奖金、津贴和补贴、加班工资、非工作时间的工资等。

（3）制造费用。流通加工制造费用是物流中心设置的生产加工单位为组织和管理生产加工所发生的各项间接费用。主要包括流通加工生产单位管理人员的工资及福利费，生产加工单位房屋、建筑物、机器设备等的折旧和修理费、生产单位固定资产租赁费、机物料消耗、低值易耗品摊销、取暖费、水电费、办公费、差旅费、保险费、试验检验费、季节性停工和机器设备修理期间的停工损失以及其他制造费用。

2. 流通加工成本项目的归集

（1）直接材料费用的归集。直接材料费用中，材料和燃料费用数额是根据全部领料凭证汇总编制的“耗用材料汇总表”确定的；外购动力费用是根据有关凭证确定的。

在归集直接材料费用时，凡能分清某一成本计算对象的费用，应单独列出，以便直接计入该加工对象的成本计算单中；属于几个加工成本对象共同耗用的直接材料费用，应当选择适当的方法，分配计入各加工成本计算对象的成本计算单中。

（2）直接人工费用的归集。计入成本中的直接人工费用的数额，是根据当期“工资结算汇总表”来确定的。

“工资结算汇总表”是进行工资结算和分配的原始依据。它是根据“工资结算单”按人员类别（工资用途）汇总编制的。“工资结算单”应当依据职工工作卡片、考勤记录、工作量记录等工资计算的原始记录编制。

（3）制造费用的归集。制造费用是通过设置制造费用明细账，按照费用发生的地点来归集的。制造费用明细账按照加工生产单位开设，并按费用明细账项目设专栏组织核算。流通加工制造费用表的格式可以参考工业企业的制造费用表的一般格式。由于流通加工环节的折旧费用、固定资产修理费用等占成本比例较大，其费用归集尤其重要。

3. 流通加工成本计算表

物流配送企业月末应编制流通加工成本计算表，以反映配送总成本和单位成本。配送环节的流通加工成本是指成本计算期内成本计算对象的成本总额，即各个成本项目金额的总和。图表5-20为流通加工成本计算表。

图表5-20

**流通加工成本计算表**

编制单位：××配送分公司　　　　20×7年12月份　　　　单位：元

| 项　　目 | 计算依据 | 合　计 | 流通加工品种 | | | |
|---|---|---|---|---|---|---|
| | | | 产品甲 | 产品乙 | | |
| 直接材料 | | 12 400 | | | | |
| 直接人工 | | 6 800 | | | | |
| 制造费用 | | 4 700 | | | | |
| 合　　计 | | 23 900 | | | | |

## 第五节　包装成本的管理与核算

包装作为物流企业的构成要素之一，与运输、保管、搬运、流通加工均有十分密切的关系。包装是生产的终点，同时又是物流的起点。因而对包装环节进行管理与核算是物流企业财务会计的重要内容。

## 一、包装的分类

国家标准物流术语对包装的定义为，为在流通过程中保护产品、方便运输、促进销售，按一定技术方法而采用的容器、材料及辅助物等的总体名称。包装也指为了达到上述目的而采用的容器、材料和辅助物的过程中施加一定技术方法等的操作活动。

包装的门类繁多，品种复杂，这是由于要适应各种物资性质的差异和不同运输工具等各种不同的要求和目的，使包装在设计、选料、包装技法、包装形态等方面出现了多样化。

### （一）按包装功能不同分类

按包装的功能，包装可分为工业包装和商业包装两个大类。

#### 1. 工业包装

工业包装是以运输、保管为主要目的的包装，也就是从物流需要出发的包装，亦称运输包装，是一种外部包装（包含内部包装）。工业包装的主要作用是具有保护功能、定量或单位化功能、便利功能和效率功能。

#### 2. 商业包装

商业包装也叫零售包装或消费者包装，主要是根据零售业的需要，作为商品的一部分或为方便携带所作的包装，亦即所谓逐个包装。

商业包装的主要功能是定量功能、标识功能、商品功能、便利功能和促销功能。其主要目的在于促销或便于商品在柜台上零售或为了提高作业效率。

这里应注意，在有些情况下工业包装同时又是商业包装，比如装橘子的纸箱子（15 千克装）应属工业包装，连同箱子出售时，也可以认为是商业包装。为使工业包装更加合理并为促进销售，在有些情况下，也可以采用商业包装的办法来做工业包装，如家电用品就是兼有商业包装性质的工业包装。

### （二）按包装层次不同分类

按包装的层次，包装可分为内包装和外包装两大类。

#### 1. 内包装

内包装又称销售包装，其作用与功能主要是：保护商品、宣传、美化、便于陈列、识别、选购、携带和使用。内包装主要分为陈列类（堆叠式、吊挂式、展开式）、识别类（透明式、开窗式、封闭式）和使用类（普通式、便携式、礼品式、易开式、喷挤式、复合式）。

#### 2. 外包装

外包装主要是方便运输、装卸和储运，减少损耗、牢固完整、便于检核。在包装中应选择合适的包装造型、材料、体积、轻重或印制条形码。外包装又有单件包装（箱、包、袋、捆、桶）和集合包装（集装包、集装箱、托盘）两类。

## 二、包装费用的管理

包装作为生产的终点和物流的起点，因而其包装的实施过程可能在生产企业，也可能在物流企业。无论其为工业包装还是商业包装，都需耗用一定的人力、物力和财力，对于大多数商品，只有经过包装，才能进入流通。据统计，包装费用占流通费用的10%，有些商品特别是生活消费品，其包装费用所占比例高达40%～50%。因而加强其包装费用的管理与核算，可以降低物流成本，进一步提高物流企业经济效益。

### （一）包装费用的构成

在物流过程中，几乎大多数商品都必须经过一定的包装后才能进行流转。因而，为了方便商品正常流转，通常企业都会发生一定的包装费用。对于物流企业来说，其包装费用一般由如下几方面构成。

1. 包装材料费用

各类物资在实施包装过程中耗费在材料费用支出上的费用称为包装材料费用。常用的包装材料种类繁多，功能亦各不相同，企业必须根据各种物资的特性，选择适合的包装材料，既要达到包装效果，又要合理节约包装材料费用。

2. 包装机械费用

包装过程中使用机械作业可以极大地提高包装作业的劳动生产率，同时可以大幅度提高包装水平。使用包装机械（或工具）就会发生购置费用支出和日常维护保养费支出等。这些都构成了物流企业的包装机械费用。

3. 包装技术费用

为了使包装的功能能够充分发挥作用，达到最佳的包装效果，因而包装时，也需采用一定的技术措施。比如，实施缓冲包装、防潮包装、防霉包装等。这些技术的设计、实施所支出的费用，合称包装技术费用。

4. 包装人工费用

在实施包装过程中，必须有工人或专业作业人员进行操作。对这些人员发放的计时工资、计件工资、奖金、津贴和补贴等各项费用支出，构成了包装人工费用支出。但是不包括这些人员的劳动保护费支出。

5. 其他辅助费用

除了上述主要费用以外，物流企业有时还会发生一些其他包装辅助费用，如包装标记、包装标志的印刷、拴挂物费用的支出等。

### （二）包装费用的管理

包装环节管理的好坏，包装费用支出的节约与否，直接影响着物流企业的经济效益。因而，对于物流企业来说，加强包装费用的管理十分重要。物流企业包装费用的管理通常包括下列几个方面：

（1）合理选择包装材料，降低包装费用。选择适合具体物资的包装材料，既能达到包装效果，又能减少浪费，降低材料费用支出。

(2) 实现包装规格的标准化。通过标准化，可以提高包装过程的效率，减少人工费用和材料费用支出，同时也方便物流过程中的装卸和运输。

(3) 实现包装机械化。对于有条件的企业和物资，实现机械化包装可以大幅度地提高效率，从而降低各项费用支出。

(4) 在有条件的情况下组织散装运输。物流企业应该根据各类物资的性能和特点，对适合进行散装运输的物资直接组织运输，这样可大幅减少包装费用支出。

除此之外，企业还应加强包装过程中的日常管理与核算，注意做好包装物回收和旧包装的利用等。

（三）物流包装成本的降低途径

1. 防止包装过剩，删除不必要包装

防止包装物强度设计过高，如包装材料截面过大，包装方式大大超过强度要求等；包装材料选择不当，选择过高，如可以用纸板却不用而采用镀锌、镀锡材料等；包装技术过高，包装层次过多，包装体积过大；包装成本过高，一方面可能使包装成本支出大大超过减少损失可能获得的效益，另一方面包装成本在商品成本中比重过高，损害了消费者利益。据日本的调查，目前发达国家包装过剩问题严重，约在20%以上。

2. 防止包装不足，弥补不足包装

包装强度不足，使包装防护性不足，造成被包装物的损失；包装材料水平不足，由于包装材料选择不当，材料不能很好承担运输防护及促销作用；包装容器的层次及容积不足，由于缺少必要层次与不足所需体积造成损失；包装成本过低，不能保证有效的包装。比如，全国水泥破袋率为12%～20%，全国平板玻璃破损率为18%～20%。据1988年全国包装大检查统计分析表明：由于包装不足引起的损失，1年达到100亿元以上。

3. 新包装材料和包装器具的开发

利用各种复合技术、包装容器技术大量开发新包装材料和容器，达到包装物的高功能化，用较少的材料实现多种包装功能。

4. 包装机械化

包装的机械化除可提高劳动生产率，从而降低包装费用外，还可通过采用机械，减少包装作业所需的员工总数，实现省力化，大大地缩减包装人员的劳动工资费用。

5. 包装的标准化

实现包装规格的标准化，不仅能促进包装工业生产规模化的发展，而且通过规模化生产能使得包装材料的单元消耗下降，使得包装成本得到大幅度的下降。

6. 包装单位的大型化和集装化

包装的大型化和集装化有利于装卸搬运、保管、运输等过程的机械化，有利于减少单位包装，节约包装材料和包装费用，有利于保护货物。比如，采用集装箱、集装袋、托盘等集装方式。

7. 采用通用、周转包装

采用通用包装，不用专门安排回收使用，无论在何处，都可转用于其他包装。如按标准模数尺寸制造的瓦楞纸、纸板及木制、塑料制等通用外包装箱。采用周转包装，可多次反复周转使用。比如，有一定数量规模并有较固定供应流转渠道的产品(饮料、啤酒瓶等)。

8. 包装梯级利用及再生利用

使用过一次的包装物可转做他用或经简单处理后转做他用。如瓦楞纸箱部分损坏后，切成较小的纸板再制小箱，或将纸板用于垫衬。有的包装物在设计时，设计成多用途的，在一次使用完毕之后，可再使用其他功能。

**三、包装费用的核算**

(一) 物流包装费用的计算

对于直接费用，依据各种凭证汇总表、分配表、计算表及有关原始凭证直接计入包装成本，如包装作业中的人工费、材料费、折旧、修理费、设计费等。对于间接费用，可通过一定的方法分配计入各项包装费用，如在包装作业过程中的组织、经营管理等方面发生的费用。

(1) 工资福利费。包装成本中直接人工费用的数额，是根据当期"工资结算汇总表"和"职工福利费计算表"来确定的。

"工资结算汇总表"是进行工资结算和分配的原始依据。它是根据"工资结算单"按人员类别(工资用途)汇总编制的。"工资结算单"应当依据职工工作卡片、考勤记录、工作量记录等工资计算的原始记录编制。

"职工福利费计算表"是依据"工资结算汇总表"确定的各类人员工资总额，按照规定的提取比例计算后编制的。

(2) 材料费用。直接材料费用中，材料费用的数额是根据全部领料凭证汇总编制的"耗用材料汇总表"确定的；外购动力费用是根据有关凭证确定的。

在归集直接材料费用时，凡能分清某一成本计算对象的费用，应单独列出，以便直接计入该加工对象的成本计算单中；属于几个加工成本对象共同耗用的直接材料费用，应当选择适当的方法，分配计入各加工成本计算对象的成本计算单中。

(3) 修理费。由专职包装机械维修工进行维修的工料费直接计入包装成本，由配送中心的维修车间进行维修的工料费，可通过相应账户归集，期末分摊入包装成本。维修过程中所领用的材料依据材料出库凭证直接计入包装成本。

(4) 折旧。按固定资产规定的折旧基数和折旧率计算，分别计入包装成本。影响该项折旧的因素主要有包装机械的原值、净残值、折旧方法及使用年限等。

(5) 设计费。包装设计分自创和外购两种情况，外购的直接根据相关原始凭证核算计入包装成本，自创技术根据设计过程中领用的材料及参与的人工费用及其他费用合并计入包装成本。

(6) 租赁费。依据租赁合同将本期应分摊的金额计入包装成本。

(7) 工具费。包装过程中的工具费用按照所领用的低值易耗品的性能，用五五摊销法、一次性摊销或多次摊销计入当期成本。

(8) 其他直接费用。按照发生时所取得的原始凭证直接列入当期成本。

(9) 包装间接费用。按照相关费用的分配表列入当期包装成本。

包装总成本计算出来后，可依据包装物品的数量计算出其单位成本，为成本的分析及售价的确定提供依据。

期末，物流企业应编制包装成本计算表，样表参考图表 5-21。

图表 5-21

**某物流企业包装成本计算表**

| 项目 | 包装对象 | | | 合计 |
|---|---|---|---|---|
| | 甲产品 | 乙产品 | 其他产品 | |
| 一、包装直接费用 | | | | |
| 工资福利费 | | | | |
| 材料费 | | | | |
| 折旧费 | | | | |
| 维护保养费 | | | | |
| 租赁费 | | | | |
| 工具费 | | | | |
| 设计费 | | | | |
| 其他费用 | | | | |
| 二、包装间接费用 | | | | |
| 包装成本合计 | | | | |

在物流包装成本的分析与考核中，应注意以下三点：① 包装成本作为一种服务性成本，其水平高低应以市场需求为基点。② 包装成本的降低必须以保证商品运输、储存安全、方便装卸搬运为基础。③ 包装成本的考核不仅要强调企业利益，更要注重社会利益。

(二) 包装费用的会计处理

包装费用可能发生在不同的物流环节，也可能发生在不同的企业。根据我国现行会计制度和法规政策，物流企业必须根据《企业会计制度》的要求组织会计核算，对于发生于物流诸环节的包装费用应区分费用的性质和项目记入“销售费用”总分类账户及其相关的明细账户。

“销售费用”账户，主要核算物流企业在进货过程中发生的运输费、装卸费、包装费、保险费、运输中的合理损耗和入库前的挑选整理费等。该账户借方登记物流企业进货过程中发生的运输费、装卸费、包装费、保险费、运输中的合理损耗和入库前的挑选整理费等，月度终了，将本期的营业费用全部从本账户的贷方转入“本年利润”账户。该账户可以根据物流企业业务不同的特点下设明细账户。

**【例 5-24】** 上海申通物流公司在对 D 类商品进行运输前进行分类包装和运输包装，领用包装材料 2 500 元，应支付包装人员工资费用1 200元，以现金支出其他包装费用 600 元。作会计分录如下：

| | | |
|---|---|---|
| 借：销售费用——包装费 | 4 300 | |
| 　贷：原材料 | | 2 500 |
| 　　应付职工薪酬 | | 1 200 |
| 　　库存现金 | | 600 |

**【例 5-25】** 月末，上海申通物流公司对一台包装机械计提折旧，该包装机械原值 20 000 元，净残值率为 4%，年折旧率为 12%。

该机械应计提折旧额＝20 000×(1－4%)×12%×1÷12＝192(元)

企业应作会计分录如下：

| | | |
|---|---|---|
| 借：销售费用——包装费 | 192 | |
| 　贷：累计折旧 | | 192 |

**【例 5-26】** 该月，上海申通物流公司为包装加工完成的商品，领用一次使用的包装箱 30 只，该包装箱每只单位成本为 50 元，共计1 500元。作会计分录如下：

| | | |
|---|---|---|
| 借：销售费用——包装费 | 1 500 | |
| 　贷：周转材料——包装物 | | 1 500 |

## 第六节　堆存与代理成本的管理与核算

### 一、堆存业务

物流企业的堆存业务是指堆存作业部门从接运物资起，经过验收，将物资存放于堆场或仓库，进行保管保养，直至将物资发运给客户的作业过程。物流企业堆存业务在物流过程中占有一定的比重，在堆存业务作业活动过程中，必然发生一定的费用耗费。堆存业务活动的主要费用有：场地费、仓租费、维护保养费、货物保管费、物资损失费、资金占用费等。同时，企业承接堆存业务也将取得相应的收入。

合理做好堆存业务的管理与核算，有利于扩大企业经营业务收入，降低成本费用消耗和支出，对物流企业提高经济效益，有着十分重要的意义。

**二、代理业务**

现代物流企业与传统运输企业、物资储运企业、商品流通企业的主要区别在于，将传统各类企业单一服务功能进行有效整合，使其自身的服务功能得以扩展、完善和提高。现代物流企业除具有物资运输、装卸搬运、堆存等基本职能外，还具备了货运代理、物流加工、配送等扩展功能。其中，货运代理业务也是物流企业经营活动过程中的重要环节。

代理业务是指现代物流企业为客户的物资流转办理中介服务。在代理业务过程中将取得代理收入并发生相应的消耗和费用支出。代理业务收入是指物流企业办理联运业务及其为其他物流企业办理代理中介业务而收取的手续费等收入，代理业务支出是指企业从事代理业务所发生的营业站点管理费用、人员费用、业务费用等支出。

物流企业必须做好代理业务收支的管理与核算工作。

**三、堆存与代理业务收支的核算**

堆存业务和货运代理业务均属于物流企业主营业务范围，为了正确地记录和核算物流企业堆存业务与货运代理业务活动中所发生的经营收入和成本支出，企业必须通过"主营业务收入""主营业务成本""销售费用"等总分类账户，并设置有关明细分类账户进行核算。

**【例 5-27】** 根据全月营业收入汇总表，上海申通物流公司本月份实现堆存收入 80 000 元，货运代理业务收入 120 000 元，营业款项均已解入银行(增值税税率 6%)。

企业应作会计分录如下：

| | | |
|---|---|---|
| 借：银行存款 | 212 000 | |
| 贷：主营业务收入——堆存收入 | | 80 000 |
| ——代理收入 | | 120 000 |
| 应交税费——应交增值税(销项税额) | | 12 000 |

**【例 5-28】** 本月份，上海申通物流公司发生场地维护费 8 000 元，保管人员工资 6 400 元，另以现金支付其他管理费用 2 100 元。

企业应作会计分录如下：

| | | |
|---|---|---|
| 借：主营业务成本——堆存成本 | 14 400 | |
| 销售费用——堆存费 | 2 100 | |
| 贷：银行存款 | | 8 000 |
| 应付职工薪酬 | | 6 400 |
| 库存现金 | | 2 100 |

【例 5-29】 在货运代理业务活动中，应负担业务人员工资 26 000 元，以银行存款支付业务费 19 000 元。

企业应作会计分录如下：

借：主营业务成本——代理成本 45 000
　贷：应付职工薪酬 26 000
　　银行存款 19 000

【例 5-30】 上海申通物流公司支付本季度向华光工厂租入堆存用仓库的租金 36 000元。企业应作会计分录如下：

（1）预付租金时：

借：预付账款——华光工厂 36 000
　贷：银行存款 36 000

（2）月末，摊销租金时：

借：主营业务成本——堆存成本 12 000
　贷：预付账款——华光工厂 12 000

## 单项选择题

1. 物流活动中所消耗的物化劳动和活劳动的货币表现称为（　　）。

A. 物流成本　B. 物流收益　C. 物流价值　D. 物流价格

2. 一般来讲，产品的价值越大，对其所需使用的运输工具要求越高，仓储和库存成本也随着产品价值的（　　）。

A. 增加而减少　B. 增加而增加

C. 增加而不变　D. 减少而增加

3. 降低物流成本是企业的（　　）。

A. 第一利润源泉　B. 第二利润源泉

C. 第三利润源泉　D. 第四利润源泉

4. 物流成本可以按其所处领域的不同分为生产企业物流成本和（　　）物流成本。

A. 流通企业　B. 运输企业　C. 配送企业　D. 销售企业

5. 现代物流的一个显著特征，是追求（　　）的最小化。

A. 物流效益　B. 物流价格

C. 物流总成本　D. 物流价值

## 多项选择题

1. 影响物流成本的因素有(　　)。

A. 产品因素　　B. 时间因素

C. 空间因素　　D. 竞争性因素

E. 人为因素

2. 按照流通环节分类,物流成本可分为运输成本、(　　)和物流信息管理成本等。

A. 仓储成本　　B. 包装成本

C. 装卸搬运成本　　D. 流通加工成本

E. 配送成本

3. 仓储成本主要包括(　　)。

A. 仓储持有成本　　B. 分拣费用

C. 订货或生产准备成本　　D. 缺货成本

E. 在途库存持有成本

4. 包装成本的构成一般包括(　　)。

A. 包装材料费用　　B. 包装机械费用

C. 包装辅助费用　　D. 包装人工费用

E. 包装技术费用

## 名词解释

1. 物流成本　　2. 物流成本计划　　3. 配送

4. 物流工程质量　　5. 商业包装　　6. 堆存业务

## 思考题

1. 试述生产企业物流成本的构成。

2. 企业物流成本管理包括哪些内容?

3. 简述物流质量的内涵。

4. 物流运输成本通常包括哪些项目?

5. 加强运输成本管理必须做好哪些基础工作?

6. 试述配送服务通常有哪些方式?

7. 实际大修理与预提大修理为什么会发生差异？其差异应如何调整？
8. 运输企业的营运间接费用应如何进行归集与分配？
9. 运输总成本和单位成本怎样计算确定？
10. 装卸成本项目如何划分？
11. 装卸机械的轮胎费和修理费怎样计入装卸成本？
12. 物流企业的配送成本有哪些方面构成？
13. 如何做好物流企业装卸费用的管理？

# 习　　题

## 习　题　一

**(一) 目的**　练习运输成本的核算。

**(二) 资料**

1. 某物流公司的营运生产单位有车站、货车一队和货车二队等。运输成本按货车一队、货车二队运输成本分类计算。车站、车队等基层营运单位的管理和业务费用合并设账归集和统一分配。

2. 20×8 年 1 月份车辆营运车日总计为 2 200 车日，其中：货车一队为 1 000 车日，货车二队为 1 200 车日。当月完成的货车一队运输周转量为 8 800 千吨公里，货车二队运输周转量为 1 220 千吨公里。

3. 当月发生下列有关经济业务：

(1) 10 日，以现金支付公司办公费 1 000 元，车站和各车队队部办公费 800 元。

(2) 15 日，以银行存款支付水电费 3 000 元，公司应负担 1 800 元，车站及车队应负担 1 200 元。

(3) 31 日，本月结算应付有关人员工资如下：货车一队：司机及助手 68 400 元，保修工人 2 850 元。货车二队：司机及助手 79 800 元，保修工人 3 420 元。车站、各车队管理人员 15 390 元。公司管理人员20 520元。

(4) 31 日，设公司车存燃料采用盘存制管理方法，本月经盘点计算，燃料耗用的计划成本为：货车一队 150 000 元，货车二队 185 000 元，公司交通车 5 000 元。本月燃料成本差异率为 1%。

(5) 31 日，本月外胎摊提额经计算为：货车一队 11 900 元，货车二队 13 600 元，公司交通车 360 元。

(6) 31 日，本月轮胎领用的计划成本经汇总如下：货车一队：外胎12 000元，内胎、垫带2 000元；货车二队：外胎16 000元，内胎、垫带3 000元。本月轮胎成本差异率为 2%，内胎、垫带等材料成本差异率为 1%。

(7) 31 日，本月保养场分配转入轮胎零星修补费，货车一队1 740 元，货车二队2 850元。

(8) 31 日，本月保养场分配转入外胎翻新费，货车一队 2 500 元，货车二队 3 800 元。经计算，本月外胎计划翻新费为：货车一队2 400 元，货车二队 3 600 元。

(9) 31 日，本月备品配件、润料等材料耗用的计划成本经汇总如下：货车一队保修班 18 000 元，货车二队保修班 22 000 元。本月备品配件等材料成本差异率为 1%。

(10) 31 日，本月根据车辆计提大修理费计算表，调整后的大修理费计提额为：货车一队 15 500 元，货车二队 14 200 元，公司交通车 480 元。本月保养场分配转入大修理费用，货车一队为 17 000 元，货车二队为 23 000 元。

(11) 31 日，本月计提固定资产折旧额中：货车一队 62 100 元，货车二队为 60 500 元，车站及车队用固定资产 1 400 元，公司用固定资产6 700元。

(12) 31 日，通过银行存款缴纳车辆养路费 130 880 元，其中：货车一队 92 000 元，货车二队 36 000 元，公司交通车 2 880 元。

(13) 31 日，通过银行付款，缴纳营运车辆管理费、车辆牌照和检验费、车船税、行车事故的有关费用等共 48 800 元，其中：货车一队13 000元，货车二队 35 800 元。

(14) 31 日，开出现金支票支付有关人员报销的费用，货车一队司机途中宿费 470 元，货车二队司机途中宿费 1 210 元，车站及车队管理人员差旅费 1 010 元。

(15) 31 日，本月发生的营运间接费用按营运车日分配计入各类运输成本。

**(三) 要求**

1. 编制营运间接费用分配表(格式如图表 5-11)。
2. 编制会计分录(同时列示明细账户和成本项目)。
3. 开设并登记营运间接费用明细账(格式如图表 5-10)。
4. 开设并登记运输支出明细账(格式如图表 5-12、5-13)。
5. 编制 20×8 年 1 月份运输成本计算表(格式如图表 5-14)。

## 习 题 二

**(一) 目的** 练习物流企业装卸成本的计算。

**(二) 资料**

1. 设某物流公司的营运生产单位除习题一所设的车站、货车一队、货车二队外，还有装卸队。装卸队分设机械装卸队和人工装卸队，请分别计算装卸成本。

2. 20×8 年 1 月份完成机械装卸作业量 130 千操作吨，人工装卸作业量 70 千操作吨。

3. 设装卸队的管理与业务费用与车站、车队合并设账核算，当月发生营运间接费用总额为 24 442 元，当月货车一队运输和货车二队运输的直接成本分别为 440 000 元和 460 000 元。装卸支出明细账，已登记的各项直接成本如图表 5-22 和图表 5-23 所示。

图表 5-22

**装卸支出明细账**

明细账户：机械

| 20×8年 | | 凭证号 | 摘要 | 直接人工 | 直接材料 | | 其他直接费用 | | | 营运间接费用 | 合计 |
|---|---|---|---|---|---|---|---|---|---|---|---|
| 月 | 日 | | | | 燃料及动力 | 轮胎 | 保修费 | 折旧费 | 其他费用 | | |
| 1 | 31 | （略） | 人工费 | 29 070 | | | | | | | 29 070 |
| | | | 燃料、动力 | | 45 000 | | | | | | 45 000 |
| | | | 轮胎 | | | 6 000 | | | | | 6 000 |
| | | | 保修费 | | | | 30 000 | | | | 30 000 |
| | | | 折旧费 | | | | | 35 000 | | | 35 000 |
| | | | 其他 | | | | | | 970 | | 970 |
| | | | 间接费 | | | | | | | | |
| 1 | 31 | | 合计 | | | | | | | | |

图表 5-23

**装卸支出明细账**

明细账户：人工

| 20×8年 | | 凭证号 | 摘要 | 直接人工 | 直接材料 | | 其他直接费用 | | | 营运间接费用 | 合计 |
|---|---|---|---|---|---|---|---|---|---|---|---|
| 月 | 日 | | | | 燃料及动力 | 轮胎 | 保修费 | 折旧费 | 其他费用 | | |
| 1 | 31 | （略） | 人工费 | 50 160 | | | | | | | 50 160 |
| | | | 燃料、动力 | | 5 000 | | | | | | 5 000 |
| | | | 保修费 | | | | 5 500 | | | | 5 500 |

**（三）要求**

1. 分配营运间接费用，并编制会计分录。
2. 登记装卸支出明细账（仅登记分配的营运间接费用）。
3. 编制 20×8 年 1 月份装卸成本计算表（格式如图表 5-16）。

# 第六章　流动负债的管理与核算

**本章提要**

本章主要阐述流动负债的基本理论以及短期借款、应付票据、应付职工薪酬、应交税费的管理和核算方法。通过本章学习，学员应了解企业流动负债的构成，明确短期借款、营业税金、应付票据、应付职工薪酬管理的重要性，掌握主要流动负债的核算方法。

## 第一节　流动负债概述

### 一、负债的概念与特征

物流企业在经营过程中，其所需资金的来源除所有者投入的资本以及在企业经营中取得而未分配的留存收益外，还有从外部吸收借入的各项负债，这部分负债是物流企业的债权人权益。为了使企业经营活动拥有足够的资金，物流企业有必要从外界吸收一定限度的资金，因而会发生各项应付款项。企业应合理调度、使用这类资金，以确保各项应付款项能及时清偿并发挥其使用效益。为此，物流企业应做好各种应付款项的核算工作，如实反映各项款项的增减变动和结余情况，为合理安排调度资金提供必要的会计信息。

（一）负债的概念

负债是指物流企业过去的交易或事项形成的现时义务，履行该义务预期会导致经济利益流出企业。负债又称为债权人权益，它表示物流企业对债权人所承担的债务。负债一般产生于物流企业的经营过程之中，它必须以未来的货币资金或实物资产进行清偿。负债按其偿还期限的长短分为流动负债和非流动负债两大类。

（二）负债的特征

物流企业的负债具有以下几个基本特征：

（1）负债是物流企业的现时义务。负债作为物流企业的一种义务是由物流企业过去的交易或者事项形成的、现已承担的义务。物流企业在将来要发生的交易或者事项可能产生的债务，不能作为会计上的负债处理，如物流企业与供货单位签订的将来可能形成负债的供货合同，在当前就不能将其作为一项负债。

（2）负债将要由物流企业在未来某个时日加以清偿。其清偿方式一般由企业的货币资产来完成，特殊情况下也可采用其他资产进行清偿。

（3）负债的清偿预期会导致经济利益流出物流企业。无论负债对应的现时义务是法定义务还是其他义务，其履行均会导致物流企业经济利益的流出。具体表现为交付资产、提供劳务、将一部分股权转让给债权人等。对此，物流企业不能或很少可以回避。从这个意义上讲，如果物流企业能够回避的义务，则不能相应地确认为一项负债。

## 二、流动负债的概念与特点

### （一）流动负债的概念

流动负债是指企业必须在1年以内或者超过1年的一个营业周期以内偿还的债务。从理论上说，流动负债与流动资产是密切相关的，通过两者的比较可以大致了解物流企业的短期偿债能力和清算能力。流动负债包括：短期借款、应付账款、应付票据、应付职工薪酬、应交税费、应付股利、其他应付款等。

物流企业的流动负债有些是由过去交易所产生的债务，如赊购商品或向银行借款等；有些是因有关法律规定而形成的债务，如物流企业按税法应缴纳的税金，应付职工的休假工资等；有些是将来可能会因某种情况或事故的发生而形成的潜在债务，也称为或有负债，如应收票据贴现、待决诉讼费用等。但无论哪类负债，只要形成，物流企业都必须在未来某个时日通过转让资产或提供劳务来履行其清偿责任。因此，一般来说，流动负债必须能够以货币计量，并且都有确定或者可以估计确认的收款人和偿付日期。

### （二）流动负债的特点

除具有负债的基本特征外，流动负债还具有以下特点：

（1）偿还期限短，流动负债一般是指偿还期在1年以内或者超过1年的一个营业周期之内必须偿还的债务。

（2）举债目的是为了满足经营周转资金的需要。流动负债的资金来源一般是用以补充企业经营过程中流动资金的需要。

（3）负债的数额相对较小。与非流动负债比较而言，流动负债具有金额小、期限短的特点。

（4）一般以物流企业的流动资金来偿付。流动负债的偿还一般是以企业的货币资产或其他流动性实物资产来完成的。

物流企业应根据流动负债的特点，加强对流动负债的管理与核算，及时筹措资金，按期偿还各项债务，严格遵守信贷和结算纪律，加速资金周转。

综上所述，流动负债核算的要求是：

（1）正确反映各种流动负债的形成和偿还情况，监督物流企业各项流动负债的增减变动情况，做好各项负债的偿还和清理工作。

(2) 合理调剂使用各项流动负债所形成的资金来源,促使其发挥最佳资金使用效率,提高企业经济效益。

(3) 按照权责发生制正确结算各项负债的资金成本。对于必须承担利息费用的流动负债,应该核算其资金成本,并为筹措资金提供决策依据。

## 第二节 短期借款的管理与核算

### 一、短期借款概述

(一) 短期借款的概念

短期借款是指物流企业借入的偿还期限在1年以内的各种借款。短期借款一般是物流企业为维护正常的生产经营所需而借入的或者为抵偿某项债务而借入的款项。短期借款的债权人一般为银行或其他金融机构。

物流企业向银行借入款项必须按照银行规定的程序提出申请,接受银行审核并签订人民币短期借款合同协议后,才能借入贷款,按期支付贷款利息,并按规定的借款期限及时归还,遵守国家规定的信贷结算纪律。

(二) 短期借款的种类

现阶段物流企业的短期借款主要包括以下几种:

(1) 临时周转借款。一般指物流企业由于临时性或季节性经营等原因,造成流动资金不足,而向银行申请取得的临时借款。这类借款的期限一般不应超过6个月。

(2) 票据贴现借款。这是指持有商业汇票的物流企业,在流动资金周转发生困难时,持尚未到期的商业汇票向银行申请票据贴现而取得的借款。这类借款的归还期限具有比较严格的规定,一般不能够超过3个月。

(3) 结算借款。这是指物流企业采用托收承付结算方式销售商品时,从发出商品委托银行收款,到银行通知购货单位付款之前,企业为解决结算资金占用造成的资金短缺,以托收承付结算凭证作保证而向银行申请取得的借款。

### 二、短期借款的管理

短期借款在物流企业的流动负债中往往占有较大比重,加强短期借款的管理与核算,对于加速商品周转,节约使用资金,减少利息费用的支出,提高企业经济效益,具有十分重要的促进作用。物流企业加强短期借款管理,必须按照借款管理的有关制度和要求,遵守以下几项具体规定。

1. 借款必须有计划

物流企业向银行或其他金融机构借款时,应按照有关规定编制年度、季度借款计划,并按计划取得借款。如果业务变化需要增加借款时,应该按照规定程序报送追加借款的计划,经银行或其他金融机构审批后,才能增加借款数额。

2. 借款必须有担保

物流企业的借款一般都有不同形式的担保。担保主要是为了保护债权人的利益，由债务人或债务人的委托人向债权人提供的确保债务责任得以履行的各种措施。短期借款的担保形式主要有保证、抵押、留置等。

3. 借款必须按期还本付息

各种借款都有还款期限和规定的利率，物流企业必须按期如数还本付息。如遇有特殊情况不能按期还款时，应向银行或其他金融机构申请延期还款；否则，应支付延期还本付息的罚金。

## 三、短期借款的核算

为了总括地反映和监督短期借款的取得和归还情况，企业应设置“短期借款”账户，用来核算物流企业向银行或其他金融机构借入的、偿还期限在1年以内（含1年）的各种借款。该账户属于负债类账户，其贷方登记取得的各种短期借款，借方登记各种短期借款的归还，期末余额在贷方，表示尚未归还的短期借款本金。该账户按债权人设置明细账，并按借款种类进行明细分类核算。

短期借款是企业为了生产经营活动而借入的，其利息支出应计入财务费用，由当期实现的营运收入进行补偿。

### （一）生产周转借款的核算

物流企业取得生产周转借款时，应该借记“银行存款”账户，贷记“短期借款”账户；当物流企业用短期借款直接归还应付账款时，借记“应付账款”账户，贷记“短期借款”账户。短期借款的利息支出，如果数额不大时，可于支付月份直接计入财务费用，借记“财务费用”账户，贷记“银行存款”账户；如果数额较大需按月预提时，借记“财务费用”账户，贷记“应付利息”账户，季末支付利息时，借记“应付利息”账户，贷记“银行存款”账户。

**【例6-1】** 上海申通物流公司于某年2月1日从银行取得6个月期限借款500 000元，月利率为0.5%，利息到期结算，到期日归还全部本息。

此项经济业务应作会计分录如下：

（1）取得借款时：

| | | |
|---|---|---|
| 借：银行借款 | 500 000 | |
| 　贷：短期借款——生产周转借款 | | 500 000 |

（2）到期前各月末计算借款利息时：

| | | |
|---|---|---|
| 借：财务费用 | 2 500 | |
| 　贷：应付利息 | | 2 500 |

（3）到期归还借款本息时：

借：短期借款——生产周转借款　　500 000
　　应付利息　　12 500
　　财务费用　　2 500
　贷：银行存款　　515 000

（二）票据贴现借款的核算

当物流企业的经营资金周转发生困难时，按照规定可以向银行或其他金融机构申请 3 个月以内的票据贴现借款。贴现借款额是票据的票面金额扣除贴现息后的金额，贴现借款的利息由银行预先予以扣除，贴现利息支出计入当期财务费用。

**【例 6-2】** 上海申通物流公司于某年 4 月 1 日，持 A 公司签发的到期日为 7 月 1 日，票据金额为 50 000 元的无息票据到银行申请票据贴现借款，银行规定的年贴现率为 9%。

计算可取得的票据贴现借款额：

票据贴现利息＝50 000×9%÷12×3＝1 125（元）
票据贴现借款额＝50 000－1 125＝48 875（元）

该业务应作会计分录如下：

借：银行存款　　48 875
　　财务费用　　1 125
　贷：应收票据　　50 000

## 第三节　应付账款与应付票据的管理与核算

### 一、应付账款的管理与核算

应付账款是指企业因购买材料、商品或接受劳务供应等而发生的债务。这是买卖双方在购销活动中由于取得物资与支付货款在时间上不一致而产生的负债。

（一）应付账款的确认与计量

组织应付账款的核算，必须先确定其入账时间，应付账款入账时间的确定，应以与所购物资所有权有关的风险和报酬已经转移或劳务已经接受为标志。但在实际工作中，应区别情况处理：在物资和发票账单同时到达的情况下，应付账款一般待物资验收入库后，才按发票账单登记入账。在物资和发票账单未同时到达的情况下，采用在月份终了将所购物资和应付债务先估计入账，待下月初再用红字冲回的办法进行处理。

应付账款一般按应付金额按照总价法入账，如果购入资产形成的应付账款是带有现金折扣的，应付账款入账金额按发票上记载的应付金额的总值（即不扣除折扣）

记账。即按发票上记载的全部应付金额，借记有关账户，贷记“应付账款”账户；实际获得现金折扣时，冲减财务费用。

应付账款一般在较短期限内支付，有些应付账款由于债权单位撤销或其他原因而无法支付时，可将该项应付款项直接转入资本公积。

（二）应付账款的核算

为了总括反映和监督物流企业因购买材料、商品和接受劳务供应等产生的债务及其偿还情况，企业应设置“应付账款”账户。该账户贷方登记物流企业购买材料、商品、接受劳务供应而发生的应付未付款项，借方登记企业偿还的应付账款或以商业汇票抵付的应付账款，期末贷方余额反映企业尚未偿还或抵付的应付账款。该账户应按债权人设置明细账。

应付账款核算的会计处理如下：

（1）物流企业发生的应付账款，不管有没有现金折扣，均应按应付购货款的全部金额入账，借记“原材料”总分类账户及其明细分类账户，贷记“应付账款”总分类账户及其明细分类账户。

（2）企业偿还应付款时，按照偿付货款的实际金额，借记“应付账款”总分类账及其明细分类账，贷记“银行存款”账户。

在享受现金折扣的情况下，物流企业支付应付账款时，将发生的现金折扣作为财务费用处理，按照实际支付金额，借记“应付账款”账户，根据实际享受的现金折扣数额，贷记“财务费用”账户，并按实际支付的金额，贷记“银行存款”账户。

（3）物流企业接受供应单位提供劳务而发生的应付未付款项，根据供应单位的发票账单，分别按照列支渠道，对于构成经营成本部分，记入“主营业务成本”账户的借方，构成期间费用部分记入“管理费用”账户的借方，并按应付金额记入“应付账款”账户的贷方。

（4）物流企业开出商业承兑汇票抵付应付账款时，应冲减“应付账款”金额，记入该账户借方，并将抵付款金额记入“应付票据”账户的贷方。

（5）物流企业发生确实无法支付的应付账款时，应转入营业外收入，借记“应付账款”账户，贷记“营业外收入”账户。

**【例 6-3】** 上海申通物流公司向 A 公司购入材料一批，价款为20 000元，增值税税率为 13%，付款条件为“1/10，N/30”。材料已验收入库，货款暂欠。作会计分录如下：

（1）购入材料时：

| | | |
|---|---|---|
| 借：原材料 | 20 000 | |
| 　　应交税费——应交增值税（进项税额） | 2 600 | |
| 　贷：应付账款——A 公司 | | 22 600 |

（2）若 10 天内付款：

借：应付账款——A 公司　　22 600
　贷：银行存款　　22 374
　　　财务费用　　226

（3）若 30 天内付款：

借：应付账款——A 公司　　22 600
　贷：银行存款　　22 600

**【例 6-4】** 上海申通物流公司维修办公楼，接受某工程队提供修理劳务，应付维修费 5 000 元，款项未付。作会计分录如下：

借：管理费用　　5 000
　贷：应付账款　　5 000

**【例 6-5】** 上海申通物流公司开出承兑商业汇票一张，票面金额10 000元，期限为 3 个月，以抵付前欠某单位的配件款，根据有关凭证，作会计分录如下：

借：应付账款　　10 000
　贷：应付票据　　10 000

**【例 6-6】** 上海申通物流公司经批准将确实无法支付的应付账款1 000元予以转销。作会计分录如下：

借：应付账款　　1 000
　贷：营业外收入　　1 000

## 二、应付票据的管理与核算

### （一）应付票据的概念

应付票据是由出票人签发，委托付款人在指定日期无条件支付确定金额给收款人或者持票人的票据。应付票据与应付账款不同，虽然都是由于交易而引起的流动负债，但应付账款是尚未结清的债务，而应付票据是一种期票，是延期付款的证明，有承诺付款的票据作为凭据。应付票据分为带息票据和不带息票据两种。由于应付票据的期限较短，不论是否带息，我国会计实务中，一般采用按票据的面值记账的方法。

### （二）应付票据的核算

为了反映物流企业购买材料、商品和接受劳务供应等而开出承兑商业汇票的情况，物流企业应设置“应付票据”账户。该账户贷方登记开出的商业汇票面值和应计利息，借方登记支付票据的款项，期末贷方余额，反映物流企业持有的尚未到期的应付票据本息。应付票据核算的会计处理如下：

(1) 物流企业开出承兑商业汇票或以承兑商业汇票抵付货款、应付账款时，借记“原材料”“库存商品”“应付账款”等账户，贷记“应付票据”账户。

(2) 支付银行承兑汇票手续费时，借记“财务费用”账户，贷记“银行存款”账户。收到银行支付到期票据付款通知时，借记“应付票据”账户，贷记“银行存款”账户。

(3) 物流企业开出的商业汇票，如为带息票据，应于期末计算应付利息，借记“财务费用”账户，贷记“应付票据”账户。票据到期支付本息时，按票据账面余额，借记“应付票据”账户，按未计的利息，借记“财务费用”账户，按实际支付的金额，贷记“银行存款”账户。

(4) 开出并承兑的商业承兑汇票如果不能如期支付的，应在票据到期时，将“应付票据”账面余额转入“应付账款”账户，待协商后再进行处理；如果已重新签发新的票据以清偿原应付票据的，再从“应付账款”账户转入“应付票据”账户。如果是银行承兑汇票到期，物流企业无力支付到期票款时，承兑银行除凭票向持票人无条件付款外，对出票人尚未支付的汇票金额转作逾期贷款处理，在接到银行转来的“××号汇票无款支付转入逾期贷款户”等有关凭证时，借记“应付票据”账户，贷记“短期借款”账户。对计收的利息，按短期借款利息的办法进行处理。

**【例 6-7】** 上海申通物流公司于某年 2 月开出一张面值为46 800元、期限为 6 个月的不带息商业汇票，用于采购一批材料。增值税专用发票上注明的材料价款为40 000 元，增值税额为 6 800 元，材料已验收入库。应作会计分录如下：

| | | |
|---|---|---|
| 借：原材料 | 40 000 | |
| 　　应交税费——应交增值税(进项税额) | 6 800 | |
| 　贷：应付票据 | | 46 800 |

上述商业承兑汇票到期，如果物流企业无力支付票款时，作会计分录如下：

| | | |
|---|---|---|
| 借：应付票据 | 46 800 | |
| 　贷：应付账款 | | 46 800 |

**【例 6-8】** 上海申通物流公司因购买燃料，按合同规定开出银行承兑汇票一张，票面金额为 50 000 元，期限为 3 个月，并按票面金额 1‰缴纳手续费，票据到期，物流企业如数付款。应作有关会计分录如下：

(1) 缴纳手续费时：

| | | |
|---|---|---|
| 借：财务费用 | 50 | |
| 　贷：银行存款 | | 50 |

(2) 出票购买燃料时：

| | | |
|---|---|---|
| 借：原材料——燃料 | 50 000 | |
| 　贷：应付票据 | | 50 000 |

（3）票据到期付款时：

| | | |
|---|---|---|
| 借：应付票据 | 50 000 | |
| 贷：银行存款 | | 50 000 |

在上例中，假如银行承兑汇票到期时，物流企业无力支付票款，30 天后将票据款归还银行，银行按每天 0.5‰计收罚息 750 元。作会计分录如下：

（1）票据到期时：

| | | |
|---|---|---|
| 借：应付票据 | 50 000 | |
| 贷：短期借款 | | 50 000 |

（2）归还票据款时：

$$罚息总金额=50\,000\times0.5‰\times30=750(元)$$

| | | |
|---|---|---|
| 借：短期借款 | 50 000 | |
| 财务费用 | 750 | |
| 贷：银行存款 | | 50 750 |

## 第四节　职工薪酬的管理与核算

职工薪酬是指企业根据有关规定应付给职工的各种薪酬，包括职工工资、奖金、津贴和补贴，职工福利费，医疗、养老、失业、工伤、生育等社会保险费，住房公积金，工会经费，职工教育经费，非货币性福利等因职工提供服务而产生的义务。从广义上讲，职工薪酬是企业必须付出的人力成本，是吸引和激励职工的重要手段，也就是说，职工薪酬既是职工对企业投入劳动获得的报酬，也是企业的成本费用。

### 一、职工工资的管理与核算

工资是企业在一定时期内应支付给本单位职工的全部劳动报酬总额，包括计时工资、计件工资、奖金、津贴与补贴、加班加点工资和法定非工作时间工资。

为了总括反映职工工资的结算与分配情况，物流企业应设置“应付职工薪酬——工资”账户。该账户核算企业应付职工的工资总额。凡构成工资总额的内容，都必须通过该账户核算。该账户的贷方登记当月工资的计提或分配额，借方登记当月实际支付的工资数额以及从应付工资中代扣代缴的各种款项。月末如为借方余额，表示实发工资大于应付工资的差额，即多发放工资；如为贷方余额，表示应付工资大于实发工资的差额，即已提取而尚未支付的工资。

为了做好工资结算，企业每月应根据考勤记录、工时记录、营运路单、工资标准、工资等级等，编制“工资结算单”，计算各种应付工资。工资结算单一式三联：一联为劳动工资部门存查；一联由职工签字后交财务部门记账；一联按每个职工裁成“工资条”，连同工资一起交给职工本人。

由于工资结算表是按物流企业各车队、保修车间和部门分别编制的，因此只能反映该部门工资结算和支付情况。为了掌握整个企业工资结算和支付情况，物流企业财会部门还要根据工资结算单汇总编制“工资结算汇总表”，并据以进行账务处理。

财务部门应将各月应付工资总额按职工的工作岗位及工资费用的来源，分别记入有关费用账户，其中，直接从事营运人员的工资计入主营业务成本，行政管理人员的工资计入管理费用，营业站人员的工资计入销售费用。

(1) 月终财务部门将“工资结算单”进行汇总，编制“工资结算汇总表”，按照实发金额向银行提取现金时，借记“库存现金”账户，贷记“银行存款”账户。

(2) 支付工资时，按照构成工资总额的部分，扣除各种代扣代垫款项的金额，借记“应付职工薪酬——工资”账户，贷记“库存现金”账户。

(3) 从工资中扣除各种款项(如代扣的养老金和住房公积金、代垫家属医药费、个人所得税等)时，对于代扣的养老金和住房公积金记入“其他应付款”账户的贷方，企业代垫家属医药费，记入“其他应收款”账户的贷方，对于代扣的个人所得税部分记入“应交税费——应交个人所得税”账户的贷方，将上述两项的金额合计记入“应付职工薪酬——工资”账户的借方。

(4) 分配工资费用时，对于直接从事营运作业人员的工资费用，记入“主营业务成本”账户的借方，行政管理部门人员的工资记入“管理费用”账户的借方，基层营业站人员的工资费用支出，记入“销售费用”账户的借方，并根据上述各账户的合计金额，记入“应付职工薪酬——工资”账户的贷方。

**【例 6-9】** 上海申通物流公司某年 6 月 30 日根据“工资结算汇总表”，分配本月应付工资，总额为 275 000 元，其中：运输部司机工资 200 000 元，装卸部工人工资 50 000 元，营业部人员工资 10 000 元，行政管理人员工资 15 000 元。作会计分录如下：

| | | |
|---|---|---|
| 借：主营业务成本——运输成本 | 200 000 | |
| 　　　　　　　——装卸成本 | 50 000 | |
| 　销售费用 | 10 000 | |
| 　管理费用 | 15 000 | |
| 　贷：应付职工薪酬——工资 | | 275 000 |

## 二、职工福利费的管理与核算

职工福利费是物流企业用于企业职工福利方面的开支。职工福利费主要用于职工的医药费(包括企业参加职工医疗保险缴纳的医疗保险费)，医护人员的工资、医务经费，职工因公负伤赴外地就医路费，职工生活困难补助，职工浴室、理发室、幼儿园、托儿所人员的工资等。

为了反映和监督职工福利费的分配和使用情况，企业应设置“应付职工薪酬——职工福利”账户。该账户贷方登记职工福利费的分配额，借方登记福利费的使用额，期末贷方余额表示福利费的结存额。分配职工福利费时，按照职工所在的岗位：直接从事营运人员的福利费，借记“主营业务成本”账户；企业行政管理人员的福利费，借记“管理费用”账户，营业站业务人员的福利费，借记“销售费用”账户；福利部门人员的福利费，借记“管理费用”账户。实际支付使用时，借记“应付职工薪酬——职工福利”账户，贷记“库存现金”账户。

**【例 6-10】** 上海申通物流公司本月职工报销医药费 5 000 元，职工生活困难补助费 1 000 元，均以现金支付。作会计分录如下：

借：应付职工薪酬——职工福利　　6 000
　贷：库存现金　　6 000

## 第五节　应交税费的管理与核算

应交税费是指企业根据税法规定计算的应当缴纳的各种税款。结合物流企业的特点，下面主要介绍营业税、城市维护建设税和其他相关税费的核算方法，企业所得税将在第七章作详细阐述。

为了总括地反映和监督企业应交税费的计算和缴纳情况，物流企业应设置“应交税费”账户，并按税种设置明细账户。该账户的贷方登记应缴纳的各种税费；借方登记已缴纳的各种税费；期末贷方余额表示企业尚未缴纳的税费，借方余额表示多缴或预缴的税费。必须注意，物流企业应缴纳的印花税、耕地占用税、车辆购置税不需通过该账户进行核算。

### 一、增值税的管理与核算

#### （一）增值税简介

增值税是就货物和劳务的增值部分征收的一种税，按《增值税暂行条例》规定，凡在我国境内销售货物、提供加工、修理修配劳务，以及进口货物的单位和个人，均为增值税的纳税人，应当依照条例规定缴纳增值税。

增值税为价外税，根据经营规模大小及会计核算的健全程度，增值税纳税人可分为一般纳税人和小规模纳税人。

增值税的基本税率为 13%；小规模纳税人的增值税征收率为 3%。

1. 一般纳税人增值税额的计算

该计算实行扣税法。一般纳税人销售货物或者提供应税劳务，其应纳税额的计算，首先应确定当期销项税额，其次确定当期进项税额，最后计算当期应纳增值税额。其计算公式如下：

$$应纳税额 = 当期销项税额 - 当期进项税额$$

销项税额是指纳税人销售货物或者应税劳务，按照销售额和税法规定的税率计算并向购买方收取的增值税额。其计算公式如下：

$$销项税额 = 销售额 \times 税率$$

2. 小规模纳税人增值税额的计算

小规模纳税人销售货物或者提供应税劳务，按照销售额和规定的征收率，实行简易办法计算应纳税额，不得抵扣进项税额。其计算公式如下：

$$应纳税额 = 销售额 \times 征收率$$

从上述计算公式可以清楚地看到，在增值税税率既定的情况下，确定销售额是计算增值税的关键。

(二) 营业税改征增值税

2012 年 1 月 1 日，营业税改征增值税在上海开始试点，将交通运输业和部分现代服务业纳入增值税征收范围。2013 年 8 月 1 日，在全国范围内实行。

1. 纳税人

在中华人民共和国境内提供交通运输业和部分现代服务业的单位和个人，为增值税的纳税人。纳税人提供应税服务，应当按照规定缴纳增值税，不再缴纳营业税。

2. 纳税人的分类

提供应税劳务的“营改增”的纳税人分为一般纳税人和小规模纳税人两类。应税服务的年应征增值税销售额超过 500 万元的纳税人为一般纳税人，未超过规定标准的纳税人为小规模纳税人。

应税服务年销售额超过规定标准的其他个人不属于一般纳税人；非企业性单位、不经常提供应税服务的企业和个体工商户可选择按照小规模纳税人纳税。

3. 税率和征收率

1）税率

(1) 提供有形动产租赁服务，税率为 13%。(2019 年 4 月 1 日起从原 16%降至 13%)

（2）提供交通运输业服务，税率为9%。（2019年4月1日起从原10%降至9%）

（3）提供现代服务业服务，税率为6%。

2）征收率

增值税的征收率为3%。

4. 账务处理

1）科目设置

“营改增”一般纳税人的相关账户设置，有和原来增值税一般纳税人相关账户设置基本相符的，也有新增的明细账户。

基本相符、略作调整的部分是应在“应交税费”账户下设置“应交增值税”“未交增值税”两个通常的增值税明细账户，在“应交增值税”明细账中，借方应设置“进项税额”“已交税金”“出口抵减内销应纳税额”“减免税款”“转出未交增值税”等专栏，贷方应设置“销项税额”“出口退税”“进项税额转出”“转出多交增值税”等专栏。新增的明细账户有：“增值税留抵税额”“待抵扣进项税额”。

小规模纳税人应在“应交税费”账户下设置“应交增值税”明细账户，不需要再设置上述各明细专栏。

2）一般纳税人的账务处理

**【例6-11】** 上海申通物流公司5月31日取得运输业务的收入180万元，装卸搬运业务收入20万元（收入不含增值税）。

**【分析】** 营改增后的物流企业发生的运输业务应按交通运输业征增值税，该税目的税率为9%，而装卸搬运业务则属于增值税项下物流辅助服务业的税目的应税范畴，该税目的税率为6%。

上海申通物流公司5月份的增值税销项税额如下：

$$销项税额 = 180\times9\%+20\times6\%=17.4（万元）$$

应作会计分录如下：

| | |
|---|---|
| 借：银行存款 | 217.4 |
| 贷：主营业务收入——运输收入 | 180 |
| ——装卸收入 | 20 |
| 应交税费——应交增值税（销项税额） | 17.4 |

**【例6-12】** 上海申通物流公司5月取得其他物流公司支付的联运业务收入80万元，并于当月开具了交通运输业增值税专用发票，增值税额为7.2万元。

联运业务收入，也属于物流企业的经营收入，应按交通运输业征税范围，适用9%的增值税税率。

应作会计分录如下：

借：银行存款　87.20

　贷：主营业务收入——联运业务[80(1＋9%)]　80

　　应交税费——应交增值税(销项税额)　7.2

**【例 6-13】** 上海申通物流公司 5 月购入用于运输业务的车辆 5 辆，取得了对方开具的增值税专用发票上注明的价款为 100 万元，税金为 9 万元，另向当地税务机关缴纳车辆购置税 10 万元，向保险公司缴纳本年 6 月至次年 5 月的车辆保险费 3.5 万元，另购入职工食堂用冰箱一台，支付现金 1.09 万元，并取得对方开具的增值专用发票。发票上注明的税金为 0.09 万元。

应作会计分录如下：

购入运输工具：

借：固定资产——运输工具(汽车)(100＋10)　1 100 000

　预付账款　35 000

　应交税费——应交增值税(进项税额)　90 000

　贷：银行存款　1 225 000

购入冰箱：

借：固定资产——冰箱　10 000

　应交税费——应交增值税(进项税额)　900

　贷：库存现金　10 900

**【例 6-14】** 上海申通物流公司 5 月向中国石化公司购置加油卡支付费用 100 万元，并取得对方开具的增值税专用发票一张，根据消费记录，申通物流公司 5 月共用加油卡加油 40 万元，另现金支付中国石油等其他公司加油费 20 万元，并取得相关增值税专用发票。

当月购置加油卡可抵扣的增值税进项税额为：

$$100 \div (1+13\%) \times 13\% = 11.50(\text{万元})$$

当月在其他加油站加油可抵扣的增值税进项税额为：

$$20 \div (1+13\%) \times 13\% = 2.30(\text{万元})$$

应作会计分录如下：

支付购买加油卡支出并取得增值税专用发票时：

借：预付账款　885 000

　应交税费——应交增值税(进项税额)　115 000

　贷：银行存款　1 000 000

取得查询的加油记录时：

| | | |
|---|---|---|
| 借：主营业务成本——运输支出[40÷(1+13%)] | 353 982 | |
| 贷：预付账款 | | 353 982 |

支付其他石油公司加油费用时：

| | | |
|---|---|---|
| 借：主营业务成本——运输支出 | 177 000 | |
| 应交税费——应交增值税(进项税额) | 23 000 | |
| 贷：库存现金 | | 200 000 |

3）小规模纳税人的账务处理

小规模纳税人提供应税服务，按确认的收入和按规定收取的增值税额，借记“应收账款”“应收票据”“银行存款”等账户，按规定收取的增值税额，贷记“应交税费——应交增值税”账户，按确认的收入，贷记“主营业务收入”“其他业务收入”等账户。

小规模纳税人月份终了上缴增值税时，借记“应交税费——应交增值税”账户，贷记“银行存款”账户。收到退回多缴的增值税税款时，作相反的会计分录。

## 二、城市维护建设税

城市维护建设税是国家为了加强城市、乡镇的维护建设，稳定城乡建设资金的来源，向有生产、经营收入的单位和个人而征收的税种。它是以增值税、消费税为计税依据征收的一种税。其纳税人为缴纳增值税、消费税的单位和个人，税率因纳税人所在地不同从1%～7%不等。其计算公式如下：

$$\text{应纳税额}=(\text{应交增值税额}+\text{应交消费税额})\times\text{适用税率}$$

城市维护建设税的纳税期限，由主管税务机关根据纳税人应纳税额的大小核定纳税期限，最长不超过1个月。

为了核算城市维护建设税的应交及实际缴纳的情况，企业应设置“应交税费——应交城市维护建设税”账户，贷方登记应缴纳的城市维护建设税，借方登记已缴纳的城市维护建设税，期末贷方余额为尚未缴纳的城市维护建设税。计算出应缴纳城市维护建设税时，借记“营业税金及附加”“其他业务成本”账户，贷记“应交税费——应交城市维护建设税”账户；实际缴纳时，借记“应交税费——应交城市维护建设税”账户，贷记“银行存款”账户。

**【例6-15】** 上海申通物流公司地处市区，某年3月份实际应上交增值税40 000元，按7%的税率计算应纳城市维护建设税并上交。

$$\text{应纳城市维护建设税额}=40\,000\times7\%=2\,800(\text{元})$$

（1）作会计分录如下：

借：税金及附加　　2 800

　贷：应交税费——应交城市维护建设税　　2 800

（2）上交城市维护建设税时：

借：应交税费——应交城市维护建设税　　2 800

　贷：银行存款　　2 800

### 三、其他应交税费的核算

物流企业除应交企业所得税、城市维护建设税以外的应交税费，包括房产税、土地使用税、车船税、代扣代缴个人所得税等，物流企业应交的上述税金在“应交税费”总账下，按税种设置明细账户进行核算。

（1）企业按规定计算缴纳的房产税、土地使用税、车船税，借记“管理费用”账户，贷记“应交税费——应交房产税（土地使用税、车船税）”账户。

（2）企业按规定缴纳的印花税，借记“管理费用”账户，贷记“银行存款”账户。

（3）企业按规定计算应代扣代缴的员工个人所得税，借记“应付职工薪酬”账户，贷记“应交税费——应交个人所得税”账户。

在实际缴纳各项税费时，借记“应交税费”及其所属的明细账户，贷记“银行存款”账户。

## 第六节　其他流动负债的管理与核算

### 一、应付股利的核算

物流企业分配给投资者的现金股利或利润，在未支付给投资者之前，形成了一笔负债，在会计核算中应设置“应付股利”账户进行核算。该账户贷方反映应分配给投资者的利润额，借方反映实际支付给投资者的利润额，期末余额一般在贷方，反映已经分配但尚未支付给投资者的利润。该账户一般按投资者设置明细账。

物流企业分配的股票股利不通过该账户核算。

（1）物流企业按照董事会提请股东大会批准的利润分配方案分配给股东现金股利时，借记“利润分配——应付股利”账户，贷记“应付股利”账户。

（2）实际支付现金股利时，按照实付金额，借记“应付股利”账户，贷记“银行存款”账户。

**【例 6-16】**　上海申通物流公司期末计算本期应付股利为 150 000 元，其中：甲单位为 100 000 元，乙单位为 50 000 元。作会计分录如下：

借：利润分配——应付投资利润　　150 000
　贷：应付股利——甲单位　　100 000
　　　　　　　——乙单位　　50 000

以银行存款支付应付股利时：

借：应付股利——甲单位　　100 000
　　　　　　——乙单位　　50 000
　贷：银行存款　　150 000

**二、其他应付款的核算**

其他应付款是指与物流企业的主营业务没有直接关系的各种应付、暂收其他单位或个人的款项，如应付租入固定资产和包装物的租金、存入保证金、应付统筹退休金、职工未按期领取的工资等。

为了总括地反映和监督物流企业各项其他应付、暂收款项的发生与支付情况，企业应设置“其他应付款”账户，该账户属于负债类账户，贷方登记发生的各种其他应付、暂收款项，借方登记各种其他应付、暂收款项的支付、归还或转销额，贷方余额表示各种其他应付未付的款项。该账户应按其他应付、暂收款项的类别、单位或个人设置明细账进行明细分类核算。

企业在核算时还应该注意以下两个问题：

(1) 应付租入固定资产的租金，是指物流企业采用经营租赁方式租入固定资产所应支付的款项，这项应支付的租金，应计入物流企业的费用；而融资租入固定资产应付的租赁费，则作为非流动负债，应记入“长期应付款”账户。

(2) 存入保证金是其他单位或个人由于使用物流企业的某项资产而交付的押金（如出租、出借包装物押金），待以后资产归还后还需退还其他企业，该项业务也通过“其他应付款”账户进行核算。

其他应付款的核算可按如下进行会计处理：

(1) 物流企业发生的各种应付、暂收款项，借记“银行存款”“管理费用”等账户，贷记“其他应付款”账户。

(2) 支付、归还、转销各种其他应付、暂收款项时，借记“其他应付款”账户，贷记“银行存款”“其他业务收入”等账户。

**【例 6-17】** 上海申通物流公司租入铲车一台，月末按合同规定计算应付租金 2 000元。作会计分录如下：

借：主营业务成本——装卸支出　　2 000
　贷：其他应付款　　2 000

下月初开出转账支票实际支付租金时：

借：其他应付款　　　　2 000

　贷：银行存款　　　　2 000

**【例 6-18】** 上海申通物流公司收到租入单位交来的包装物押金 500 元，存入银行。作会计分录如下：

借：银行存款　　　　500

　贷：其他应付款　　　　500

**【例 6-19】** 上海申通物流公司某部门交回未领的职工工资计1 000元。作会计分录如下：

借：库存现金　　　　1 000

　贷：其他应付款　　　　1 000

物流企业还可根据实际情况，增设"内部往来"账户，用于核算物流企业与所属内部单位（如各车队、各车站、保养场）之间发生的应收、应付、代收和代付的各种往来款项。

## 单项选择题

1. 车间管理人员的工资，应先记在（　　）账户的借方，到月末再按一定的分配方法计入产品成本中去。

A. "生产成本"　B. "制造费用"　C. "管理费用"　D. "财务费用"

2. 职工在规定期限内未领取工资由发放单位缴回财务部时，其会计处理方法是（　　）。

A. 借：库存现金

　　贷：应付职工薪酬

B. 借：银行存款

　　贷：应付职工薪酬

C. 借：库存现金

　　贷：其他应付款

D. 借：银行存款

　　贷：其他应付款

3. 企业分配工资费用时，不会涉及的账户是（　　）。

A. "生产成本"　B. "制造费用"

C. "销售费用"　D. "预提费用"

4. 预收账款是企业按照(　　)规定向购买单位预先收取的款项。

A. 预算　　B. 合同

C. 实际交易金额　　D. 请购单

5. 对于预收货款不多的企业,可以不设置“预收账款”账户,而由(　　)账户代替。

A. “应付账款”　　B. “其他应付款”

C. “应收账款”　　D. “其他应收款”

6. 增值税属于(　　)。

A. 价内税　　B. 价外税

C. 与价格无关　　D. 都不是

7. 一般纳税企业缴纳上月增值税的会计分录应为(　　)。

A. 借:应交税费——应交增值税(已交税费)
　　贷:银行存款

B. 借:应交税费——未交增值税(已交税费)
　　贷:银行存款

C. 借:应交税费——未交增值税
　　贷:银行存款

D. 借:应交税费——应交增值税
　　贷:银行存款

8. 企业在出具(　　)时,应在“应付票据”账户核算。

A. 银行汇票　　B. 商业汇票

C. 支票　　D. 银行本票

9. 购建固定资产借款利息予以资本化的部分应于(　　)之前计入其成本。

A. 固定资产交付使用　　B. 固定资产竣工结算

C. 固定资产达到预定可使用状态　　D. 购建固定资产发生非正常停工

10. 按照现行会计制度规定,对于购货企业在折扣期内付款而享受的现金折扣,该企业应作的会计处理是(　　)。

A. 冲减当期主营业务收入　　B. 减少当期财务费用

C. 增加当期主营业务成本　　D. 增加当期管理费用

## 多项选择题

1. 发放工资时,从应付工资中扣还或代扣的各种款项应记入(　　)账户的贷方。

A. “应付职工薪酬”

B. “其他应收款”

C. “其他应付款”

D. “应交税费”

2. 下列项目中,可以记入“其他应付款”账户的有(　　)。

A. 租入包装物支付的押金

B. 应付租入包装物的租金

C. 融资性租入固定资产应付的租金

D. 经营性租入固定资产应付的租金

3. 企业按买卖双方协议商定收取预收货款可以通过(　　)账户核算。

A. “预收账款”

B. “应收账款”

C. “预提费用”

D. “其他应收款”

4. 根据经营规模大小及会计核算的健全程度,增值税纳税人可划分为(　　)。

A. 免税企业

B. 一般纳税企业

C. 小规模纳税企业

D. 低税率企业

5. 下列各项中,通过“其他应付款”核算的业务包括(　　)。

A. 应付经营租赁固定资产的租金

B. 应付统筹退休金

C. 存出保证金

D. 存入保证金

E. 应付股东利润

6. 企业在生产经营过程中,因购置商品、材料物资及接受劳务供应而发生的各种债务有(　　)。

A. 应付账款

B. 应付票据

C. 预收账款

D. 长期应付款

E. 其他应付款

## 名词解释

1. 流动负债

2. 短期借款

3. 应付账款

4. 应付票据

5. 工资

6. 职工福利费

7. 应交税费

## 思考题

1. 企业的短期借款应如何核算?

2. 不能如期支付的应付票据应如何核算?

3. 阐述工资和职工福利费的核算方法。

4. 什么是营业税？物流企业的营业额应如何确定？

5. 什么是城市维护建设税？城市维护建设税应如何计算？

# 习　题

## 习　题　一

**(一) 目的**　练习短期借款的核算。

**(二) 资料**　上海申通物流公司3月份发生下列经济业务：

1. 5日，因流动资金不足，经银行批准借入短期借款500 000元，转入银行存款账户。

2. 10日，签发转账支票200 000元，归还银行第一期结算借款。

3. 25日，企业开出的一张面值为90 000元，期限为6个月的不带息银行承兑汇票到期，企业因无力支付票款，转为银行对企业的短期借款。

4. 31日，计提该公司本月份短期借款利息5 000元。

**(三) 要求**　根据上述资料，编制会计分录。

## 习　题　二

**(一) 目的**　练习应付账款的核算。

**(二) 资料**　上海申通物流公司6月份发生有关业务如下：

1. 2日，向红星公司购入材料15 000元，货款尚未支付。

2. 7日，购入设备一台，开出面额为58 500元、利率12%、期限3个月的商业承兑票据一张，交付供应商。

3. 10日，以银行存款支付6月2日欠红星公司的货款。

4. 25日，开具面值20 000元、年利率为10%、4个月期限的商业汇票一张，以抵付上月20日的货款。

5. 25日，以银行存款支付3个月前开具的不带息商业汇票的票款38 000元。

**(三) 要求**　根据上述业务，编制有关会计分录。

## 习　题　三

**(一) 目的**　练习应付职工薪酬的核算。

**(二) 资料**　上海申通物流公司10月份工资结算汇总表如图表6-1所示。

图表 6-1

**工资结算汇总表**

| 部门 | 标准工资 | 生产奖金 | 工资性津贴 | 应付工资 | 上下班交通费 | 代扣款项 | | 实发金额 |
|---|---|---|---|---|---|---|---|---|
| | | | | | | 养老金 | 个人所得税 | |
| 运输部司机 | 36 000 | 4 500 | 1 500 | | 380 | 1 200 | 680 | |
| 装卸部工人 | 24 000 | 3 000 | 900 | | 260 | 850 | 540 | |
| 公司管理部门 | 18 000 | 1 800 | 1 200 | | 240 | 920 | 480 | |
| 基层营业站 | 8 000 | 700 | 800 | | 180 | 560 | 320 | |
| 合计 | | | | | | | | |

**（三）要求** 根据工资结算汇总表计算表内空格，并按下列顺序编制会计分录。

1. 按实发金额提取现金备发工资。
2. 以现金发放工资和上下班交通费。
3. 结转各代扣款项。
4. 分配本月工资费用。
5. 以现金支付职工困难补助费 3 500 元。

# 第七章　收益及分配的管理与核算

**本章提要**

本章主要介绍物流企业营业收入及利润核算的基本方法，包括主营业务收入、其他业务收入、利润总额及利润分配、所有者权益等核算内容。通过本章学习，学员应理解物流企业营业收入、利润及其分配的基本理论和方法，学会对收入、利润和利润分配、所有者权益的确认、计算以及会计处理。

## 第一节　营业收入的管理与核算

物流企业主要从事运输、储存、包装、装卸搬运、配送等基本活动。因此，物流企业的主营业务收入是从事运输、装卸、堆存、代理业务、港务管理等业务活动所取得的营运收入。营运收入是物流企业的一项重要经济指标。营运收入核算是一项涉及面广而且复杂细微的工作。因此，必须建立和健全一套营运收入的管理制度，严格执行票据管理和营收报解制度，努力增加营运收入，及时、完整地组织营运收入核算，反映各项收入计划的完成情况，保证收入计划的全部完成。

物流企业应按照权责发生制原则，确认营运收入的实现。根据物流企业的生产经营特点，凡确认当期的收入，不论当期是否收到款项，均应计入当期营业收入。物流企业必须及时组织营业收入的核算，缴纳相关的税费，核算经营损益。

### 一、营业收入的分类

（一）营业收入的概念

收益是指企业在某一会计期间内所获得的经济利益。具体表现为现金流入或其他资产增加或负债的减少。企业的收益可分为营业收入、投资收益和营业外收入三个部分。

营业收入是指企业在销售商品、提供劳务及让渡资产使用权等日常活动中形成的经济利益的流入，包括销售商品收入、提供运输等劳务收入、取得资产使用费收入、租金收入等，但不包括为第三方或客户代收的款项。

营业收入具有如下特征：

(1) 营业收入从企业的日常活动中产生，而不是从偶发的交易或者事项中产生。比如，主营业务收入是从销售商品、提供劳务等日常活动中产生，而不是从处置固定资产等非日常活动中产生的。

（2）营业收入可能表现为企业资产的增加，如增加银行存款、应收账款等；也可能表现为企业负债的减少；或两者兼而有之。

（3）营业收入能导致企业所有者权益的增加。因为营业收入能增加资产或减少负债或两者兼而有之。因此，根据“资产－负债＝所有者权益”的公式，企业取得的营业收入一定能增加所有者权益。

（4）营业收入只包括本企业经济利益的流入，不包括为第三方或客户代收的款项，如旅行社代客户购买门票而收取票款等。代收的款项一方面增加企业的资产；另一方面增加企业的负债，因此不增加企业的所有者权益，也不属于本企业的经济利益，不能作为本企业的营业收入。

（二）营业收入的分类

营业收入可分为主营业务收入和其他业务收入两部分。主营业务收入也称基本业务收入，它在企业的营业收入中占有较大的比重，直接影响着企业的经济利益。

主营业务收入的范围依行业性质不同而异，在工业性公司中是销售产成品、自制半成品、提供工业性劳务等取得的销售收入。在商业性公司中是自购自销商品、接受其他单位委托代销商品以及代购代销手续费所取得的收入。在房地产开发类公司中是对外转让、销售、结算和出租开发产品等取得的收入。

通常，企业营业执照上注明的主营业务所取得的收入作为主营业务收入。如果营业执照上注明的、兼营业务量较大，而且发生经常性收入，也可归入主营业务收入。

物流企业的主营业务收入主要是指企业为提供运输、装卸、堆存、代理业务、港务管理等劳务所取得的营运收入。

1. 运输收入

运输收入是指物流企业经营货物运输业务所取得的营业收入，包括货运收入和其他运输收入，其中货运收入是最主要的主营业务收入。如长短途整车、零担货运收入以及自动装卸车运输货物收取的装卸费。

2. 装卸收入

装卸收入是指企业经营装卸业务所取得的主营业务收入。如按规定费率向货物托运人收取的装卸费（不包括自动装卸车运输货物收取的装卸费）；联运货物换装、火车汽车倒装收入及临时出租装卸机械的租金收入。

3. 堆存收入

堆存收入是指企业经营仓库、堆场业务所取得的主营业务收入。

4. 代理业务收入

代理业务收入是指企业办理联运业务及为其他运输企业和社会车辆办理代理业务收取的手续费的收入。

物流企业的其他业务收入是指经营除以上主营业务以外的其他各种业务所取得的收入，主要内容如下：

(1) 车辆修理业务收入。这是指企业辅助生产部门对外单位的车辆、装卸机械等修理业务而取得的收入。

(2) 材料销售收入。这是指企业对外单位销售燃料、材料及配件等取得的收入。

(3) 固定资产出租收入。这是指企业出租固定资产所取得的租金收入。

(4) 技术转让收入。这是指企业向外单位转让技术所取得的收入。

(5) 其他对外服务收入。这是指企业除上列各项收入以外的其他对外服务收入。

**二、营业收入的确认**

物流企业的经营活动是连续不断地进行的，投入企业的资金也随着经营活动的进行而不断地改变其占用的形式及数量。因此，准确地确认营业收入金额，对于正确计算企业的经营成果、评价企业的经营业绩有着十分重要的意义。

我国《企业会计准则》规定，物流企业对外提供劳务收入应视如下两种情况分别确认：

(1) 在同一会计年度内开始并完成的劳务，应当在完成劳务时确认收入。物流企业的运输收入、装卸收入、堆存收入、代理业务收入等多数能够在同一会计期间开始并完成。

(2) 如果劳务的开始和完成分属不同的会计年度，在提供劳务交易的结果能够可靠估计的情况下，应当在资产负债表日按完工百分比法确认相关的劳务收入。在提供劳务交易的结果不能可靠估计的情况下，应当在资产负债表日对收入分别以下几种情况确认和计量：

第一，如果已经发生的劳务成本预计能够得到补偿，应按已经发生的劳务成本金额确认收入，并按相同金额结转成本。

第二，如果已经发生的劳务成本预计不能全部得到补偿，应按能够得到补偿的劳务成本金额确认收入，并按已经发生的劳务成本作为当期费用。确认的收入金额小于已经发生的劳务成本的差额，作为损失。

第三，如果已经发生的劳务成本预计全部不能得到补偿，应按已经发生的劳务成本作为当期费用，不确认收入。

物流企业让渡资产使用权而发生的收入包括利息收入和使用费收入。应当在同时满足以下条件时，确认收入：

(1) 与交易相关的经济利益能够流入企业。

(2) 收入金额能够可靠地计量。

我国《企业会计准则》中还规定：企业应当合理确认营业收入的实现，并将已经实现的营业收入及时入账。企业应当在发出商品、提供劳务，同时收讫价款或取得索取价款的凭证时，确认营业收入。

物流企业营运业务的特点是通过向货物托运人开出货票等取得营运收入，货票是物流企业向货物托运人提供劳务和取得价款的凭证，也是货物托运人消费劳务和支付价款的依据。因此对物流企业而言，应该在开出货票（通常是同时收讫价款）时确认收入的实现。

## 三、营业收入的票证和结算

### （一）票据的种类

营收票据主要指营运收入的票据。它是物流企业对外承运业务时，给货物托运单位的收款收据，也是企业内部结算和会计核算的原始记录，是企业营运收入核算的主要手段。各种营业收入票据一经签发，即可取得收回货币资金的权力。因此，企业的营收票据必须由财会部门负责，并建立和健全票据的管理制度，认真负责地做好票据使用、保管和核销工作，以加强票证的管理。物流企业的营业收入额，必须根据已确认营业收入的票据来确定。物流企业确认营业收入的票据一般有以下两类：

（1）货运票据。这包括整车货票、零担货票、代理业务货票、营业专用收款收据等。

（2）其他票据。这包括行李包裹票、行李装卸费收据、行李暂存费收据、临时收款收据等。

### （二）营运收入的结算

物流企业中运输收入的结算，包括企业所属单位营业收入的审核与汇总和企业之间运输收入的划拨与清算两个方面。由于物流企业经营的特点而形成了物流企业营业收入的核算不同于产品生产的工业部门。

1. 物流企业营业收入的审核与汇总

审核的内容包括以下几个方面：

（1）月报内容是否完整，附件是否齐全，报送是否及时。

（2）缴销的票据、票根与收入数是否相符，票据的请领、售出、结存数是否吻合等。

（3）运杂费计算是否正确，有无错收、漏收。

（4）应缴数与实收数是否相符。

审核完毕，物流企业财会部门即可根据审核过的营业收入月报及有关附件汇总编制营业收入汇总表，作为企业财会部门进行营业收入核算的主要依据。

2. 物流企业之间货运收入的划拨与清算

物流企业的运输业务中部分是由代理企业承接的，这就形成了与代理企业间的款项结算，代理货运收入一般可由双方协商采用以下方法进行划拨清算：

(1) 汇兑结算。即由代理方按月汇总应付承运方的货运收入，月末以汇兑方式转付给对方，同时扣除双方协议规定的代理手续费。

(2) 托收结算。即由承运方按月汇总货票结算联，月末向代理方办理托收，托收金额也应扣除双方协议规定的代理手续费。

**四、营业收入的核算**

（一）主营业务收入的核算

1. 主营业务核算的账户设置

物流企业核算营业收入应设置“主营业务收入”总账账户，然后按收入的种类分别设置“运输收入”“装卸收入”“堆存收入”和“代理业务收入”等明细账户，用于核算主营业务收入的实现和结转情况。

(1)“运输收入”明细账户核算物流企业经营货物运输业务所发生的各项收入。

(2)“装卸收入”明细账户核算经营装卸业务的运输企业的装卸收入，包括机械装卸和人工装卸业务等。该明细账户可以按照专业作业区，分机械装卸、人工装卸或货种的装卸收入进行明细核算。

(3)“堆存收入”明细账户核算企业经营仓库、堆场业务所取得的收入。该账户可按装卸作业区、仓库、堆场等分别进行明细核算。

(4)“代理业务收入”明细账户核算企业经营各种代理业务所取得的收入。该账户可按照代理业务种类进行明细核算。

另外，根据物流企业货运业务特点，按照业务实际需要，在“其他应收款”账户下设置“进款往来”明细分类账户进行核算。

“其他应收款——进款往来”账户核算物流企业与所属各进款部门（如营业站）各项营业收入的解缴和结算情况。企业收到进款部门汇解的营业收入时，借记有关账户，贷记该账户。月终根据“营运收入月报汇总表”结转各项营业收入时，借记该账户，贷记各收入类账户。月末余额反映企业应收未收的各项营业进款。该账户应按进款部门分别设置明细账户进行明细核算。

2. 主营业务收入的核算

物流企业取得的各项业务收入，根据营业收入确认的条件，凡能够确认为本期收入的，都应进行相应的会计处理。下面举例说明物流企业营运收入业务的账务处理。

**【例 7-1】** 设上海申通物流公司的基层站有第一和第二中心站，第一中心站，又设甲、乙两个分站，第二中心站又设丙、丁两个分站。第一中心站根据本站营业收入日报，将本月 1 日货运收入 6 000 元、其他运输收入 4 000 元入账。应作会计分录如下：

借：银行存款　　11 100
　　贷：主营业务收入——运输收入（货运收入）　　6 000
　　　　　　　　　　——运输收入（其他运输收入）　　4 000
　　　　应交税费——应交增值税（销项税额）　　1 100

**【例 7-2】** 第一中心站收到分站交来运输收入 45 000 元。其中：甲分站 25 000 元，乙分站 20 000 元。上述营业款均已存入银行。应作会计分录如下：

借：银行存款　　45 000
　　贷：其他应收款——进款往来（甲分站）　　25 000
　　　　　　　　　——进款往来（乙分站）　　20 000

**【例 7-3】** 第二中心站根据本站营业收入回报，将本月 5 日装卸收入 15 000 元入账。应作会计分录如下：

借：银行存款　　15 900
　　贷：主营业务收入——装卸收入　　15 000
　　　　应交税费——应交增值税（销项税额）　　900

**【例 7-4】** 根据分站编制的营业收入日报定期汇总确认营业收入，设本月 1～5 日甲分站货运收入为 14 000 元，乙分站货运收入为12 000 元。应作会计分录如下：

借：其他应收款——进款往来（甲分站）　　15 540
　　　　　　　——进款往来（乙分站）　　13 320
　　贷：主营业务收入——运输收入（货运收入）　　26 000
　　　　应交税费——应交增值税（销项税额）　　2 860

**【例 7-5】** 上海申通物流公司的第二中心站预先收到某化工厂运费 250 000 元的转账支票。应作会计分录如下：

借：银行存款　　250 000
　　贷：预收账款——化工厂　　250 000

**【例 7-6】** 上海申通物流公司的第二中心站完成运输任务，经结算，应收运费及税金225 330元，余款退还。应作会计分录如下：

借：预收账款——化工厂　　250 000
　　贷：主营业务收入——运输收入　　203 000
　　　　银行存款　　24 670
　　　　应交税费——应交增值税（销项税额）　　22 330

**【例 7-7】** 第二中心站收到托运单位 A 企业预付货物运费的银行汇票4 500 元。

应作会计分录如下：

借：银行存款 4 500

贷：其他应收款——A 企业 4 500

**【例 7-8】** 上述 A 企业托运货物已发运，结算运费为 3 800 元，增值税额为 418 元，余款 282 元已用现金退还。应作会计分录如下：

借：其他应收款——A 企业 4 500

贷：库存现金 282

主营业务收入——运输收入(货运收入) 3 800

应交税费——应交增值税(销项税额) 418

**【例 7-9】** 月末，根据各基层站、所的营业收入月报汇总编制营业收入汇总表如图表 7-1。

图表 7-1

**营业收入汇总表**

20×7 年×月　　单位：元

| 营业站名 | 运输收入 | 装卸收入 | 代理业务收入 | 营业收入合计 |
|---|---|---|---|---|
| A　站 | 120 000 | | | 120 000 |
| B　站 | 90 000 | 38 000 | 1 200 | 129 200 |
| C　站 | 70 000 | 42 000 | 800 | 112 800 |
| 合　计 | 280 000 | 80 000 | 2 000 | 362 000 |

根据“营业收入汇总表”，经审核无误后作结转，作会计分录如下：

借：其他应收款——进款往来 397 720

贷：主营业务收入——运输收入 280 000

——装卸收入 80 000

——代理业务收入 2 000

应交税费——应交增值税(销项税额) 35 720

**【例 7-10】** 接银行通知，各基层站、所本月上缴营业收入及增值税，共计 397 720 元，银行已收款入账。根据银行收款通知单，应作会计分录如下：

借：银行存款 397 720

贷：其他应收款——进款往来(各站、所) 397 720

**【例 7-11】** 月终将各营业收入账户余额结转“本年利润”账户。应作会计分录如下：

借：主营业务收入——运输收入　　280 000
　　　　　　　　——装卸收入　　80 000
　　　　　　　　——代理业务收入　　2 000
　贷：本年利润　　362 000

（二）其他业务收入的核算

物流企业为正确反映其他业务收入情况，应设置“其他业务收入”账户。该账户核算物流企业除主营业务收入以外的其他销售或其他业务的收入，如客运服务、包装物出租、固定资产出租、技术转让、车辆修理、材料销售等其他收入。该账户应按其他业务的种类设置明细账。其他业务收入的实现原则，与主营业务收入实现原则相同。期末，应将该账户的余额转入“本年利润”账户，结转后该账户应无余额。

物流企业销售材料，按售价和应收的增值税，借记“银行存款”“应收账款”等账户，按实现的营业收入，贷记“其他业务收入”账户，月度终了按出售原材料的实际成本，借记“其他业务成本”账户，贷记“原材料”账户。原材料采用计划成本核算的企业，还应分摊材料成本差异。收到出租包装物的租金，借记“库存现金”“银行存款”等账户，贷记“其他业务收入”账户。

举例说明其他业务收入核算方法如下：

**【例 7-12】** 上海申通物流公司机修部门为外单位修理汽车一辆，应收修理费 3 000元。作会计分录如下：

（1）借：应收账款——××单位　　3 510
　　贷：其他业务收入——车辆修理收入　　3 000
　　应交税费——应交增值税（销项税额）　　510

（2）借：银行存款　　3 510
　　贷：应收账款——××单位　　3 510

**【例 7-13】** 上海申通物流公司对外销售材料、配件一批，不含税价款为 2 000 元，收到购货单位承兑的商业承兑汇票。作会计分录如下：

借：应收票据　　2 340
　贷：其他业务收入——材料销售收入　　2 000
　　应交税费——应交增值税（销项税额）　　340

**【例 7-14】** 上海申通物流公司租出固定资产，收到租金 10 000 元，已存入银行。作会计分录如下：

借：银行存款　　11 100
　贷：其他业务收入——固定资产出租收入　　10 000
　　应交税费——应交增值税（销项税额）　　1 100

**【例 7-15】** 期末，将“其他业务收入”账户余额，转入“本年利润”账户。作会计分录如下：

借：其他业务收入——车辆修理收入　　3 000
　　　　　　　　——材料销售收入　　2 000
　　　　　　　　——固定资产出租收入　　10 000
　贷：本年利润　　15 000

## 第二节　利润的管理与核算

利润是物流企业在一定时期内从事生产经营活动实现的经营成果。在数量上，利润是物流企业全部收入与全部费用配比相抵后的净额以及直接计入当期利润的利得和损失等。当净额大于零时，表示企业实现盈利，小于零时即为负利润，表示企业发生亏损。物流企业的利润是衡量企业经营管理水平和经济效益的重要经济指标。

### 一、利润的构成

#### （一）营业利润

营业利润是指物流企业从事生产经营活动中取得的利润，是物流企业利润的主要来源。营业利润的计算公式如下：

$$\text{营业利润}=\text{营业收入}-\text{营业成本}-\text{税金及附加}-\text{销售费用}-\text{管理费用}-\text{财务费用}-\text{资产减值损失}+\begin{matrix}\text{公允价值变动收益}\\(-\text{公允价值变动损失})\end{matrix}+\begin{matrix}\text{投资收益}\\(-\text{投资损失})\end{matrix}$$

其中，营业收入是指企业经营业务所确认的收入总额，包括主营业务收入和其他业务收入。

营业成本是指企业经营业务所发生的实际成本总额，包括主营业务成本和其他业务成本。

资产减值损失是指企业计提各项资产减值准备所形成的损失。

公允价值变动收益（或损失）是指企业交易性金融资产等公允价值变动形成的应计入当期损益的利得（或损失）。

投资收益（或损失）是指企业以各种方式对外投资所取得的收益（或发生的损失）。

其他业务收入是指物流企业除主营业务收入以外的其他销售或其他业务的收入，如材料销售、车辆修理、包装物出租等收入；其他业务成本是指物流企业除主营业务成本以外的其他销售或其他业务所发生的支出，包括销售材料、提供劳务等发生的相关成本、费用，以及相关税金及附加等。

（二）利润总额

物流企业的利润总额是由营业利润和营业外收支净额等构成。用公式表示如下：

利润总额＝营业利润＋营业外收入－营业外支出

营业外收支净额是营业外收入与营业外支出的差额。营业外收入和营业外支出是指物流企业发生的与其生产经营活动没有直接关系的各项利得和各项损失。营业外收入包括：固定资产盘盈及出售净收益；罚款收入；教育费附加返还款等。营业外支出包括：固定资产盘亏、报废、损毁、出售的净损失，非季节性、非大修理期间的停工损失，非常损失，公益救济性捐款支出，赔偿金、违约金、各项滞纳金，罚款支出等。

营业外收入与营业外支出的差额为营业外收支净额，是利润总额的构成部分，但营业外支出不是为取得营业外收入而发生的，因此，两者并不配比。

（三）净利润

净利润是指企业当期利润总额减去所得税后的金额，即企业的税后利润。所得税费用是指企业将实现的利润总额按照所得税法规定的标准向国家计算缴纳的税金。它是企业利润总额的扣减项目，用公式表示如下：

净利润＝利润总额－所得税费用

## 二、利润核算的账户设置

物流企业进行利润核算时应设置以下账户。

1. 营业外收入

“营业外收入”账户主要核算物流企业发生的与企业生产经营无直接关系的各项利得，属损益类账户，其贷方登记企业本期所取得的各种营业外收入，借方登记企业本期转入“本年利润”账户的数额，结转后本账户应无余额。该账户应按营业外收入的具体项目设置明细账户，进行明细核算。

2. 营业外支出

“营业外支出”账户核算物流企业发生的与本企业生产经营无直接关系的各项损失，属损益类账户，其借方登记企业本期所发生的各种营业外支出，贷方登记企业本期转入“本年利润”账户的数额，结转后本账户应无余额。该账户也应按营业外支出的具体项目设置明细账户，进行明细核算。

3. 所得税费用

“所得税费用”账户核算物流企业按规定从当期损益中扣除的所得税，属损益类账户，其借方登记物流企业发生的按规定应从当期损益中扣除的所得税，贷方登记期末结转本年损益的数额，结转后本账户应无余额。

4. 本年利润

“本年利润”账户核算物流企业本年度实现的净利润，属所有者权益类账户，其贷方登记期末转入的各种收入，借方登记期末转入的各种成本、费用、营业税金及附加以及发生的各种损失。年末，应将该账户余额(净利润)转入“利润分配”账户，结转后该账户应无余额。

## 三、利润总额的核算

### (一) 营业外收入的核算

物流企业取得的各项营业外收入，按其来源不同，分别由“待处理财产损溢”“银行存款”“固定资产清理”等账户的借方转入“营业外收入”账户的贷方。

**【例 7-16】** 上海申通物流公司 9 月按有关规定结转处置固定资产净收益 12 000 元。作会计分录如下：

借：固定资产清理　　12 000
　贷：营业外收入　　12 000

**【例 7-17】** 上海申通物流公司收到某单位因未按合同规定支付货款而交来的赔偿金 10 000 元，存入银行。作会计分录如下：

借：银行存款　　10 000
　贷：营业外收入　　10 000

**【例 7-18】** 上海申通物流公司接到银行通知。教育部门因企业自办子弟学校而返还给企业的教育费附加款 16 000 元，已到账。作会计分录如下：

借：银行存款　　16 000
　贷：营业外收入　　16 000

### (二) 营业外支出的核算

**【例 7-19】** 上海申通物流公司发生原材料非常损失 18 000 元。经批准作营业外支出处理。作会计分录如下：

借：营业外支出——非常损失　　18 000
　贷：待处理财产损溢——待处理流动资产损溢　　18 000

**【例 7-20】** 上海申通物流公司 2 月 6 日支付税款滞纳金 3 000 元。作会计分录如下：

借：营业外支出——罚没支出　　3 000
　贷：银行存款　　3 000

**【例 7-21】** 上海申通物流公司 3 月 5 日开出转账支票，向残疾人运动会捐赠经费 10 000 元。作会计分录如下：

借：营业外支出——公益救济性捐赠额　　10 000

　贷：银行存款　　10 000

物流企业的营业利润加上取得的营业外收入并扣除发生的营业外支出后即为企业实现的利润总额。

**四、所得税费用的核算**

所得税是以企业的生产经营所得和其他所得为纳税依据计算征收的一种企业税金，它对于保证国家财政收入，正确维护国民收入分配的公平合理具有重要意义。

（一）应纳税所得额的计算

1. 应纳税所得额的计算方法

计算所得税，首先要确定应纳税所得额。应纳税所得额的计算公式如下：

应纳税所得额＝收入总额－准予扣除项目金额

所得税的计算根据税法的规定：应纳税所得额按纳税人每一纳税年度的收入总额减去准予扣除项目后的余额。

收入总额包括：生产、经营收入，财产转让收入，利息收入，租赁收入，特许权使用费收入，股息收入，其他收入。

准予扣除项目是指纳税取得收入有关的成本、费用、税金和损失。

上述对应纳税所得额计算的基本方法和企业利润计算的基本方法是一致的，因此，企业应纳税所得额基本上就是企业的利润总额。但两者对费用扣除的标准不完全一致，因为，在税法中规定：

(1) 下列几项在收入总额扣除时，只能按如下的范围、标准扣除：

第一，纳税人在生产、经营期间，向金融机构借款的利息支出，按照实际发生数扣除，向非金融机构借款的利息支出，按不高于金融机构同类、同期贷款利率计算的数额以内的部分，准予扣除。

第二，纳税人支付给职工的工资，按照计税工资扣除。计税工资的具体标准，在财政部规定的范围内，由省、自治区、直辖市人民政府规定，报财政部备案。

第三，纳税人提取的工会经费、职工教育经费，分别按照计税工资总额2％、2.5％计算扣除。

第四，纳税人用于公益、救济性的捐赠，在年度应纳税所得额3％以内的部分，准予扣除。

(2) 下列几项在收入总额中不得扣除：资本性支出；违法经营的罚款和被没收财物的损失；各项税收的滞纳金、罚金和罚款；自然灾害或者意外事故损失有赔偿的部分；超过国家规定允许扣除的公益、救济性的捐赠；各种赞助支出；与取得收入无关的其他各项支出。

2. 应纳税所得额的调整方法

物流企业应纳税所得还可以用会计利润加(或减)纳税调整项目金额计算求得。

会计利润是指物流企业按会计准则的要求计算出来的列报在利润表上的利润,即利润总额。应税利润在税法中称为应纳税所得额,是物流企业按照国家税法规定确认的应缴纳所得税的收益额。其计算公式如下:

应纳税所得额=会计利润±纳税调整项目金额

纳税调整增加额主要包括税法规定允许扣除项目中,物流企业已计入当期费用但超过税法规定扣除标准的金额(如超过税法规定标准的工资支出、业务招待费支出),以及物流企业已计入当期费用但税法规定不允许扣除项目的金额(如税收滞纳金、罚款、罚金等)。

纳税调整减少额主要包括按税法规定允许弥补的亏损和准予免税的项目,如5年内未弥补亏损和国债利息收入等。

3. 应纳所得税的计算

物流企业计算应纳税所得额后,就可按照规定的所得税率计算企业的应纳所得税额。应交所得税额的计算公式如下:

应纳所得税额=应纳税所得额×适用所得税税率

(二)所得税的会计处理

物流企业应设置"所得税费用"账户,核算企业按规定从当期损益中扣除的所得税。物流企业按应纳税所得额计算的本期应交所得税,借记"所得税费用"账户,贷记"应交税费——应交所得税"账户。实际上交税金时,借记"应交税费——应交所得税"账户,贷记"银行存款"账户。期末,应将"所得税费用"账户的余额转入"本年利润"账户,结转后"所得税费用"账户应无余额。

**【例7-22】** 上海申通物流公司某年实现利润总额1 100 000元,其中含国库券利息收入130 000元(国库券利息收入免征所得税),含税法不允许扣减的各种费用30 000元,所得税税率为25%,若无其他调整项目,则:

应纳所得税额=(1 100 000-130 000+30 000)×25%=250 000(元)

作会计分录如下:

借:所得税费用　　250 000
　贷:应交税费——应交所得税　　250 000

期末,应将所得税转入"本年利润"账户,则作会计分录如下:

借：本年利润　250 000

　贷：所得税费用　250 000

**【例 7-23】** 上海申通物流公司20×7年发生亏损150 000元尚未弥补，20×8年度实现利润总额1 000 000元，20×8年实际支付职工工资超过核定的计税工资标准180 000元，应计的工会经费、职工教育经费等按规定比率超过31 500元。在营业外支出中包括支付税收滞纳金1 000元，赞助支出2 500元，所得税税率为25%，所得税采用分季预缴，年终汇算清缴形式，税务机关核定本年每季预缴60 000元。

（1）物流企业每季预缴所得税60 000元时，作会计分录如下：

借：应交税费——应交所得税　60 000

　贷：银行存款　60 000

（2）年终时，计算出全年应纳税所得额，并作会计分录如下：

应纳税所得额＝1 000 000－150 000＋180 000＋31 500＋1 000＋2 500＝1 065 000(元)

应纳所得税额＝1 065 000×25%＝266 250(元)

借：所得税费用　266 250

　贷：应交税费——应交所得税　266 250

（3）年终清算时，由于四个季度已预缴240 000元，还应补缴26 250元(26 250－240 000)。实际补缴时，作会计分录如下：

借：应交税费——应交所得税　26 250

　贷：银行存款　26 250

清算后若属多缴，退回多缴的税金时，编制相反会计分录，或留待下一会计年度抵缴。

**五、本年利润的结转**

物流企业应设置"本年利润"账户，核算企业本年度内实现的净利润(或发生的净亏损)。期末结转利润时，应将"主营业务收入""其他业务收入""营业外收入"等账户的期末余额，转入"本年利润"账户的贷方；将"主营业务成本""税金及附加""其他业务成本""销售费用""管理费用""财务费用""营业外支出""所得税费用"等账户的期末余额，分别转入"本年利润"账户的借方。将"投资收益"账户净利润，转入"本年利润"账户的贷方；如为净损失，作相反的会计分录。

各项收支的结转方法有账结法和表结法两种。

1. 账结法

账结法是指企业于每月终了将各损益类账户的余额结转到"本年利润"账户，通过“本年利润”账户结算出各月利润及累计利润的方法。

**【例 7-24】** 上海申通物流公司 20×7 年 7 月份主营业务收入356 000 元，主营业务成本 239 800 元，营业税金及附加 27 000 元，销售费用 20 000 元，管理费用 12 000 元，财务费用 8 000 元，投资收益12 000 元，营业外收入 40 000 元，营业外支出 10 000 元。

采用账结法，月末应作结转会计分录如下：

(1) 结转收入：

| | | |
|---|---|---|
| 借：主营业务收入 | 356 000 | |
| 　　投资收益 | 12 000 | |
| 　　营业外收入 | 40 000 | |
| 　贷：本年利润 | | 408 000 |

(2) 结转成本费用：

| | | |
|---|---|---|
| 借：本年利润 | 316 800 | |
| 　贷：主营业务成本 | | 239 800 |
| 　　　税金及附加 | | 27 000 |
| 　　　销售费用 | | 20 000 |
| 　　　管理费用 | | 12 000 |
| 　　　财务费用 | | 8 000 |
| 　　　营业外支出 | | 10 000 |

根据“本年利润”账户借贷发生额确定本月实现的利润总额为：

$$408\,000-316\,800=91\,200(元)$$

若无其他调整项目，根据所得税税率为 25%，则物流企业应纳税所得额为 91 200 元，应纳税额为 22 800 元(91 200×25%)，作会计分录如下：

| | | |
|---|---|---|
| 借：所得税费用 | 22 800 | |
| 　贷：应交税费——应交所得税 | | 22 800 |
| 借：本年利润 | 22 800 | |
| 　贷：所得税费用 | | 22 800 |

则物流企业税后净利为 68 400 元(91 200－22 800)。税后净利是会计利润(利润总额)减去应纳所得税额后的差额。

2. 表结法

表结法是指企业在一定时期获得的利润或发生的亏损，平时各月不通过“本年利润”账户转账核算，而是利用利润表计算并反映出来的方法。采用表结法时，损益类账户平时不结转余额，年终时一次对应结转到“本年利润”账户。

另外，年度终了，应将本年收入和支出相抵后结出的本年实现的净利润，转入“利润分配”账户，借记“本年利润”账户，贷记“利润分配——未分配利润”账户；如为亏损，编制相反会计分录。结转后，“本年利润”账户应无余额。

**【例 7-25】** 承[例 7-24]，上海申通物流公司 20×7 年年末结转“本年利润”账户贷方余额 68 400 元，则作会计分录如下：

借：本年利润　　68 400
　贷：利润分配——未分配利润　　68 400

若为借方余额 68 400 元，即发生亏损 68 400 元，则作会计分录如下：

借：利润分配——未分配利润　　68 400
　贷：本年利润　　68 400

## 第三节　利润分配的管理与核算

利润分配是指企业根据国家有关规定和投资者的决议，对企业净利润所进行的支配。物流企业计算确定当期实现的利润总额，应当按照规定的程序进行分配，最后，将未分配利润结转下一会计期间。利润的分配过程和结果，不仅关系到所有者的合法权益是否得到保护，而且还关系到企业能否长期、稳定地发展。

### 一、利润分配的程序

企业本年实现的净利润加上年年初未分配利润即为可供分配的利润。根据现行财务制度规定，物流企业本年度的利润总额确定之后，若上年度还有未弥补的亏损，且其弥补期还未超过 5 年，则企业应该用本年度所得税前的利润加以弥补。物流企业在按规定用所得税前的利润弥补以前年度的亏损后，将本年度的剩余利润，按照国家规定作相应调整后，依法缴纳所得税。缴纳所得税后的利润即为税后利润，除国家另有规定者外，按照下列顺序分配：

(1) 弥补被没收的财物损失，支付各项税收的滞纳金和罚款。

(2) 弥补企业以前年度亏损。这里的亏损，一般是指超过用税前利润弥补，按税法规定只能用税后利润弥补的亏损。

(3) 提取法定盈余公积。

(4) 向投资者分配利润。

### 二、利润分配的核算

#### (一) 利润分配的账户设置

为了反映和监督利润分配的过程和结果，企业应设置“利润分配”账户，核算物流企业利润的分配(或亏损的弥补)和历年分配(或弥补后)的结存余额。“利润分配”账户一般应分别设置以下明细账户：

（1）“盈余公积补亏”，核算物流企业用盈余公积弥补的亏损。企业用盈余公积弥补亏损时，借记“盈余公积”账户，贷记该账户。

（2）“提取盈余公积”，核算物流企业按规定从利润中提取的盈余公积。企业计算出本期应提取数时，借记该明细账户，贷记“盈余公积”账户。

（3）“应付股利”，核算物流企业实现的应付给投资者的利润，包括应付国家、其他单位及个人的投资利润、股利或红利。企业计算出应支付的利润时，借记该明细账户，贷记“应付股利”账户。

（4）“未分配利润”，汇总核算物流企业全年实现的净利润（或亏损总额）和利润分配数额，计算物流企业留待以后会计年度进行分配的利润或应弥补的亏损。

年度终了，物流企业应将全年实现的净利润自“本年利润”账户转入“未分配利润”明细账户贷方。如为亏损数额，转入“未分配利润”明细账户借方。同时，将全年利润分配数额，自“利润分配”账户下的其他明细账户的余额转入“未分配利润”明细账户。结转后，“未分配利润”明细账户的借方余额为未弥补的亏损，贷方余额为未分配的利润。企业年终结账后发现的以前年度会计事项需调整时，如果涉及以前年度损益的，也在“未分配利润”明细账户核算，调整增加上年利润或调整减少的上年亏损，借记有关账户，贷记“未分配利润”明细账户，调整减少的上年利润或调整增加的上年亏损，则作相反分录。

（二）利润分配的核算

1. 弥补亏损的核算

根据我国财务制度规定，企业发生的亏损，可以用下一年的税前利润弥补。下一年度的利润不足弥补时，可以在5年内连续弥补。5年内不足弥补的，从第六年起，应以税后利润弥补。由于企业发生的亏损是留在“利润分配——未分配利润”账户借方的，以后年度企业盈利，就从“本年利润”账户转入“利润分配——未分配利润”账户的贷方，自然就弥补了亏损，因此，不必另作补亏分录专门进行核算。企业发生的年度亏损也可以用盈余公积来弥补。

**【例7-26】** 假设上海申通物流公司以盈余公积弥补以前年度的亏损40 000元。作会计分录如下：

| | | |
|---|---|---|
| 借：盈余公积 | 40 000 | |
| 贷：利润分配——盈余公积补亏 | | 40 000 |

2. 提取盈余公积的核算

盈余公积是指从税后利润中提取的，用于企业发展、弥补亏损或转增资本的积累。企业在计算缴纳所得税后的利润，加上一年度未分配利润（或减去弥补以前年度亏损）后，即为可供分配利润。对于可供分配的利润，首先应当按照国家有关法规的规定比例提取法定盈余公积，提取的比例为10%。

**【例7-27】** 上海申通物流公司税后利润为200 000元，按规定的比例提取法定盈余公积。作会计分录如下：

借：利润分配——提取盈余公积　　20 000

　贷：盈余公积——法定盈余公积　　20 000

3. 向投资者分配利润的核算

物流企业的利润按照上述顺序进行分配后的剩余部分，为可向投资者分配的利润。但物流企业是否向投资者分配利润以及分配多少，要由投资者决定，而且，由于企业组织形式不同，物流企业向投资者分配利润的方式也各不相同。对于联营企业，应按照协议或投资合同的规定，按各投资者在企业中的投资比例进行分配，对于股份制经营企业，由董事会确定股利分配方案，按照发行在外的股票分配股利。物流企业可向投资者分配的利润可以留有余额，供企业参加周转，还可以作为以后年度补亏的一种准备。

**【例7-28】** 上海申通物流公司经研究决定向投资人分配利润200 000元，作会计分录如下：

(1) 决定利润分配方案时：

借：利润分配——应付投资利润　　200 000

　贷：应付股利　　200 000

(2) 实际支付利润时：

借：应付股利　　200 000

　贷：银行存款　　200 000

**三、利润分配的年终结转**

年度终了，企业应将全年实现的净利润，自本年利润转入利润分配，借记“本年利润”账户，贷记“利润分配——未分配利润”账户，如为净亏损，则作相反的会计分录。同时，将“利润分配”账户下的其他明细账户的余额转入“利润分配”账户的“未分配利润”明细账户。结转后，除“未分配利润”明细账户外，“利润分配”账户的其他明细账户应无余额。

“利润分配”账户年末余额，反映企业历年积存的未分配利润(或未弥补亏损)。

**【例7-29】** 上海申通物流公司20×7年实现净利润500 000元，按10%提取法定盈余公积，并分配给普通股股东现金股利100 000元。该公司相关的账务处理如下：

(1) 结转本年利润时，作会计分录如下：

借：本年利润　　500 000

　贷：利润分配——未分配利润　　500 000

(2) 提取法定盈余公积时，作会计分录如下：

借：利润分配——提取盈余公积(500 000×10%)　　50 000
　贷：盈余公积——法定盈余公积　　50 000

(3) 分配现金股利时，作会计分录如下：

借：利润分配——应付投资利润　　100 000
　贷：应付股利　　100 000

(4) 结转“利润分配”账户中的明细账户时，作会计分录如下：

借：利润分配——未分配利润　　150 000
　贷：利润分配——提取盈余公积　　50 000
　　　　　　——应付投资利润　　100 000

结转后，企业“利润分配——未分配利润”账户为贷方余额350 000元(500 000－150 000)，是本年年末累计实现的未分配利润。

## 第四节　所有者权益的管理与核算

### 一、所有者权益的性质及其构成

任何一个经济实体，为了进行生产经营活动，都需要拥有一定数量的经济资源，这些经济资源在会计上称为“资产”。资产最初进入企业时，总有其提供者(来源)，他们对企业的资产具有要求权，这种对企业资产的要求权，在会计上总称为“权益”。权益可以进一步分为债权人权益和所有者权益。

债权人权益(企业负债)和企业所有者权益虽同属企业资产的来源，但两者在企业中享有的权利和承担的义务又有着明显的区别：

(1) 负债是债权人对企业总资产的索偿权，而所有者权益是企业所有者对企业总资产扣除全部负债后剩余资产(净资产)的要求权。

(2) 债权人与企业只有债权债务关系，无权参与企业经营管理，而所有者有参与企业经营管理或委托他人管理企业的权利。

(3) 负债有规定的偿还期，而所有者权益在企业经营期间无须偿付，不用返还资本，除非企业终止经营。

(4) 债权人不能参与企业利润分配，但可以按约定取得利息，风险小，而所有者可以参与企业利润分配，但不稳定、风险大。

(5) 所有者权益作为对企业净资产的要求权，在企业清算时，索偿权在债权人之后。

所有者权益是指企业投资人对企业净资产的要求权，其金额为资产减去负债后的余额，包括实收资本（或股本）、资本公积、盈余公积和未分配利润等。其中，盈余公积和未分配利润又合称为留存收益。

## 二、所有者权益的核算

### （一）实收资本的核算

实收资本是指投资者作为资本投入到物流企业中的各种资产的价值，是投资人对企业筹集注册资本的出资额，是企业注册登记的法定资本总额的来源。所有者投入的资本，在一般情况下企业无须偿还，可以长期周转使用。投入资本包括国家投入资本、法人投入资本、个人投入资本和外商投入资本四种。投资人投入资本可以采用货币资金、实物资产（如建筑物、厂房、机器设备、材料物资等），也可以采取无形资产（如专有技术、专利权、场地使用权等）作价投资。

为了反映和监督投入资本状况，除股份有限公司对股东投入资本应设置“股本”账户外，其余物流企业均设置“实收资本”账户，核算企业实际收到的投资者投入的资本。企业应按投资人名称对实收资本进行明细分类核算。

物流企业收到投资者以现金投入的资本时，应以实际收到或存入物流企业开户银行的金额作为实收资本入账，借记“银行存款”账户，贷记“实收资本”账户，对于实际收到或存入物流企业开户银行的金额超过投资者在物流企业注册资本中所占份额的部分，应记入“资本公积”账户；物流企业收到投资者以非现金资产投入的资本时，应按投资各方确认的价值作为实收资本入账，在办理完有关产权转移手续后，借记“固定资产”“原材料”“库存商品”等账户，贷记“实收资本”账户。对于投资各方确认的资产价值超过其注册资本中所占份额的部分，应记入“资本公积”账户。

**【例 7-30】** 上海申通物流公司由甲、乙、丙三个公司共同投资设立。甲公司以 10 辆运输车辆作价出资，协议作价 500 000 元；乙公司以现金 100 000 元出资，款项已全部到账；丙公司作为资本投入专利权一项，该项专利权经评估确认的价值为 300 000 元。作会计分录如下：

| | | |
|---|---|---|
| 借：银行存款 | 100 000 | |
| 　　固定资产 | 500 000 | |
| 　　无形资产 | 300 000 | |
| 　贷：实收资本——甲公司 | | 500 000 |
| 　　　　　　——乙公司 | | 100 000 |
| 　　　　　　——丙公司 | | 300 000 |

### （二）资本公积的核算

资本公积是企业收到投资者的超出其在企业注册资本（或股本）中所占份额的投资，以及直接计入所有者权益的利得和损失等。资本公积包括资本溢价（或股本溢价)和直接计入所有者权益的利得和损失等。

资本溢价(或股本溢价),是企业收到投资者的超出其在企业注册资本(或股本)中所占份额的投资。形成资本溢价(或股本溢价)的原因有溢价发行股票、投资者超额缴入资本等。

直接计入所有者权益的利得和损失是指不应计入当期损益、会导致所有者权益发生增减变动的、与所有者投入资本或者向所有者分配利润无关的利得或者损失。

资本公积的核算包括资本溢价(或股本溢价)的核算和资本公积转增资本的核算等内容。

资本公积的核算应通过"资本公积"总账账户进行,该账户贷方登记资本公积增加数,借方登记减少数,贷方余额为结存数。资本公积核算时应根据各个组成项目的不同情况进行计价入账。

1. 资本(或股本)溢价

对于一般物流企业,在收到投资者投入的资金时,按实际收到的金额或确定的价值,借记"银行存款""固定资产"等账户,按其在注册资本中所占的份额,贷记"实收资本"账户,按其差额,贷记"资本公积——资本溢价"账户。

对于股份有限公司溢价发行股票的,在收到现金等资产时,按实际收到的金额,借记"银行存款"等账户,按股票面值和核定的股份总额的乘积计算的金额,贷记"实收资本"账户,按溢价部分,贷记"资本公积——股本溢价"账户。对于股份有限公司发行股票时支付的手续费或佣金、股票印刷成本等,应首先减去发行股票冻结期间所产生的利息收入,溢价发行的,从股票发行的溢价收入中抵销;无溢价的,或溢价不足以支付的部分,作为长期待摊费用,分期摊销。

**【例 7-31】** 上海申通物流公司发行每股面值 1 元的普通股票 300 万股,每股发行价 5 元,收到股款 1 500 万元,支付发行费 30 万元。作会计分录如下:

| | | |
|---|---|---|
| 借:银行存款 | 14 700 000 | |
| 贷:实收资本——普通股 | | 3 000 000 |
| 资本公积——股本溢价 | | 11 700 000 |

2. 转增资本

物流企业采用资本公积转增资本时,应按照转增的资本金额,借记"资本公积"账户,贷记"实收资本"或"股本"账户。

**【例 7-32】** 经批准,上海申通物流公司按法定程序将资本公积100 000 元转增资本。作会计分录如下:

| | | |
|---|---|---|
| 借:资本公积 | 100 000 | |
| 贷:实收资本 | | 100 000 |

（三）盈余公积的核算

盈余公积是指物流企业按照规定从净利润中提取的各种积累资金。盈余公积一般分为两种：一是法定盈余公积。物流企业的法定盈余公积按照税后利润的 10%提取，法定盈余公积累计额已达注册资本的 50%时可以不再提取。二是任意盈余公积。任意盈余公积由物流企业按照股东大会的决议提取。企业提取的盈余公积主要用于弥补企业亏损、转增企业资本（或股本）、发放现金股利或利润。根据企业会计制度和有关法规的规定，企业发生亏损后，可以用以后 5 年内实现的税前利润来弥补，5 年内仍不足弥补的，应使用随后实现的税后利润弥补。通常，税后利润仍不足弥补亏损的，可以用所提取的盈余公积来加以弥补。转增资本后，企业的法定盈余公积一般不得低于注册资本的 25%。

盈余公积的核算通过"盈余公积"总账账户进行，其贷方登记实际提取数，借方登记弥补亏损或转增资本而减少的数额，余额在贷方表示盈余公积结余数。另外，还应在"盈余公积"账户下设置"法定盈余公积"和"任意盈余公积"两个明细账户。

1. 提取盈余公积

物流企业在按规定提取各项盈余公积时，应当按照提取的各项盈余公积金额分别进行会计处理。

**【例 7-33】** 上海申通物流公司实现税后净利润 1 000 000 元，按 10%的比例提取法定盈余公积，按净利润的 50%向投资者分配现金股利。

提取的法定盈余公积＝1 000 000×10%＝100 000（元）

应向投资者分配的利润＝1 000 000×50%＝500 000（元）

未分配利润＝1 000 000－100 000－500 000＝400 000（元）

（1）提取盈余公积时，作会计分录如下：

| | | |
|---|---|---|
| 借：利润分配——提取盈余公积 | 100 000 | |
| 贷：盈余公积——法定盈余公积 | | 100 000 |

（2）应向投资者分配现金股利时，作会计分录如下：

| | | |
|---|---|---|
| 借：利润分配——应付投资利润 | 500 000 | |
| 贷：应付股利 | | 500 000 |

2. 盈余公积弥补亏损

物流企业经股东大会或类似机构决议，用盈余公积弥补亏损时，应借记"盈余公积"账户，贷记"利润分配——盈余公积补亏"账户。

**【例 7-34】** 上海申通物流公司本年度净亏损 30 000 元，经董事会决议通过，用盈余公积弥补亏损额 30 000 元。作会计分录如下：

借：盈余公积　　30 000
　贷：利润分配——盈余公积补亏　　30 000

在年末结账时，将“利润分配——盈余公积补亏”账户的余额转入“利润分配——未分配利润”账户，作会计分录如下：

借：利润分配——盈余公积补亏　　30 000
　贷：利润分配——未分配利润　　30 000

3. 盈余公积转增资本（或股本）

企业经批准用盈余公积转增资本时，应当按照实际转增的盈余公积金额，借记“盈余公积”账户，贷记“实收资本”账户。股份有限公司经股东大会决议，用盈余公积派送新股转增股本时，应借记“盈余公积”账户，贷记“股本”账户。

4. 用盈余公积分配股利或利润

企业无利润时，原则上不得分配股利或利润，但为维护企业信誉，经股东大会特别决议，也可用弥补亏损后的盈余公积分配现金股利或利润，借记“盈余公积”账户，贷记“应付股利”账户。

（四）未分配利润减少的核算

未分配利润是物流企业留待以后年度进行分配的结存利润，也是物流企业所有者权益的组成部分。从数量上来讲，未分配利润是期初未分配利润，加上本期实现的净利润，减去提取的各种盈余公积和分出利润后的余额。在会计核算上，未分配利润是通过“利润分配——未分配利润”账户进行核算的。未分配利润是企业“利润分配——未分配利润”账户的期末贷方余额。

物流企业如果在当年发生亏损，应当将本年发生的亏损自“本年利润”账户的贷方，转入“利润分配——未分配利润”账户的借方。当企业以当年实现的利润弥补以前年度亏损时，企业需将当年实现的利润自“本年利润”账户的借方转入“利润分配——未分配利润”账户的贷方，“利润分配——未分配利润”账户的贷方发生额与“利润分配——未分配利润”账户的借方余额自然抵补。所以当年实现的净利润弥补以前年度结转的未弥补亏损时，实际上并不需要进行专门的账务处理。

**【例 7-35】** 上海申通物流公司在 20×7 年发生亏损 2 000 000 元，在年度终了时，企业应当结转本年发生的亏损。作会计分录如下：

借：利润分配——未分配利润　　2 000 000
　贷：本年利润　　2 000 000

假定以后两年中，该公司每年均实现利润 400 000 元。按照现行制度规定，公司在发生亏损后的 5 年内可以用税前利润来弥补亏损。这样，该公司在每年度终了时，作会计分录如下：

借：本年利润　400 000

　贷：利润分配——未分配利润　400 000

# 单项选择题

1. 下列关于实收资本的说法中，正确的是(　　)。

A. 借方登记所有者权益投入资本金的增加数

B. 借方登记资本公积转增资本数额

C. 贷方登记所有者投入企业资本金的减少数

D. 贷方登记盈余公积转增资本的数额

2. 公司法规定，企业按净利润的10%提取法定盈余公积，但此项公积已达到注册资本的(　　)时，可以不再提取。

A. 20%　　B. 25%　　C. 30%　　D. 50%

3. 某公司盈余公积科目的年初余额为120万元；本期提取80万元，转增资本100万元，该公司盈余公积科目的年末余额为(　　)万元。

A. 120　　B. 200　　C. 100　　D. 80

4. 下列各项中，能够引起所有者权益总额变化的是(　　)。

A. 以盈余公积转增资本　　B. 增资

C. 以盈余公积弥补亏损　　D. 向股东支付已宣告分派的股利

5. 年末，甲企业所有者权益如下：实收资本200万元，资本公积17万元，盈余公积38万元，未分配利润32万元．则该企业年末留存收益为(　　)万元。

A. 32　　B. 38　　C. 70　　D. 87

6. 下列各项收入中，不应列入“其他业务收入”账户核算的有(　　)。

A. 罚款收入　　B. 技术转让收入

C. 包装物出租收入　　D. 材料销售收入

7. 下列各项中，属于物流企业营业收入的是(　　)。

A. 仓储业务收入　　B. 出售旧设备的收入

C. 出售股票收入　　D. 接受捐赠利得

8. 企业支付给专设销售机构人员的工资应计入(　　)。

A. 管理费用　　B. 销售费用　　C. 财务费用　　D. 营业成本

9. 净利润是利润总额中扣除(　　)后的余额。

A. 投资损失　　B. 营业外支出

C. 所得税费用　　　　　　　　　　D. 未分配利润

10. 下列收入项目中,与企业生产经营没有直接关系的收入是(　　)。

A. 运输业务收入　　　　　　　　　B. 固定资产盘盈

C. 配送业务收入　　　　　　　　　D. 转让专有技术使用权的收入

11. 下列各项中,应计入管理费用的是(　　)。

A. 运输人员工资　　　　　　　　　B. 广告费

C. 不符合资本化条件的研发支出　　D. 短期借款利息

12. 下列各项中,应计入营业外支出的是(　　)。

A. 计提的坏账准备

B. 交易性金融资产公允价值变动

C. 接受捐赠固定资产发生的相关支出

D. 自然灾害造成的固定资产损失

13. 下列各项中,不属于企业利润分配的经济业务是(　　)。

A. 结转应交所得税　　　　　　　　B. 提取法定盈余公积

C. 提取任意盈余公积　　　　　　　D. 分配普通股股利

14. 年度终了,应将"本年利润"账户的全年累计贷方余额即本年实现的利润,转入(　　)账户。

A. "利润分配——提取法定盈余公积"　B. "利润分配——提取任意盈余公积"

C. "利润分配——未分配利润"　　　　D. "利润分配——应付现金股利"

15. 年度终了,下列"利润分配"明细账户有余额的是(　　)。

A. 提取法定盈余公积　　　　　　　B. 提取任意盈余公积

C. 应付现金股利　　　　　　　　　D. 未分配利润

## 多项选择题

1. 收入是指企业在日常活动中形成的、会导致所有者权益增加的、与所有者投入资本无关的经济利益的总流入,包括(　　)。

A. 营业收入　　　　　　　　　　　B. 使用费收入

C. 股利收入　　　　　　　　　　　D. 处理固定资产净损益

E. 捐赠收入

2. 企业依法缴纳的税费中,应计入管理费用的有(　　)。

A. 房产税　　　　　　　　　　　　B. 增值税

C. 车船税　　　　　　　　　　　　D. 土地使用税

E. 所得税

3. 不能作为物流企业收入处理的有(　　)。

A. 企业代收的增值税
B. 企业代收的消费税
C. 物流企业运输业务取得的收入
D. 物流企业仓储业务取得的收入
E. 取得股票股利

4. 下列各项中,应作为物流企业的期间费用加以核算的有(　　)。

A. 物流企业运输一线人员的工资
B. 会计人员的工资
C. 物流企业运输部门领用的燃料
D. 企业短期借款的利息费用
E. 广告费

5. 下列项目中,应计入营业外收入的有(　　)。

A. 出售固定资产净收益
B. 出售无形资产净收益
C. 出租无形资产收入
D. 固定资产盘盈净值
E. 罚款收入

6. 下列各项中,期末应将其本期发生额转入"本年利润"账户贷方的有(　　)。

A. 主营业务收入
B. 营业外支出
C. 主营业务成本
D. 其他业务成本
E. 营业外收入

7. "利润分配"账户一般应设置(　　)等明细账户。

A. "提取法定盈余公积"
B. "提取任意盈余公积"
C. "应付现金股利"
D. "未分配利润"
E. 转作股本的股利

8. 下列各项中,应记入"营业外支出"账户的有(　　)。

A. 处理固定资产净损失
B. 核销的固定资产盘亏损失
C. 核销的存货定额内损耗
D. 罚没支出
E. 捐赠支出

9. 盈余公积的主要用途是(　　)。

A. 弥补亏损
B. 转增资本
C. 对外投资
D. 发放工资

10. 下列各项中,能够引起留存收益总额发生变化的有(　　)。

A. 用盈余公积转增资本
B. 向投资者支付现金股利
C. 提取法定盈余公积
D. 本年未分完的利润

# 名词解释

1. 营运收入　2. 主营业务收入　3. 其他业务收入
4. 营业外支出　5. 营业利润　6. 所有者权益
7. 实收资本　8. 留存收益

# 思考题

1. 简述物流企业营运收入的组成内容?
2. 物流企业核算营运收入应设置哪些账户? 各账户的核算内容是什么?
3. 简述企业利润的构成。
4. 企业税后利润应如何分配?
5. 简述所有者权益与债权人权益的区别。
6. 什么是所有者权益? 它包括哪些内容?
7. 什么是资本公积? 它由哪些内容组成?

# 习题

## 习题一

**(一) 目的**　练习营运收入的核算。

**(二) 资料**　上海申通物流公司 20×7 年 7 月份发生以下经济业务:

1. 5 日,接银行收款通知,各站解缴营业款如下:甲站 80 000 元,乙站 70 000 元,丙站 85 000 元,营业所 82 000 元。

2. 8 日,接银行收款通知,收到永生化工厂汇来托运费 28 000 元。

3. 15 日,为永生化工厂运送货物完毕,经结算应收运费29 000 元。

4. 20 日,接银行收款通知,收到永生化工厂汇来的托运费尾款1 000 元。

5. 31 日,收到保养车间交来丰利食品厂转账支票一张,支付本月汽车修理费9 800元。

6. 31 日,出租暂不使用的客车一辆,租期 6 个月,每月租金2 000 元,本月租金已收存银行。

7. 31 日,将某项专有技术转让给长途运输公司,经双方协商确定技术转让费为25 000 元,款项已收存银行。

8. 31 日,为本市物资学校修车三辆,应收修理费 5 890 元,款项尚未收到。

9. 31 日，销售给长途运输公司汽车配件一批，售价 58 000 元，收到长途运输公司商业汇票一张，面额为 58 000 元。

10. 31 日，接银行收款通知，各站解缴营业款如下：甲站 698 000 元，乙站 590 000 元，丙站 140 000 元，营业所 450 000 元。

11. 31 日，根据各站编制的营运收入月报表汇总编制营业收入汇总表如图表 7-2 所示，据此结转营业收入。

图表 7-2

**营业收入汇总表**

20×7 年 7 月

| 站　　名 | 货运收入 | 装卸收入 | 代理业务收入 | 营业收入合计 |
|---|---|---|---|---|
| 甲　　站 | 730 200 | 76 000 | 2 400 | 808 600 |
| 乙　　站 | 607 800 | 82 000 | 1 600 | 691 400 |
| 丙　　站 | 23 800 | | | 238 000 |
| 营 业 所 | 420 000 | 142 000 | | 562 000 |
| 合　　计 | | | | |

12. 31 日，结转本月营业收入。

**（三）要求**　根据以上经济业务，编制会计分录。

## 习　题　二

**（一）目的**　练习营业外收支的核算。

**（二）资料**　上海申通物流公司 8 月份发生以下经济业务：

1. 以银行存款支付洪涝灾区救济费 32 000 元。

2. 以银行存款支付职工子弟学校经费 20 000 元。

3. 由于行车事故，解放牌货车一辆全部毁损(无残值)，该车原价 32 000 元，累计已提折旧 8 000 元，向保险公司索赔 20 000 元，结转固定资产清理损失。

4. 收到财政局返还的教育费附加 15 000 元，存入银行。

5. 上月由于水灾造成的材料毁损 25 000 元，经上级批准作非常损失处理。

6. 收到长远公司未履行供货合同交来的罚金 7 800 元，存入银行。

7. 经上级批准，转销固定资产盘亏净损失 28 000 元。

8. 企业出售装卸机械一台，原价 6 000 元，已提折旧 1 800 元，发生清理费用 200 元，收到价款 4 800 元，结转出售固定资产净损益。

9. 结转逾期包装物押金收入 8 000 元。

10. 结转本月营业外收支。

**(三) 要求**

1. 根据以上经济业务,编制会计分录。

2. 登记“营业外收入”及“营业外支出”账户并结出余额。

## 习 题 三

**(一) 目的** 练习利润形成及分配的核算。

**(二) 资料**

1. 上海申通物流公司12月初有关总账及明细账的期初余额如下:

| | |
|---|---|
| 本年利润 | 498 000 元 |
| 利润分配——提取盈余公积 | 33 366 元 |
| ——未分配利润 | 10 000 元 |

2. 该公司12月份发生以下经济业务:

(1) 以银行存款预缴所得税16 000元。

(2) 收到联营单位江远公司通知,企业应分得投资利润20 000元。

(3) 结转本月各项收益669 355元。其中:运输收入554 000元,装卸收入75 000元,代理业务收入1 000元,其他业务收入7 500元,投资收益30 000元,营业外收入1 855元。

(4) 结转本月各项成本、费用589 990元,其中:运输成本445 500元,装卸成本60 000元,代理业务成本300元,其他业务成本4 548元,税金及附加23 210元,管理费用42 912元,营业外支出2 520元。

(5) 计算并结转本月应交所得税。

(6) 按税后利润10%提取法定盈余公积。

(7) 向大华公司分配投资利润20 000元。

(8) 将企业全年实现的利润总额转入“利润分配——未分配利润”账户。

(9) 将“利润分配”各明细账户余额转入“未分配利润”明细账户。

**(三) 要求**

1. 根据以上资料,编制会计分录。

2. 登记“本年利润”“利润分配”账户及所属明细账户。

## 习 题 四

**(一) 目的** 练习投入资本的核算。

**(二) 资料** 上海申通物流公司4月份发生有关经济业务如下:

1. 16日,收到外商投入的资本金折合人民币1 000 000元,存入银行。

2. 18日,甲公司投资的旧仓库一座,已验收使用。仓库账面原价为300 000元,已提折旧 100 000 元，投资各方确认以账面净值入账。

3. 24 日，乙公司以专利权进行投资，投资各方确认以 50 000 元入账。

**(三) 要求** 根据上述经济业务，编制会计分录。

## 习 题 五

**(一) 目的** 练习盈余公积的核算。

**(二) 资料** 上海申通物流公司 4 月份发生下列有关的经济业务：

1. 公司为了增加股本，以 5 元的价格发行面值为 1 元的普通股6 000 000 股，扣除股票发行费用 300 000 元后，收到全部发行款29 700 000 元，存入银行。

2. 接受外商赠送的汽车一辆，重置完全价值为 280 000 元，估计有八成新。

3. 公司净利润为 200 000 元，按 10%的比例提取法定盈余公积，按 5%的比例提取任意盈余公积。

4. 经批准将法定盈余公积 200 000 元转增股本。

**(三) 要求** 根据上述资料，编制会计分录。

# 第八章 财务报告

**本章提要**

财务报告是综合反映物流企业财务状况、经营成果和现金流量的书面文件。本章主要阐述物流企业财务报告的内容、编制和分析方法。通过本章学习，学员应了解财务报告的构成和财务情况说明书的内容，学会资产负债表、利润表和现金流量表的编制，掌握财务报告的分析方法。

## 第一节 财务报告概述

根据会计制度规定，物流企业于会计期间终了，必须将企业经营活动的财务状况、经营成果和现金流量以书面形式进行综合反映。通过前面各章的核算，企业的各项经济业务已经按照一定的程序和方法记录到相关的会计账簿中，账簿中的财务资料比较详细、具体，但数量较大，相对分散，难以集中、概括地反映企业的财务状况和经营成果。为了向各界人士提供更为简洁和综合的会计信息，就需要对日常核算资料作进一步的分类、调整、汇总，并以表格或文字的形式，即以财务报告的形式予以公布。因此，财务报告是企业会计信息系统的一项输出，是经济业务数据经过会计核算程序处理后的产物。它的目标与财务会计的目标一致，即为不同的信息使用者，特别是为投资者和债权人提供有关企业财务状况的信息，以完成对财产的受托代理责任。

财务报告包括会计报表及其附注和其他应当在财务会计报告中披露的相关信息和资料。会计报表至少应当包括资产负债表、利润表、现金流量表等报表。小企业编制的会计报表可以不包括现金流量表。

### 一、会计报表

会计报表是表格形式的财务报告，它是物流企业财务报告的主要部分，是企业向外界传递会计信息的主要手段。按照不同的标志，会计报表可作如下分类。

1. 按反映内容分类

按照会计报表所反映内容的不同，会计报表可以分为静态报表和动态报表。静态报表是指综合反映企业某一特定日期资产、负债和所有者权益状况的报表，如资产负债表；动态报表是指综合反映企业一定期间的经营情况或现金流动情况的报表，如利润表和现金流量表。

2. 按编报时间分类

按照会计报表编报时间的不同，会计报表可以分为月报、季报、半年报和年报。其中，月报要求简明扼要，及时反映；年报要求揭示完整，反映全面；而季报和半年报在会计信息的详细程度方面则介于两者之间。半年度、季度和月度财务会计报告统称为中期财务会计报告。季度和月度财务会计报告通常仅指会计报表，但国家另有要求的，则应按国家要求增加相关资料。半年度中期财务会计报告中的会计报表附注至少应当披露所有重大的事项。

3. 按编制单位分类

按照会计报表编制单位的不同，会计报表可以分为单位报表和合并报表。单位报表是指由企业在自身会计核算基础上对账簿记录进行加工而编制的会计报表，它主要用以反映企业自身的财务状况、经营成果和现金流动情况。当公司对其他单位的投资占该公司注册资本总额 50%(不含 50%)以上，或虽然占该公司注册资本总额不足 50%但具有实质控制权，形成母子公司关系时，应当编制合并会计报表。合并报表是以母公司和子公司组成的企业集团为会计主体，根据母公司和所属子公司的会计报表，由母公司编制的综合反映企业集团财务状况、经营成果及现金流量的会计报表。

4. 按服务对象分类

按照会计报表服务对象的不同，会计报表可以分为内部报表和外部报表。内部报表是指为满足企业内部经营管理需要而编制的会计报表，它一般没有统一的格式，也没有统一的编制要求，一般也无须对外公开；外部报表则是指企业向外提供的会计报表，主要供投资者、债权人、政府部门和社会公众等有关方面使用，《企业会计准则》对其规定了统一的格式和编制要求。

**二、编制财务报告的目的**

物流企业编制财务报告的主要目的就是为财务报告使用者进行决策提供会计信息。财务报告使用者通常包括投资者、债权人、政府及相关机构、企业管理人员、职工和社会公众等。不同的财务报告使用者对财务报告所提供信息的要求各有侧重。

股东(投资者)主要关注投资的内在风险和投资报酬。为此，企业编制的财务报告应当着重为其提供有关企业的盈利能力、资本结构和利润分配政策等方面的信息。

债权人主要关注的是其所提供给企业的资金是否安全，自己的债权是否能够按期如数收回。为此，企业编制的财务报告应当着重为他们提供有关企业偿债能力的信息。

政府及相关机构最关注的是国家资源的分配和运用情况，需要了解与经济政策(如税收政策)的制定、国民收入的统计等有关方面的信息。为此，企业编制的财务报告应当着重为其提供有关企业的资源及其运用、分配方面的情况，为国家的宏观决策提供必要的信息。

企业管理人员最关注的是企业财务状况的好坏、经营业绩的大小以及现金的流动情况。为此，企业编制的财务报告，应当着重为其提供有关企业某一特定日期的资产、负债与所有者权益情况，以及某一特定经营期间经营业绩与现金流量方面的信息，并为以后进行生产经营决策、改善生产经营管理提供参考资料。

企业职工最关注的是企业为其所提供的就业机会及其稳定性、劳动报酬高低和职工福利好坏等方面的资料，而上述情况又与企业的资本结构及其盈利能力等情况密切相关。因此，企业编制的财务报告除了需要提供以上信息外，还需提供与职工福利相关的资料。

社会公众（包括企业潜在的投资者或债权人）主要关注企业（特别是对股份有限公司）的兴衰及其发展情况。为此，企业编制的财务报告，应当着重为其提供有关企业目前状况及其未来发展等有关方面的资料，帮助他们了解企业，并为其未来的投资决策提供信息。

## 三、财务报告的编制要求

为了使财务报告能够最大限度地满足各有关方面的需要，实现编制财务报告的目的，充分发挥财务报告的作用，企业编制的财务报告应当真实可靠、相关可比、全面完整、编报及时、便于理解。

### （一）真实可靠

财务报告各项目的数据必须建立在真实可靠的基础上，使企业财务报告能够如实地反映企业的财务状况、经营成果和现金流动情况。因此，财务报告必须根据核实无误的账簿及相关资料编制，不得以任何方式弄虚作假。如果财务报告所提供的资料不真实或者可靠性很差，则不仅不能发挥财务报告的应有作用，而且还会由于错误的信息，导致财务报告使用者对企业的财务状况、经营成果和现金流动情况作出错误的评价与判断，致使报告使用者作出错误的决策。

### （二）相关可比

企业财务报告所提供的财务会计信息必须与报告使用者的决策需要相关，并且便于报告使用者在不同企业之间及同一企业前后各期之间进行比较。只有提供相关且可比的信息，才能帮助报告使用者分析企业在整个社会特别是同行业中的地位，了解、判断企业过去、现在的情况，预测企业未来的发展趋势，进而为报告使用者的决策服务。

### （三）全面完整

企业财务报告应当全面地披露企业的财务状况、经营成果和现金流动情况，完整地反映企业财务活动的过程和结果，以满足各有关方面对财务会计信息资料的需要。为了保证财务报告的全面完整，企业在编制财务报告时，应当按照《企业会计制度》规定的格式和内容填报。特别对某些重要事项，应当按照要求在会计报表附注中进行说明，不得漏编漏报。

（四）编报及时

企业财务报告所提供的信息资料，应当具有很强的时效性。只有及时编制和报送财务报告，才能为使用者提供决策所需的信息资料。否则，即使财务报告的编制非常真实可靠、全面完整且具有可比性，但由于编报不及时，也可能失去其应有的价值。随着市场经济和信息技术的迅速发展，财务报告的及时性要求将变得日益重要。

（五）便于理解

可理解性是指财务报告提供的信息可以为使用者所理解。企业对外提供的财务报告是为广大会计报告使用者提供企业过去、现在和未来的有关资料，为企业目前或潜在的投资者和债权人提供决策所需的会计信息，因此，编制的财务报告应当清晰明了。如果提供的财务报告晦涩难懂，不可理解，使用者就不能据以作出准确的判断，所提供的财务报告的作用也会大大减少。当然，财务报告的这一要求是建立在财务报告使用者具有一定的财务报告阅读能力的基础上的。

## 第二节　资 产 负 债 表

资产负债表是反映企业某一特定日期（如月末、季末、年末等）财务状况的会计报表。它是根据“资产＝负债＋所有者权益”这一会计等式，依照一定的分类标准和顺序，将企业在一定日期的全部资产、负债和所有者权益项目进行适当分类、汇总、排列后编制而成的。

资产负债表可以反映企业资产、负债和所有者权益的全貌。通过编制资产负债表，可以反映企业资产的构成及其状况，分析企业在某一日期所拥有的经济资源及其分布情况，可以反映企业某一日期的负债总额及其结构，分析企业目前与未来的需要支付的债务数额；可以反映企业所有者权益的情况，了解企业现有的投资者在企业资产总额中所占的份额。通过资产负债表，可以帮助报表使用者全面了解企业的财务状况，分析企业的债务偿还能力，从而为未来的经济决策提供参考。

### 一、资产负债表的内容和结构

（一）资产负债表的内容

资产负债表的内容主要反映以下三个方面。

1. 资产

资产负债表中的资产反映由过去的交易、事项形成并由企业在某一特定日期所拥有或控制的、预期会给企业带来经济利益的资源。资产一般按照流动资产、非流动资产分类并进一步分项列示。

流动资产项目通常包括："货币资金""交易性金融资产""应收票据""应收账款""其他应收款""预付账款""存货"和"一年内到期的非流动资产"等。在"交易性金融资产""应收账款""其他应收款""存货"项目计提了跌价准备或坏账准备的情况下，资产负债表中以上四个项目的金额应为抵减了各项减值或坏账准备后的净额。

非流动资产项目通常包括："长期股权投资""固定资产""在建工程""无形资产""其他非流动资产"等。资产负债表中以上几个项目的金额应为抵减了各项减值准备和累计折扣后的净额。

2. 负债

资产负债表中的负债反映企业在某一特定日期企业所承担的、预期会导致经济利益流出企业的现时义务。负债一般分为流动负债和非流动负债。

流动负债项目包括："短期借款""应付票据""应付账款""预收账款""应付职工薪酬""应交税费""应付股利""其他应付款""一年内到期的非流动负债"等。

非流动负债项目包括："长期借款""应付债券"和"其他非流动负债"等。

3. 所有者权益

资产负债表中的所有者权益反映企业在某一特定日期股东(投资者)拥有的净资产的总额，它一般按照"实收资本""资本公积""盈余公积"和"未分配利润"分项列示。

(二) 资产负债表的结构

目前，国际上流行的资产负债表格式主要有账户式和报告式两种。我国企业的资产负债表采用账户式结构。

账户式资产负债表分左右两方，左方为资产项目，按资产的流动性大小排列，流动性大的资产如"货币资金""交易性金融资产"等排在前面，流动性小的资产如"长期股权投资""固定资产"等则排在后面；右方为负债和所有者权益项目，一般按求偿权先后顺序排列，"短期借款""应付票据"等需要在1年以内或者长于1年的一个营业周期内偿还的流动负债排在前面，"长期借款"等在1年以上或者超过1年的一个营业周期以上才需偿还的非流动负债排在中间，在企业清算之前不需要偿还的所有者权益项目排在后面。

## 二、资产负债表的编制方法

(一) 资产负债表的资料来源

通常，资产负债表的各项目均需填列"年初余额"和"期末余额"两栏。其中："年初余额"栏内各项数字，应根据上年年末资产负债表的"期末余额"栏内所列数字填列。如果本年度资产负债表规定的各项目的名称和内容与上年不一致，则应对上年年末资产负债表各项目的名称和数字按照本年度规定进行调整，填入本表"年初余额"栏内。

"期末余额"则可分为月末、季末和年末的数字，其资料来源有以下几个方面。

1. 总账余额

资产负债表中的有些项目，可直接根据有关总账账户的余额编制，如“应收票据”“短期借款”等；有些项目，则需根据几个总账账户的余额编制，如“货币资金”，需根据“库存现金”“银行存款”“其他货币资金”三个总账账户余额合并编制。

2. 明细账余额

有些项目，需要根据明细账户余额来编制。如“应付账款”项目，需要分别根据“应付账款”和“预付账款”两个账户所属明细账户的期末贷方余额计算编制。

资产负债表的许多项目，需要依据总账和明细账两者的余额计算填列。如“长期借款”项目，需根据“长期借款”总账账户余额扣除“长期借款”账户所属的明细账户中将在1年内到期的长期借款部分分析计算填列。

3. 根据账户余额减去其备抵账户后的净额填列

有些项目，如“短期投资”项目，需根据“短期投资”账户的期末余额，减去“短期投资跌价准备”备抵账户余额后的净额填列。又如，“无形资产”项目，需根据“无形资产”账户的期末余额，减去“无形资产减值准备”备抵账户余额后的净额填列。

4. 备查登记簿记录

会计报表附注中的某些资料，需要根据备查登记簿中的记录编制。

（二）资产负债表各项目的填列方法

下面就资产负债表中填制方法比较特殊的项目作一些说明。

1. 资产项目的填列方法

(1)“货币资金”项目，反映企业库存现金、银行结算户存款、外埠存款、银行汇票存款、银行本票存款、银行卡存款、信用证保证金存款等的合计数。本项目应根据“库存现金”“银行存款”“其他货币资金”账户期末余额的合计数填列。

(2)“交易性金融资产”项目，反映企业为交易目的而持有的债券投资、股票投资、基金投资等交易性金融资产的公允价值。该项目应根据“交易性金融资产”账户的期末余额填列。

(3)“应收票据”项目，反映企业收到的未到期并且未向银行贴现的应收票据，包括商业承兑汇票和银行承兑汇票。本项目应根据“应收票据”账户的期末余额填列。已向银行贴现和已背书转让的应收票据，不包括在该项目内，其中已贴现的商业承兑汇票，应在会计报表附注中单独披露。

(4)“应收利息”项目，反映企业因债权投资而应收取的利息。企业购入到期还本付息债券应收的利息，不包括在该项目内。该项目应根据“应收利息”账户的期末余额填列。

(5)“应收账款”项目，反映企业因销售商品、产品和提供劳务等而应向购买单位收取的各种款项，减去已计提的坏账准备后的净额。该项目应根据“应收账款”和“预收账款”账户所属各明细账户的期末借方余额合计减去“坏账准备”账户中有关应收账款计提的坏账准备期末余额后的金额填列。如“应收账款”账户所属明细账户期末有贷方余额的，应在“预收款项”项目内填列。

(6)“其他应收款”项目，反映企业对其他单位和个人的应收和暂付款项，减去已计提的坏账准备后的净额。该项目应根据“其他应收款”账户的期末余额，减去“坏账准备”账户中有关其他应收款计提的坏账准备期末余额后的金额填列。

(7)“预付款项”项目，反映企业预付给供货单位或供应劳务单位的款项。该项目应根据“预付账款”和“应付账款”账户所属各明细账户的期末借方余额合计数填列。如“预付账款”账户所属各明细账户期末有贷方余额的，应在“应付账款”项目内填列。

(8)“存货”项目，反映企业期末在库、在途和在加工中的各种存货的可变现净值。存货包括各种材料、商品、在产品、半成品、包装物、低值易耗品、分期收款发出商品、委托代销商品等。该项目应根据“在途物资”“原材料”“周转材料”“库存商品”“委托加工物资”“委托代销商品”“生产成本”等账户的期末余额合计，减去“存货跌价准备”账户期末余额后的金额填列。

(9)“其他流动资产”项目，反映企业除以上流动资产项目外的其他流动资产。该项目应根据有关账户的期末余额填列。如其他流动资产价值较大的，应在会计报表附注中披露其内容和金额。

(10)“长期股权投资”项目，反映企业不准备在1年内(含1年)变现的各种股权性质投资的可收回金额。该项目应根据“长期股权投资”账户的期末余额，减去“长期投资减值准备”账户中有关股权投资减值准备期末余额后的金额填列。

(11)“持有至到期投资”项目，反映企业持有至到期投资的摊余价值。该项目根据“持有至到期投资”账户期末余额减去1年内到期的投资部分和“持有至到期投资减值准备”账户期末余额后填列。

企业超过1年到期的委托贷款，其本金和利息减去已计提的减值准备后的净额，也在该项目反映。

(12)“固定资产”项目，反映企业的各种固定资产净价。融资租入的固定资产，其原价及已提折旧也包括在内。融资租入固定资产原价应在会计报表附注中另行反映。这两个项目应根据“固定资产”账户减去“累计折旧”和“固定资产减值准备”账户的期末余额填列。

(13)“在建工程”项目，反映企业期末各项未完工程的实际支出，包括交付安装的设备价值、未完建筑安装工程已经耗用的材料、工资和费用支出、预付出包工程的价款、已经建筑安装完毕但尚未交付使用的建筑安装工程等的可收回金额。该项目应根据“在建工程”账户的期末余额，减去“在建工程减值准备”账户期末余额后的金额填列。

（14）“固定资产清理”项目，反映企业因出售、毁损、报废等原因转入清理但尚未清理完毕的固定资产的净值，以及固定资产清理过程中所发生的清理费用和变价收入等各项金额的差额。该项目应根据“固定资产清理”账户的期末借方余额填列，如“固定资产清理”账户期末为贷方余额，以“－”号填列。

（15）“无形资产”项目，反映企业各项无形资产的可收回金额。该项目应根据“无形资产”账户的期末余额，减去“累计摊销”和“无形资产减值准备”账户余额后的金额填列。

（16）“长期待摊费用”项目，反映企业尚未摊销的摊销期限在 1 年以上（不含 1 年）的各种费用，如租入固定资产改良支出、大修理支出以及摊销期在 1 年以上（不含 1 年）的其他待摊费用。该项目应根据“长期待摊费用”账户的期末余额扣除将于 1 年内（含 1 年）摊销的数额后的金额填列。

（17）“其他非流动资产”项目，反映企业除以上资产以外的其他非流动资产。该项目应根据有关账户的期末余额填列。如其他非流动资产价值较大的，应在会计报表附注中披露其内容和金额。

2. 负债项目的填列方法

（1）“应付账款”项目，反映企业购买材料、商品或接受劳务供应等而应付给供应单位的款项。该项目应根据“应付账款”和“预付账款”账户所属各明细账户的期末贷方余额合计数填列；如“应付账款”账户所属明细账户期末有借方余额的，应在“预付款项”项目内填列。

（2）“预收款项”项目，反映企业预收购买单位的账款。该项目应根据“预收账款”和“应收账款”账户所属各明细账户的期末贷方余额合计数填列。如“预收账款”账户所属各明细账户期末有借方余额，应在“应收账款”项目内填列。

（3）“应付职工薪酬”项目，反映企业应付未付的职工工资和社会保障等薪酬。该项目应根据“应付职工薪酬”账户的期末贷方余额填列；如“应付职工薪酬”账户期末为借方余额，应以“－”号填列。

（4）“应交税费”项目，反映企业期末未交、多交或未抵扣的各种税金。该项目应根据“应交税费”账户的期末贷方余额填列；如“应交税费”账户期末为借方余额，应以“－”号填列。

（5）“其他流动负债”项目，反映企业除以上流动负债以外的其他流动负债。该项目应根据有关账户的期末余额填列。如其他流动负债价值较大的，应在会计报表附注中披露其内容和金额。

（6）“长期应付款”项目，反映企业除长期借款和应付债券以外的其他长期应付款。该项目应根据“长期应付款”账户的期末余额，减去“未确认融资费用”账户期末余额后的金额填列。

(7)“其他非流动负债”项目,反映企业除以上非流动负债项目以外的其他非流动负债。该项目应根据有关账户的期末余额填列。如其他非流动负债价值较大的,应在会计报表附注中披露其内容和金额。

非流动负债各项目中将于年内(含1年)到期的非流动负债,应在“一年内到期的非流动负债”项目内单独反映。非流动负债各项目均应根据有关账户期末余额扣除将于1年内(含1年)到期偿还数后的余额填列。

3. 所有者权益项目的填列方法

(1)“实收资本(或股本)”项目,反映企业各投资者实际投入的资本(或股本)总额。该项目应根据“实收资本(或股本)”账户的期末余额填列。

(2)“资本公积”项目,反映企业资本公积的期末余额。该项目应根据“资本公积”账户的期末余额填列。

(3)“盈利公积”项目,反映企业盈余公积的期末余额。该项目应根据“盈余公积”账户的期末余额填列。

(4)“未分配利润”项目,反映企业尚未分配的利润。该项目应根据“本年利润”账户和“利润分配”账户的余额计算填列。未弥补的亏损在该项目内以“—”号填列。

## 三、资产负债表的编制实例

### (一)有关资料

上海申通物流公司20×7年1月1日有关科目余额如图表8-1所示。

图表8-1

**20×7年1月1日科目余额表**

| 科 目 名 称 | 借 方 余 额 | 贷 方 余 额 |
|---|---|---|
| 库存现金 | 17 800 | |
| 银行存款 | 5 020 000 | |
| 交易性金融资产 | 90 000 | |
| 应收票据 | 1 476 000 | |
| 应收账款 | 1 800 000 | |
| 坏账准备 | | 5 400 |
| 预付账款 | 600 000 | |
| 其他应收款 | 30 000 | |
| 原材料 | 10 160 000 | |

（续表）

| 科　目　名　称 | 借　方　余　额 | 贷　方　余　额 |
| --- | --- | --- |
| 周转材料 | 5 320 000 | |
| 长期股权投资 | 1 500 000 | |
| 固定资产 | 8 000 000 | |
| 累计折旧 | | 2 400 000 |
| 在建工程 | 9 000 000 | |
| 无形资产 | 4 800 000 | |
| 短期借款 | | 1 800 000 |
| 应付票据 | | 1 200 000 |
| 应付账款 | | 1 722 800 |
| 其他应付款 | | 1 300 000 |
| 应付职工薪酬 | | 660 000 |
| 应交税费 | | 219 600 |
| 应付利息 | | 6 000 |
| 长期借款 | | 8 600 000 |
| 实收资本 | | 29 000 000 |
| 盈余公积 | | 900 000 |

该企业 20×7 年度发生的经济业务如下：

(1) 用银行存款支付购入车用燃料货款 2 000 000 元，以及购入车用轮胎等价款 1 000 000 元。

(2) 用银行存款支付到期的商业承兑汇票 600 000 元。

(3) 装卸收入价款 7 020 000 元，已收到款项 4 914 000 元，余款尚未收取。该企业主营业务成本于期末一次结转。

(4) 1 月 8 日，企业将去年 12 月 31 日以收盘价购入的初始入账金额为 90 000 元的交易性金融资产出售，所售价款 99 000 元已存入银行。

(5) 购入不需安装的设备一台，价款及增值税额共计 1 500 000 元，另外支付包装费、运费 6 000 元。全部款项均已用银行存款支付，设备已经交付使用。

(6) 某施工工程应交土地增值税 600 000 元；工程应负担的长期借款利息费用为 900 000 元，土地增值税和借款本息均未支付。

(7) 修理车间报废设备一台，原价 1 200 000 元，已提折旧1 080 000 元，清理费用 3 000 元，残值收入 4 800 元，均通过银行收支。该项固定资产已清理完毕。

(8) 用银行存款偿还长期借款 5 000 000 元。

(9) 企业一张面值为 1 200 000 元的无息银行承兑汇票到期，票款已收入企业银行账户。

(10) 某项长期股权投资采用成本法核算，本期收到股利 300 000 元(被投资企业所得税税率和该企业一致，均为 25%)，且全部为被投资单位在接受本企业投资后产生的累积净利润的分配。股利已经存入企业银行账户。

(11) 出售不需用设备一台，收到价款 1 800 000 元，该设备原价为2 400 000 元，已提折旧 900 000 元。

(12) 提取应计入本期损益的借款利息 129 000 元，其中短期借款利息 69 000 元，长期借款利息 60 000 元。

(13) 分配应支付的职工工资 3 420 000 元，其中司机及辅助人员工资 1 949 400 元，行政管理部门人员工资 102 600 元，在建工程应负担的工资 1 368 000 元。

(14) 以银行存款支付印花税 60 000 元，支付修理车间固定资产修理费 540 000 元。

(15) 通过银行支付工资 3 420 000 元。

(16) 归还短期借款本息 1 575 000 元(其中利息 75 000 元已计提)。

(17) 营运生产领用燃料 2 227 350 元，领用低值易耗品 315 000 元(采用一次摊销法摊销)。

(18) 计提固定资产折旧 600 000 元，其中计入制造费用 480 000 元；管理费用 120 000 元。

(19) 摊销无形资产 360 000 元。

(20) 收到应收账款 306 000 元，存入银行。

(21) 根据实际情况，企业经过计算，决定当期增加提取 5 400 元坏账准备。

(22) 用银行存款支付企业广告费 683 250 元。

(23) 结转由营运成本负担的制造费用 1 335 000 元。

(24) 与某钢铁公司结算全年运费，收到 1 948 050 元的商业承兑汇票一张。

(25) 企业将上述承兑汇票到银行办理贴现，贴现息为 120 000 元。

(26) 本期主营业务应交增值税为 263 250 元，教育费附加为12 000 元。

(27) 用银行存款交增值税 263 250 元，教育费附加 12 000 元。

(28) 将各收支账户结转至“本年利润”账户。

(29) 计算并结转本期应交所得税(税率为 25%)465 450 元。

(30) 提取 10%法定盈余公积 169 635 元，5%任意盈余公积84 817.50 元。

(31) 将“本年利润”账户及“利润分配”账户所属各明细账户的余额转入“利润分

配——未分配利润”账户。

（32）从银行借入3年期借款2 400 000元，借款已存入企业银行账户。

（33）用银行存款缴纳所得税271 400元。

（二）根据上述资料，编制会计分录

| | | |
|---|---|---|
| （1）借：原材料——燃料 | 2 000 000 | |
| ——轮胎 | 1 000 000 | |
| 应交税费——应交增值税（进项税额） | 510 000 | |
| 贷：银行存款 | | 3 510 000 |
| （2）借：应付票据 | 600 000 | |
| 贷：银行存款 | | 600 000 |
| （3）借：银行存款 | 4 914 000 | |
| 应收账款 | 2 527 200 | |
| 贷：主营业务收入 | | 7 020 000 |
| 应交税费——应交增值税（销项税额） | | 421 200 |
| （4）借：银行存款 | 99 000 | |
| 贷：交易性金融资产 | | 90 000 |
| 投资收益 | | 9 000 |
| （5）借：固定资产 | 1 506 000 | |
| 贷：银行存款 | | 1 506 000 |
| （6）借：在建工程 | 1 500 000 | |
| 贷：长期借款——应付利息 | | 900 000 |
| 应交税费——应交土地增值税 | | 600 000 |
| （7）借：固定资产清理 | 120 000 | |
| 累计折旧 | 1 080 000 | |
| 贷：固定资产 | | 1 200 000 |
| 借：固定资产清理 | 3 000 | |
| 贷：银行存款 | | 3 000 |
| 借：银行存款 | 4 800 | |
| 贷：固定资产清理 | | 4 800 |
| 借：营业外支出——处理固定资产净损失 | 118 200 | |
| 贷：固定资产清理 | | 118 200 |
| （8）借：长期借款 | 5 000 000 | |
| 贷：银行存款 | | 5 000 000 |

(9) 借：银行存款　　1 200 000
　　贷：应收票据　　1 200 000

(10) 借：银行存款　　300 000
　　贷：投资收益　　300 000

(11) 借：固定资产清理　　1 500 000
　　　　累计折旧　　900 000
　　贷：固定资产　　2 400 000
　借：银行存款　　1 800 000
　　贷：固定资产清理　　1 800 000
　借：固定资产清理　　300 000
　　贷：营业外收入——处理固定资产净收益　　300 000

(12) 借：财务费用　　129 000
　　贷：应付利息　　69 000
　　　　长期借款　　60 000

(13) 借：主营业务成本　　1 949 400
　　　　管理费用　　102 600
　　　　在建工程　　1 368 000
　　贷：应付职工薪酬　　3 420 000

(14) 借：管理费用——印花税　　60 000
　　　　制造费用——固定资产修理费　　540 000
　　贷：银行存款　　600 000

(15) 借：应付职工薪酬　　3 420 000
　　贷：银行存款　　3 420 000

(16) 借：短期借款　　1 500 000
　　　　应付利息　　75 000
　　贷：银行存款　　1 575 000

(17) 借：主营业务成本　　2 227 350
　　贷：原材料　　2 227 350
　借：制造费用　　315 000
　　贷：周转材料——低值易耗品　　315 000

(18) 借：制造费用——折旧费　　480 000
　　　　管理费用——折旧费　　120 000
　　贷：累计折旧　　600 000

(19) 借：管理费用——无形资产摊销　　360 000
　　贷：累计摊销　　360 000

(20) 借：银行存款　　306 000
　　贷：应收账款　　306 000

(21) 借：资产减值损失　　5 400
　　贷：坏账准备　　5 400

(22) 借：销售费用　　683 250
　　贷：银行存款　　683 250

(23) 借：主营业务成本　　1 335 000
　　贷：制造费用　　1 335 000

(24) 借：应收票据　　1 948 050
　　贷：主营业务收入　　1 755 000
　　　　应交税费——应交增值税(销项税额)　　193 050

(25) 借：财务费用　　120 000
　　　　银行存款　　1 828 050
　　贷：应收票据　　1 948 050

(26) 借：税金及附加　　12 000
　　贷：应交税费——教育费附加　　12 000

(27) 借：应交税费——未交增值税　　263 250
　　　　　　　　——教育费附加　　12 000
　　贷：银行存款　　275 250

(28) 借：主营业务收入　　8 775 000
　　　　营业外收入　　300 000
　　　　投资收益　　309 000
　　贷：本年利润　　9 384 000
　　借：本年利润　　7 222 200
　　贷：主营业务成本　　5 511 750
　　　　销售费用　　683 250
　　　　税金及附加　　12 000
　　　　管理费用　　642 600
　　　　财务费用　　249 000
　　　　营业外支出　　118 200
　　　　资产减值损失　　5 400

(29) 本年应交所得税＝(9 384 000－7 222 200－300 000)×25％＝465 450(元)

借：所得税费用　　465 450
　贷：应交税费——应交所得税　　465 450
借：本年利润　　465 450
　贷：所得税费用　　465 450

（30）本年应提取法定盈余公积＝1 696 350×10％＝169 635（元）
借：利润分配——提取法定盈余公积　　169 635
　贷：盈余公积——法定盈余公积　　169 635
本年应提取任意盈余公积＝1 696 350×5％＝84 817.50（元）
借：利润分配——提取任意盈余公积　　84 817.50
　贷：盈余公积——任意盈余公积　　84 817.50

（31）借：利润分配——未分配利润　　254 452.50
　贷：利润分配——提取法定盈余公积　　169 635.00
　　　　　　——提取任意盈余公积　　84 817.50
借：本年利润　　1 696 350
　贷：利润分配——未分配利润　　1 696 350

（32）借：银行存款　　2 400 000
　贷：长期借款　　2 400 000

（33）借：应交税费——应交所得税　　271 400
　贷：银行存款　　271 400

### （三）期末余额计算

根据以上资料，计算各有关科目期末余额，如图表 8-2 所示。

图表 8-2

**20×7 年 12 月 31 日科目余额表**

| 科目名称 | 借方余额 | 贷方余额 |
|---|---|---|
| 库存现金 | 17 800 | |
| 银行存款 | 691 200 | |
| 交易性金融资产 | 0 | |
| 应收票据 | 276 000 | |
| 应收账款 | 4 021 200 | |
| 坏账准备 | | 10 800 |

（续表）

| 科　目　名　称 | 借　方　余　额 | 贷　方　余　额 |
|---|---|---|
| 预付账款 | 600 000 | |
| 其他应收款 | 30 000 | |
| 原材料 | 10 932 650 | |
| 周转材料 | 5 005 000 | |
| 长期股权投资 | 1 500 000 | |
| 固定资产 | 5 906 000 | |
| 累计折旧 | | 1 020 000 |
| 在建工程 | 11 868 000 | |
| 无形资产 | 4 800 000 | |
| 累计摊销 | | 360 000 |
| 短期借款 | | 300 000 |
| 应付票据 | | 600 000 |
| 应付账款 | | 1 722 800 |
| 其他应付款 | | 1 300 000 |
| 应付职工薪酬 | | 660 000 |
| 应交税费 | | 1 117 900 |
| 应付利息 | | 0 |
| 长期借款 | | 6 960 000 |
| 实收资本 | | 29 000 000 |
| 盈余公积 | | 1 154 452.50 |
| 未分配利润 | | 1 441 897.50 |

（四）编制资产负债表

根据上述资料，编制 20×7 年年末的资产负债表(简表)如图表 8-3 所示。

图表 8-3

## 资 产 负 债 表

编制单位：上海申通物流公司　20×7 年 12 月 31 日　　　　单位：元

| 资　产 | 期末余额 | 年初余额 | 负债和所有者权益(或股东权益) | 期末余额 | 年初余额 |
|---|---|---|---|---|---|
| 流动资产： | | | 流动负债： | | |
| 货币资金 | 709 000 | 5 037 800 | 短期借款 | 300 000 | 1 800 000 |
| 交易性金融资产 | 0 | 90 000 | 交易性金融负债 | 0 | 0 |
| 应收票据 | 276 000 | 1 476 000 | 应付票据 | 600 000 | 1 200 000 |
| 应收账款 | 4 010 400 | 1 794 600 | 应付账款 | 1 722 800 | 1 722 800 |
| 预付款项 | 600 000 | 600 000 | 预收款项 | 0 | |
| 应收利息 | | | 应付职工薪酬 | 660 000 | 660 000 |
| 应收股利 | | | 应交税费 | 1 117 900 | 219 600 |
| 其他应收款 | 30 000 | 30 000 | 应付利息 | 0 | 6 000 |
| 存货 | 15 937 650 | 15 480 000 | 应付股利 | 0 | 0 |
| 一年内到期的非流动资产 | | | 其他应付款 | 1 300 000 | 1 300 000 |
| 其他流动资产 | | | 一年内到期的非流动负债 | | 5 000 000 |
| 流动资产合计 | 21 563 050 | 24 508 400 | 其他流动负债 | 0 | |
| 非流动资产： | | | 流动负债合计 | 5 700 700 | 11 908 400 |
| 可供出售金融资产 | 0 | | 非流动负债： | | |
| 持有至到期投资 | 0 | | 长期借款 | 6 960 000 | 3 600 000 |
| 长期应收款 | 0 | | 应付债券 | 0 | |
| 长期股权投资 | 1 500 000 | 1 500 000 | 长期应付款 | 0 | |
| 投资性房地产 | 0 | | 专项应付款 | | |
| 固定资产 | 4 886 000 | 5 600 000 | 预计负债 | 0 | |
| 在建工程 | 11 868 000 | 9 000 000 | 递延所得税负债 | 0 | |
| 工程物资 | 0 | | 其他非流动负债 | 0 | |
| 固定资产清理 | 0 | | 非流动负债合计 | 6 960 000 | 3 600 000 |
| 生产性生物资产 | 0 | | 负债合计 | 12 660 700 | 15 508 400 |

（续表）

| 资　产 | 期末余额 | 年初余额 | 负债和所有者权益(或股东权益) | 期末余额 | 年初余额 |
|---|---|---|---|---|---|
| 油气资产 | 0 | | 所有者权益(或股东权益)： | | |
| 无形资产 | 4 440 000 | 4 800 000 | 实收资本(或股本) | 29 000 000 | 29 000 000 |
| 开发支出 | 0 | | 资本公积 | 0 | |
| 商誉 | 0 | | 减：库存股 | 0 | |
| 长期待摊费用 | 0 | | 盈余公积 | 1 154 452.50 | 900 000 |
| 递延所得税资产 | 0 | | 未分配利润 | 1 441 897.50 | 0 |
| 其他非流动资产 | | | 股东权益合计 | 31 596 350 | 29 900 000 |
| 非流动资产合计 | 22 694 000 | 20 900 000 | | | |
| 资 产 总 计 | 44 257 050 | 45 408 400 | 负债和所有者权益(或股东权益)总计 | 44 257 050 | 45 408 400 |

## 第三节　利　润　表

利润表又称损益表，是反映企业在一定会计期间经营成果的报表。它是根据各项收入、费用以及构成利润的各个项目分类、分项编制而成的。

通过利润表可以从总体上了解企业收入、成本和费用及净利润(或亏损)的实现及构成情况；同时，通过利润表提供的不同时期的比较数字(本月数、本年累计数、上年数)，可以分析企业的获利能力及利润的未来发展趋势，了解投资者投入资本的保值增值情况。由于利润既是企业经营业绩的综合体现，又是企业进行利润分配的主要依据，因此，利润表是会计报表中的一张主要报表。

### 一、利润表的格式和内容

利润表的格式主要有多步式利润表和单步式利润表两种。我国企业的利润表采用多步式，物流企业与其他企业一样，采用相同的报表格式和编报方法。利润表的构成要素主要包括以下四方面内容。

1. 构成营业利润的各项要素

该项目以营业收入为基础，减去营业成本及税金及附加，减去销售费用、管理费用、财务费用、资产减值损失，加上公允价值变动收益，减去公允价值变动损失，加上投资收益，减去投资损失，计算出营业利润。

2. 构成利润总额的各项要素

该项目以营业利润为基础，加上营业外收入，减去营业外支出，计算出利润总额。

3. 构成净利润的各项要素

该项目以利润总额为基础，减去企业应缴纳的所得税费用，计算出企业的净利润（或亏损）。

## 二、利润表的编制方法

### （一）利润表各项目的填列方法

（1）“营业收入”项目，反映企业经营主要业务所取得的收入总额。该项目应根据“主营业务收入”和“其他业务收入”账户的发生额分析填列。如果该账户借方记录有营业收入退回的，应抵减本期的营业收入，按其收入净额填列该项目。

（2）“营业成本”项目，反映企业销售商品和提供劳务等主要经营业务发生的实际成本。该项目应根据“主营业务成本”和“其他业务成本”账户发生额分析填列。如果该账户贷方发生额登记有营业收入退回等事项，应抵减借方发生额，按实际成本填列该项目。

（3）“税金及附加”项目，反映企业销售商品、提供劳务等主营业务应负担的消费税、城市维护建设税、资源税、土地增值税和教育费附加，但不包括增值税。该项目应根据“税金及附加”账户的发生额分析填列。

（4）“销售费用”项目，反映企业在销售商品和提供劳务等主要经营业务过程中所发生的各项销售费用。该项目应根据“销售费用”账户的发生额分析填列。

（5）“管理费用”“财务费用”项目，反映企业本期发生的管理费用和财务费用。该项目应分别根据“管理费用”“财务费用”账户的发生额分析填列。

（6）“投资收益”项目，反映企业以各种方式对外投资所取得的收益。该项目应根据“投资收益”账户的发生额分析填列。如果为投资净损失，该项目用“－”号填列。

（7）“营业外收入”“营业外支出”项目，反映企业发生的与生产经营无直接关系的各项收入和支出。这两个项目分别根据“营业外收入”和“营业外支出”账户的发生额分析填列。

（8）“利润总额”项目，反映企业实现的利润。如为亏损，以“－”号填列。

（9）“所得税费用”项目，反映企业从当期损益中扣除的所得税。该项目应根据“所得税费用”账户的余额分析填列。

（10）“净利润”项目，反映企业实现的利润。如为亏损，以“－”号填列。

### （二）年度利润表有关栏目的填列方法

在编制年度利润表时，“本期金额”栏填列上年全年累计实际发生数，从而与“上期金额”栏各项目进行比较。如果上年度利润表与本年度利润表的项目名称和内容不相一致，应对上年度报表项目的名称和数字按本年度的规定进行调整，填入“上期金额”栏内。

由于年终结账时，全年的收入和支出已全部转入“本年利润”账户，并且通过收支对比结出本年净利润的数额。因此，应将年报中的“净利润”数字，与“本年利润”账户结转到“利润分配——未分配利润”账户的数字相核对，检查报表编制和账簿记录的正确性。

**三、利润表的编制实例**

（一）资料

上海申通物流公司 20×7 年度利润表账户本年累计发生额资料见图表 8-4。

图表 8-4

**20×7 年度利润表账户本年累计发生额**

| 科目名称 | 借方发生额 | 贷方发生额 |
|---|---|---|
| 主营业务收入 | | 7 500 000 |
| 主营业务成本 | 4 500 000 | |
| 税金及附加 | 12 000 | |
| 销售费用 | 420 000 | |
| 管理费用 | 642 600 | |
| 财务费用 | 249 000 | |
| 资产减值损失 | 5 400 | |
| 投资收益 | | 309 000 |
| 营业外收入 | | 300 000 |
| 营业外支出 | 118 200 | |
| 所得税费用 | 540 450 | |

（二）要求

根据上述资料编制该公司 20×7 年度利润表，如图表 8-5 所示。

图表 8-5

**利　润　表**（简表）

编制单位：上海申通物流公司　　　　20×7 年度　　　　单位：元

| 项目 | 本期金额 |
|---|---|
| 一、营业收入 | 7 500 000 |
| 减：营业成本 | 4 500 000 |
| 税金及附加 | 12 000 |
| 销售费用 | 420 000 |

（续表）

| 项　　目 | 本期金额 |
| --- | --- |
| 管理费用 | 642 600 |
| 财务费用 | 249 000 |
| 资产减值损失 | 5 400 |
| 加：公允价值变动收益(损失以“－”号填列) | 0 |
| 投资收益(损失以“－”号填列) | 309 000 |
| 其中：对联营企业和合营企业的投资收益 | |
| 二、营业利润(亏损以“－”号填列) | 1 980 000 |
| 加：营业外收入 | 300 000 |
| 减：营业外支出 | 118 200 |
| 其中：非流动资产处置损失 | |
| 三、利润总额(亏损总额以“－”号填列) | 2 161 800 |
| 减：所得税费用 | 540 450 |
| 四、净利润(净亏损以“－”号填列) | 1 621 350 |
| 五、每股收益： | |
| (一) 基本每股收益 | |
| (二) 稀释每股收益 | |

## 第四节　现金流量表

现金流量表是反映企业一定会计期间内现金及现金等价物流入和流出信息的会计报表，是一张动态报表。现金流量表具有与资金表类似的性质，但现金流量表是以现金为基础编制的资金报表，其反映的财务状况变动又有自身的特点，即提供企业一定期间现金流入和流出的信息。

### 一、现金流量表的作用

现金流量表是以“现金及现金等价物”为核心的报表，它揭示了企业一定期间内现金流入与流出及其平衡状况的信息，可以对投资者和债权人，也包括企业管理者，分析、评价企业经营和投资活动并进行决策起到重要作用。

1. 有助于评价企业支付能力、偿债能力和周转能力

通过现金流量表，并配合资产负债表和利润表，将现金与流动负债进行比较，计

算出现金比率;将现金流量的净额与普通股加权平均股数进行比较,计算出每股的现金流量;将经营活动的现金流量净额与净利润进行比较,计算出盈利的现金比率。可以了解企业的现金能否偿还到期的债务、支付股利和进行必要的固定资产投资,了解企业现金流转率和效果等等,从而便于投资者作出投资决策、债权人作出信贷决策。

2. 有助于预测企业未来现金流量

评价过去是为了预测未来。通过现金流量表所反映的企业过去一定期间的现金流量以及其他生产经营指标,可以了解企业现金的来源和用途是否合理,了解经营活动产生的现金流量有多少,企业在多大程度上依赖外部资金,就可以据以预测企业未来现金流量,从而为企业编制现金流量计划、组织现金调度、合理节约使用现金创造条件,为投资者和债权人评价企业的未来现金流量,作出投资和信贷决策提供必要信息。

3. 有助于分析企业收益质量及影响现金净流量的因素

利润表中列示的净利润指标,反映了一个企业的经营成果,这是体现企业经营业绩的重要指标。但是,利润表是按照权责发生制基础编制的,它不能反映企业的经营活动对企业财务状况的影响。通过编制现金流量表,就可以掌握企业经营活动、投资活动和筹资活动的现金流量。将经营活动的现金流量与净利润相比较,就可以从现金流量的角度了解利润的质量。并进一步判断,是哪些因素影响现金流入,从而为分析和判断企业的财务前景提供信息。

**二、现金流量表的编制基础**

(一) 现金的概念

现金流量表是以现金为基础编制的,现金包括以下几方面。

1. 库存现金

库存现金是指企业持有的、可随时用于支付的现金限额,也就是"库存现金"账户核算的现金。

2. 银行存款

银行存款是指企业存放在金融机构随时可以用于支付的存款,它与"银行存款"账户核算的银行存款基本一致,主要区别是编制现金流量表所指的银行存款是可以随时用于支付的银行存款,如果存在银行的款项中有不能随时用于支付的存款(如不能随时支取的定期存款),就不能作为现金流量表中的现金,但若提前通知银行企业便可支取的定期存款,则应包括在内。

3. 其他货币资金

其他货币资金是指企业存在金融机构有特定用途的资金,也就是"其他货币资金"账户中核算的银行存款。

4. 现金及现金等价物

现金及现金等价物是指企业持有的期限短、流动性强、易于转换为已知金额、价值变动风险很小的短期投资。

(二) 现金流量的概念

现金流量是指现金及现金等价物的流入和流出。但不包括现金及现金等价物之间的流动,因为这种流动属于企业现金管理的一部分而不属于经营、投资和筹资。

现金流量表现为现金的流入量和流出量。对每一项交易来说,它会影响现金的流入,也会影响现金的流出。为了全面评估企业的现金流量,任何一项交易或者事项对现金流量的影响应揭示其影响现金流量的总额而非净额。

现金流量表提供现金流入和流出的信息,但它的有用性还取决于它的分类。

(三) 影响现金流量的因素

计算现金流量,必须确定影响现金流量的因素。影响或不影响现金流量的因素主要包括:现金各项目之间的变动不会影响现金的流量;非现金项目之间的变动也不会影响现金的流量;现金各项目与非现金项目之间的变动,会影响企业现金的流量。

**三、现金流量的分类**

(一) 经营活动产生的现金流量

经营活动是指企业投资活动和筹资活动以外的所有交易或者事项。经营活动的范围很广,就工商企业来说主要包括:销售商品、提供劳务、经营性租赁、购买商品、接受劳务、广告宣传、推销产品、缴纳税款等。经营活动的现金流量主要与获取净利润有关。企业净利润的形成与利润的具体内容有关,利润表中的一定时期的净利润并不一定都构成经营活动产生的现金流量,如处置固定资产的净收益和净损失,以及其他活动所形成的利润或损失,均是净利润的组成部分,但不是经营活动产生的现金流量。

(二) 投资活动产生的现金流量

投资活动是指企业长期资产的购建和不包括在现金等价物内的投资及其处置活动。长期资产是指固定资产、在建工程、无形资产、其他资产和持有期限在 1 年或一个营业周期以上的资产。需要注意的是,投资和投资活动是两个不同的概念。投资是企业为通过分配来增加财富、或为谋求其他利益,而将资产让渡给其他单位所获得的另一项资产。购买或出售厂房和设备是投资活动,但它却不是一项投资。投资活动增加或减少企业的非流动资产。投资活动产生的现金流量中不包括作为现金等价物的投资,作为现金等价物的投资属于现金内部的增减变动。收到的利息和收到的股利属于投资活动的结果(企业向外贷款和收回贷款也属于投资活动)。

(三) 筹资活动产生的现金流量

筹资活动是指导致企业资本及债务规模和构成发生变化的活动,包括吸收投资、发行股票、分配利润、支付债权人的本金和利息以及融资租入资产所支付的现金(支付的利息和支付的股利、收到的利息和股利,在会计实务中存在一定的差异,有作为投资活动的现金流量,也有作为筹资活动的现金流量)。

筹资活动的现金流量通常指非流动负债和所有者权益项目。另外,还包括短期借款的本金及利息。

(四)特殊项目现金流量的分类

特殊项目是指企业日常活动之外特殊的、不经常发生的项目,如自然灾害损失、保险赔款、捐款等。对于不经常发生的项目,应当归并到相关的类别中单独反映,也就是在现金流量相应的类别下单设一项。比如,自然灾害损失和保险赔款,如果能够明确指出属于流动资产,应当列入经营活动产生的现金流量;属于固定资产损失,应当列入投资活动的现金流量。如果不能确指,则可以列入经营活动的现金流量。捐赠收入和支出,可以列入经营活动。当然特殊项目的现金流量不大时,则可以列入现金流量类别下其他项目,不单列项目。

**四、经营活动现金流量的列报方法**

经营活动中产生的现金流量的列报方法有两种:间接法和直接法,它们通常也被称为现金流量表的报告方法。

(一)直接法

直接法是利润表法,它直接分项目列示经营活动对现金流量的影响。这种方法是以同期利润表、比较资产负债表以及有关账户的明细资料为依据,以利润表中的各收入、费用项目为起算点,分别调整与经营活动有关的流动资产和流动负债的增减变动,将以权责发生制为基础确认的各项收支调整为以收付实现制为基础的经营活动的现金流量,即以实际现金的收支表达经营活动的现金流量。

直接法的优点是:较详细地列示来自经营活动的现金流入量和流出量,这与编制现金流量表的目的一致,流入和流出信息有助于预测企业未来经营活动产生的现金流量和正确评价企业的偿债能力和变现能力。但是,直接法无法说明税后净利润与同期现金增减数之间差额的原因,必须同时在报表的补充资料中按间接法将净利润调整为经营活动的现金流量。

(二)间接法

间接法又称调整法,是以本期净利润(亏损)为起算点,调整经营活动中的不影响现金的收入、费用、营业外收支及与经营活动有关的流动负债和流动资产的增减变化来确定经营活动所提供的净现金流量。

有些收入并没有增加现金,而有些费用也不减少现金,凡不增加现金的收入应从本期的净利润中减去,凡不减少现金的费用应加回到净利润中。此外,还要调整与经营活动有关的流动资产和流动负债的增减变动。当与经营活动有关的非现金资产增加,如应收账款的增加、流动负债的减少、或其他应付款的减少,通常现金会减少;相反,则现金会增加。因而,按照间接法,非现金流动资产的增加数或流动负债的减少数应从本期的净利润中减去;反之,应加回到本期的净利润中。

## 五、经营活动现金流量各项目的内容

### (一)经营活动的现金流量

1. 经营活动的现金流入项目

(1)“销售商品、提供劳务收到的现金”项目,反映企业销售商品、提供劳务实际收到的现金,包括本期销售商品、提供劳务收到的现金以及销项税额。具体包括本期销售商品和提供劳务收到的现金、前期销售商品和提供劳务本期收到现金和本期预收的账款,减去本期销售本期退回和前期销售本期退回的商品支付的现金。

填列该项目时,可根据“主营业务收入”“库存现金”“银行存款”“应收账款”“应收票据”“预收账款”“其他业务收入”等账户的记录分析填列。

销售商品、提供劳务收到的现金=“主营业务收入”+“应收账款”(“应收票据”)的减少额-“应收账款”(“应收票据”)的增加额

(2)“收到的税费返还”项目,反映企业收到返还的各种税费,如收到的增值税、消费税、关税、所得税、教育费附加返还款。

该项目可根据“库存现金”“银行存款”“税金及附加”等账户的记录分析填列。

(3)“收到的其他与经营活动有关的现金”项目,该项目反映企业除上述项目外,收到的其他与经营活动有关的现金,如罚款收入、流动资产损失中由个人赔偿的现金收入等。其他与经营活动有关的现金如果价值较大的,应单列项目反映。

该项目可根据“库存现金”“银行存款”“营业外收入”等账户的记录分析填列。该项目下还包括经营租赁收到的租金。

2. 经营活动的现金流出项目

(1)“购买商品、接受劳务支付的现金”项目,反映企业购买材料、商品、接受劳务实际支付的现金。该项目包括支付的货款以及与货款一并支付的增值税进项税额,具体包括:本期购买商品、接受劳务支付的现金,以及本期支付的前期购买商品、接受劳务的未付款项和本期预付款项。

该项目须根据“库存现金”“银行存款”“主营业务成本”“其他业务成本”“应付账款”“应付票据”等账户的记录分析填列。

购买商品、接受劳务支付的现金=本期的购货+“应付账款”(“应付票据”)的减少额-“应付账款”(“应付票据”)的增加额

本期的购货=销货成本+期末存货-期初存货

购买商品接受劳务支付的现金=“主营业务成本”+“存货”的增加额-“存货”的减少额+“应付账款”(应付票据)的减少额-“应付账款”(应付票据)的增加额

(2)“支付给职工以及为职工支付的现金”项目,反映企业实际支付给职工以及

为职工支付的现金，包括本期实际支付给职工的工资、奖金、各种津贴和补贴，不包括支付给离退休人员的工资和支付给在建工程人员的工资。

离退休人员的工资在“支付其他与经营活动有关的现金”项目中反映，在建工程人员的工资在投资活动中反映。

企业支付的养老、失业等社会保险基金、住房公积金、支付给职工的困难补助、企业为职工缴纳的商业保险金，以及企业支付给职工或为职工支付的其他福利费用，应按职工的工作性质和服务对象分别在“购建固定资产、无形资产和其他长期资产所支付的现金”和“支付给职工以及为职工支付的现金”的项目下列示。

(3)“支付的各项税费”项目，反映企业按规定实际支付的各项税费，包括在经营活动中企业实际支付的增值税、所得税、城建税、教育费附加、矿产资源补偿费、印花税、房产税、土地增值税、车船税、预缴的增值税等。对有关投资项目中发生的税金支出，不应列示在该项目中。

(4)“支付其他与经营活动有关的现金”项目，反映企业支付的除上述各项目外，支付的其他与经营活动有关的现金支出。如罚款支出、支付的差旅费、业务招待费、保险费等。如支付的其他与经营活动有关的现金数额较大的，应单列项目反映。该项目也包括经营租赁所支付的现金。

$$\text{支付其他与经营活动有关的现金支出}=\text{销售费用}+\text{管理费用}+\text{财务费用}-\text{无须现金支出的费用}$$

无须现金支出的费用包括折旧费、无形资产和递延资产的摊销、提取的坏账准备等。

（二）投资活动产生的现金流量

现金流量表中的投资活动比通常所指的投资范围要广，还包括固定资产的购建与处置、无形资产的购建和处置等。具体内容如下。

1. 投资活动的现金流入

(1)“收回投资收到的现金”项目，反映企业出售、转让或到期收回除现金等价物以外的短期投资、长期股权投资而收到的现金，以及收回债权投资本金而收到的现金。不包括债权投资的利息，以及收回的非现金资产。

该项目应根据“库存现金”“银行存款”“交易性金融资产”“长期股权投资”等账户的记录分析填列。

(2)“取得投资收益收到的现金”项目，反映企业因股权投资而收到的现金股利、联营公司或合营企业分回利润而收到的现金，以及因债权性投资而收到的现金利息收入。包括在现金及现金等价物内的债权性投资，其利息收入在该项目中反映，同时包括因分得股利或利润收到的现金，也包括取得债券利息收入所收到的现金。股票股利不在该项目中反映。

该项目可以根据“库存现金”“银行存款”“投资收益”等账户中的记录分析填列。

(3)“外置固定资产、无形资产和其他长期资产收回的现金净额”项目，反映企业处置固定资产、无形资产和其他长期资产所取得的现金，减去为处置这些资产而支付的有关费用后的净额。处理固定资产等长期资产而收到保险赔偿收入，也在该项目中反映。

该项目可根据“库存现金”“银行存款”“固定资产清理”等账户的记录分析填列。

(4)“收到的其他与投资活动有关的现金”项目，反映企业除上述项目外，收到的其他与投资有关的现金。如果价值较大的，应单列项目反映。

2. 投资活动的现金流出

(1)“购建固定资产、无形资产和其他长期资产支付的现金”项目，反映企业购买、建造固定资产、取得无形资产和其他长期资产所支付的现金。该项目包括购买机器设备所支付的价款及增值税、建造工程支付的现金、支付在建工程人员工资的现金，不包括为购建固定资产而发生的借款利息资本化的部分以及融资租入固定资产所支付的租赁费，后一部分活动所支付的现金，应在“筹资活动产生的现金流量——支付其他与筹资活动有关的现金”项目中反映。

企业以分期付款方式购建的固定资产，其首次支付的现金作为投资活动的现金流出，以后各期支付的现金作为筹资活动的现金流出。

该项目应根据“固定资产”“无形资产”“在建工程”等账户的记录分析填列。

(2)“投资支付的现金”项目，反映企业进行权益性投资和债权性投资所支付的现金，包括企业所取得除现金等价物以外的短期股票投资、长期股权投资、短期债券投资、长期债券投资所支付的现金，以及支付的佣金、手续费等附加费用。

企业购买股票和债券时，实际支付的价款中包含已宣告而尚未领取的现金股利或已到期尚未领取的债券利息，以及溢价或折价购入的，均按实际支付的金额反映。

该项目应根据“交易性金融资产”“长期股权投资”“持有至到期投资”等账户的记录分析填列。

(3)“支付其他与投资活动有关的现金”项目，反映企业除上述项目外，支付的与其他投资活动有关的现金。价值较大的，应单列项目反映。

(三) 筹资活动产生的现金流量

现金流量表需要反映筹资活动产生的现金流量，它可以帮助投资者和债权人预计对企业未来现金流量的要求权，以及获得前期现金流入而付出的代价。

1. 筹资活动的现金流入

(1)“吸收投资收到的现金”项目，反映企业收到的投资者投入的现金，包括发行股票或债权筹集资金实际收到的款项净额(发生收入减去支付的佣金等发行费用后的净额)。

以发行股票、债券等方式筹集资金而由企业直接支付的审计、咨询等费用,不在该项目反映,而在“支付其他与筹资活动有关的现金”项目中反映。

该项目应根据“库存现金”“银行存款”“实收资本”等账户分析填列。

(2)“取得借款收到的现金”项目,包括各种短期和长期的借款。

该项目应根据“库存现金”“银行存款”“短期借款”“长期借款”等账户的记录分析填列。

(3)“收到其他与筹资活动有关的现金”项目,包括发行股票、债券投资方式筹集资金而由企业直接支付的审计、咨询费用等。

2. 筹资活动的现金流出

(1)“偿还债务支付的现金”项目,包括偿还的各种本金。如归还金融企业的借款本金、偿付企业到期的债券本金等。

该项目可根据“库存现金”“银行存款”“短期借款”“长期借款”等账户的记录分析填列。

(2)“分配股利、利润或偿付利息支付的现金”项目,反映企业实际支付的现金股利、支付给其他投资单位的利润或用现金支付的借款利息、债券利息所支付的现金。

该项目可根据“库存现金”“银行存款”“应付股利”“财务费用”“长期借款”等账户的记录分析填列。

(3)“支付其他与筹资活动有关的现金”项目,反映企业除上述各项目外,支付的其他与筹资活动有关的现金。如数额较大的,应单列项目反映。

(4)“汇率变动对现金及现金等价物的影响”项目,反映外币变动对现金的影响额。

“现金及现金等价物净增加额”项目,反映企业外币现金流量及境外子公司的现金流量折算为人民币时,所采用的现金流量发生日的汇率或平均汇率折算为人民币金额,与外币现金净增加额按期末汇率折算为人民币金额之间的差额。

## 六、补充资料项目的内容及填列

### (一)不涉及现金收支的投资和筹资活动

不涉及现金的投资和筹资活动虽然对当期的现金流量没有影响,但对企业的资产和负债的形成有一定的影响,并且对下期的现金流量也有一定的影响,因而,对这些项目也需要加以列示:它包括以固定资产偿还债务;以对外投资偿还债务;以固定资产对外投资;以存货对外投资;接受捐赠非现金资产;融资租入固定资产等。

（二）将净利润调整为经营活动的现金流量

$$\text{经营活动净现金流量}=\text{本期净利润}+\text{不减少现金的费用、非现金流动资产减少及流动负债的增加}-\text{不增加现金的流入、非现金流动资产的增加及流动负债减少}$$

增减变动的具体项目如下。

1. 资产减值准备（＋）

该项目反映企业计提的各项资产的减值准备，例如坏账准备、存货跌价准备、长期股权投资减值准备、固定资产减值准备、无形资产减值准备等。企业计提的各项资产减值准备，已包括在利润表中，并从利润中进行了扣除，但是却没有发生现金流出。所以，在将净利润调整为经营活动的现金流量时需要进行调节。该项目可根据“管理费用”“投资收益”“营业外支出”等账户的记录分析填列。

2. 固定资产折旧等（＋）

该项目反映企业本期累计提取的折旧。企业计提的固定资产折旧，计入管理费用中的部分，作为期间费用在计算净利润时已从中扣除，但是却没有发生现金流出，所以，在将净利润调整为经营活动的现金流量时需要予以加回。

3. 无形资产摊销、长期待摊费用摊销（＋）

这两个项目分别反映企业本期累计摊入成本费用的无形资产价值及其长期待摊费用。企业在摊销无形资产时，计入了管理费用；长期待摊费用摊销时，有的计入了销售费用，有的计入了制造费用。计入管理费用、销售费用中的部分，作为期间费用在计算净利润时从中扣除，但是却没有发生现金流出，所以，在将净利润调整为经营活动的现金流量时需要予以加回。

4. 处置固定资产、无形资产和其他长期资产（收益－，损失＋）

该项目反映企业本期由于处置固定资产、无形资产和其他长期资产而发生的净损失。企业处置固定资产、无形资产和其他长期资产发生的损益，属于投资活动产生的损益，不属于经营活动产生的损益，所以在将净利润调整为经营活动的现金流量时，需要予以调节。

5. 固定资产盘亏、报废损失（净收益－，净损失＋）

该项目反映企业本期固定资产盘亏（减：盘盈）后的净损失。企业发生固定资产报废损益，属于投资活动产生的损益，不属于经营活动产生的损益，所以，在将净利润调整为经营活动的现金流量时，需要予以调节。

6. 财务费用（－投资活动和筹资活动的利息）

该项目反映企业本期发生的应属于投资活动或筹资活动的财务费用。企业发生的财务费用，可以分别归属于经营活动、投资活动和筹资活动。其中，属于经营活动的部分，本身就应该在计算净利润时予以扣除，所以，在将净利润调整为经营活动的现金流量时，不需要调节。与此相对应，属于投资活动、筹资活动的部分，在计算净利润时也从中扣除，但是这部分发生的现金流出不属于经营活动范畴，所以，在将净利润调整为经营活动的现金流量时，需要予以加回。

7. 投资收益(收益－，损失＋)

该项目反映企业本期投资所发生的损失减去收益后的净损失。企业发生投资损益，属于投资活动产生的损益，不属于经营活动产生的损益，所以，在将净利润调整为经营活动的现金流量时，需要予以调节。

8. 递延所得税(增加－，减少＋)

该项目反映企业本期递延税款净增加或净减少。企业发生的递延所得税负债，与其相对应的是所得税，在计算净利润时从中扣除，但是，却没有发生现金流出，所以，在将净利润调节为经营活动的现金流量时，需要予以加回；同样的道理，企业发生的递延所得税资产，需要予以扣除。

9. 存货(增加－，减少＋)

该项目反映企业本期存货的减少(减：增加)。在不存在赊购的情况下，如果某一期间期末存货比期初存货增加，说明当期购入的存货除耗用外，还余留了一部分。即除了为当期销货成本包含的存货发生支出外，还为增加存货发生了现金流出，所以，在将净利润调节为经营活动的现金流量时，需从中扣除；反之，如果某一期间期末存货比期初存货减少，说明本期生产过程耗用的存货有一部分是期初存货，耗用这部分存货并没有发生现金流出，所以，在将净利润调节为经营活动的现金流量时，需要予以加回。

10. 经营性应收项目(增加－，减少＋)

该项目反映企业本期经营性应收项目(包括应收账款、应收票据和其他应收款中与经营活动有关的部分以及应收增值税销项税额等)的减少(减：增加)，如果某一期间经营性应收项目期末余额大于经营性应收项目期初余额，说明本期销售收入中有一部分没有收回现金，但是，在计算净利润时这部分销售收入已包括在内，所以，在将净利润调节为经营活动的现金流量时，需要从中扣除；反之，如果某一期间经营性应收项目期末余额小于经营性应收项目期初余额，说明本期收回的现金大于利润表中所确认的销售收入，所以，在将净利润调节为经营活动现金流量时，需要予以加回。

11. 经营性应付项目(增加＋，减少－)

该项目反映企业本期经营性应付项目(包括应付账款、应付票据、应交税费、其他应付款中与经营活动有关的部分以及应付增值税进项税额等)的增加(减：减少)。如果某一期间经营性应付项目期末余额大于经营性应付项目期初余额，说明本期购入的存货中有一部分没有支付现金，但是，在计算净利润时这部分销售成本已包括在内，所以，在将净利润调节为经营活动的现金流量时，需要予以加回；反之，如果某一期间经营性应付项目期末余额小于经营性应付项目期初余额，说明本期支付的现金大于利润表中所确认的销售成本，所以，在将净利润调节为经营活动现金流量时，需要从中扣除。

## 七、现金流量表编制方法举例

### （一）工作底稿法

采用工作底稿法编制现金流量表，就是以工作底稿为手段，以利润表和资产负债表为基础，对每一项目进行分析并编制调整分录，从而编制现金流量表的方法。其程序为：

第一步，将资产负债表的期初数和期末数过入工作底稿的期初数和期末数栏。

第二步，对当期业务进行分析并编制调整分录。

第三步，将调整分录过入工作底稿中的相应部分。

第四步，核对调整分录，借贷合计应当相等。

第五步，编制正式的现金流量表。

### （二）T 形账户法

采用 T 形账户法，就是以 T 形账户为手段，以利润表和资产负债表数据为基础，以每一项目进行分析并编制调整分录，从而编制出现金流量表的方法。其程序如下：

第一步，为所有的非现金项目（包括资产负债表和利润表项目）分别开设 T 形账户，并将各自的期末、期初变动数过入该账户。

第二步，开设一个大的“现金及现金等价物”T 形账户，每边分为经营活动、投资活动和筹资活动三个部分，左边记现金流入，右边记现金流出。与其他账户一样，过入期末、期初变动数。

第三步，以利润表项目为基础，结合资产负债表分析每一个非现金项目的增减变动，并据此编制调整分录。

第四步，将调整分录过入各 T 形账户，并进行核对，该账户借贷相抵后的余额与原先过入的期末、期初数应当一致。

第五步，根据大的“现金及现金等价物”T 形账户编制正式的现金流量表。

### （三）现金流量表举例

根据上述方法，上海申通物流公司于每一会计年度可编制现金流量表如图表 8-6 所示。

图表 8-6

**现金流量表**(简表)

编制单位:上海申通物流公司　　　　20×7 年度　　　　单位:元

| 项　　　目 | 本期金额 |
|---|---|
| 一、经营活动产生的现金流量 | |
| 销售商品、提供劳务收到的现金 | 5 850 |
| 收到的税费返还 | |
| 收到其他与经营活动有关的现金 | |
| 经营活动现金流入小计 | 5 850 |
| 购买商品、接受劳务支付的现金 | 1 170 |
| 支付给职工以及为职工支付的现金 | 1 500 |
| 支付的各项税费 | |
| 支付其他与经营活动有关的现金 | |
| 经营活动现金流出小计 | 2 670 |
| 经营活动产生的现金流量净额 | 3 180 |
| 二、投资活动产生的现金流量 | |
| 收回投资收到的现金 | 2 000 |
| 取得投资收益收到的现金 | |
| 处置固定资产、无形资产和其他长期资产收回的现金 | |
| 收到其他与投资活动有关的现金 | |
| 投资活动现金流入小计 | 2 000 |
| 购建固定资产、无形资产和其他长期资产支付的现金 | 3 500 |
| 投资支付的现金 | |
| 支付其他与投资活动有关的现金 | |
| 投资活动现金支出小计 | 3 500 |
| 投资活动产生的现金流量净额 | −1 500 |
| 三、筹资活动产生的现金流量 | |
| 吸收投资所收到的现金 | |
| 取得借款收到的现金 | |
| 收到其他与筹资活动有关的现金 | |

（续表）

| 项　　　目 | 本期金额 |
| --- | --- |
| 筹资活动现金流入小计 | 0 |
| 偿还债务支付的现金 | |
| 分配股利、利润或偿付利息支付的现金 | |
| 支付其他与筹资活动有关的现金 | |
| 筹资活动现金流出小计 | 0 |
| 筹资活动产生的现金流量净额 | 0 |
| 四、汇率变动对现金及现金等价物的影响 | |
| 五、现金及现金等价物净增加额 | 1 680 |
| 加：期初现金及现金等价物余额 | 2 000 |
| 期末现金及现金等价物余额 | 3 680 |
| 补　充　资　料 | 本期金额 |
| 1. 将净利润调节为经营活动现金流量 | |
| 净利润 | 3 700 |
| 加：计提的资产减值准备 | |
| 固定资产折旧、油气资产折耗、生产性生物资产折旧 | 1 500 |
| 无形资产推销 | |
| 长期待摊费用摊销 | |
| 处理固定资产、无形资产和其他长期资产的损失(收益以“－”号填列) | |
| 固定资产报废损失(收益以“－”号填列) | |
| 公允价值变动损失(收益以“－”号填列) | 0 |
| 财务费用(收益以“－”号填列) | 300 |
| 投资损失(收益以“－”号填列) | －1 000 |
| 递延所得税资产减少(增加以“－”号填列) | |
| 递延所得税负债增加(减少以“－”号填列) | 0 |
| 存货的减少(增加以“－”号填列) | 3 000 |
| 经营性应收项目的减少(增加以“－”号填列) | －5 850 |
| 经营性应付项目的增加(减少以“－”号填列) | 1 530 |

（续表）

| 补　　充　　资　　料 | 本期金额 |
|---|---|
| 其他 | 0 |
| 经营活动产生的现金流量净额 | 3 180 |
| 2. 不涉及现金收支的重大投资和筹资活动 | |
| 债券转为资本 | 0 |
| 一年内到期的可转换公司债券 | 0 |
| 融资租入固定资产 | 0 |
| 3. 现金及现金等价物净变动情况 | |
| 现金的期末余额 | 3 680 |
| 减：现金的期初余额 | 2 000 |
| 加：现金等价物的期末余额 | 0 |
| 减：现金等价物的期初余额 | 0 |
| 现金及现金等价物净增加额 | 1 680 |

## 第五节　财务报告分析

财务报告分析是根据财务报告数据，采用一系列方法，对企业过去的财务状况和经营成果及未来前景作出的评价。通过这种评价，可以为报表使用者的经营决策提供依据和参考。

### 一、财务报告分析的意义

财务报告是综合反映企业一定时期财务状况和经营成果的书面文件。物流企业定期编制财务报告的目的是：向投资者、债权人、政府及其机构等报表使用者提供其在经济决策中有用的信息。然而，事实上，财务报告本身所提供的数据并不能直接满足其需要。因为财务报告反映的是企业过去的财务状况和经营成果，一般来说，如果孤立地去看报表上所列示的各项金额，对报表使用者面向未来的经济决策并没有多大的帮助。比如，我们仅凭某企业的资产负债表上所列示的资产数额无法判断该企业的偿债能力高低；同样，仅凭其利润表上的利润总额也无法说明该企业的获利能力如何。因此，要想使财务报告真正成为报告使用者进行决策的依据，就必须对财务报告提供的数据作进一步加工、比较和分析，从而评价企业过去的财务状况和经营成果，将反映历史状况的数据转化成为预计企业未来前景的有用信息，以满足报表使用者的决策需要。这种分析和评价的意义具体表现在以下几个方面：

(1) 通过财务报告分析，可以全面评价、深入了解企业的财务状况和经营成果，及时发现经营活动中存在的问题，促使企业内部经营管理者采取有效措施，改善经营管理，合理规划未来。

(2) 通过财务报告分析，可以了解企业的资本结构、投资报酬及企业获利能力和发展前景，为投资者和潜在投资者进行决策提供依据和参考。

(3) 通过财务报告分析，可以了解企业的营运能力和偿债能力，判断企业是否能够按期偿还债务，为债权人和潜在债权人选择贷款方向提供帮助。

## 二、短期偿债能力的分析

偿债能力是指物流企业偿还各种到期债务的能力。偿债能力分析是企业财务分析的一个重要方面，这种分析主要揭示企业的财务风险。偿债能力包括短期偿债能力和长期偿债能力。

企业的短期债务，需要以流动资产去偿还。因此，企业能否偿还短期债务，取决于短期债务与可变现偿债流动资产的对比。流动资产越多，短期债务越少，则偿债能力越强。

反映短期偿债能力的指标主要有流动比率和速动比率。

### (一) 流动比率

流动比率是流动资产除以流动负债的比值。其计算公式如下：

$$流动比率=\frac{流动资产}{流动负债}$$

为了便于说明，本节各项具体财务比率的计算将主要依照图表8-3、图表 8-5 所示的财务报表的实例资料。

**【例 8-1】** 该公司 20×7 年年末的流动资产是 21 563 050 元，流动负债是 5 700 700元，按上式计算流动比率如下：

$$流动比率=\frac{21\ 563\ 050}{5\ 700\ 700}\approx 3.78$$

流动比率是衡量企业短期偿债能力最常用的指标。一般认为，企业合理的最低流动比率是 2。因为存货是流动资产中变现能力最差的，约占流动资产总额的一半，剩下的流动性较大的流动资产至少要等于流动负债，企业的短期偿债能力才会有保证。

该公司的流动比率为 3.78，表明该公司每 1 元的流动负债有 3.78 元流动资产与之对应，以备偿还，其流动比率远超过 2，按照一般观点，可以认为该企业有较强的短期偿债能力。但是具体到每一个企业究竟保持多高的流动比率才算适当，并没有统一标准，只有将计算出的流动比率和同行业平均流动比率、本企业历史的流动比率进行比较，才能知道这个比率是高是低。

在运用流动比率对企业的短期偿还能力进行分析、评价时，还应注意以下几点：一是流动比率较高，但企业的短期偿债能力未必很强。因为这有可能是库存积压或滞销的结果；二是流动比率容易伪造。例如，企业在年终时偿还流动负债，下年初再借入，这样可以提高流动比率，掩饰了企业真实的短期偿债能力；三是由于许多企业的生产经营是有季节性的，因此会计期末的流动比率不一定能代表全年的状况。

（二）速动比率

流动比率虽然可以用来评价流动资产总体的变现偿债能力，但是，我们还应注意到：在流动资产总体中，各项目的变现能力是有很大差别的，其中存货的变现能力最差，特别是当存货中包括积压物资和滞销商品时。因此，以流动资产总体去衡量企业的短期偿债能力是不十分准确的。这样，人们特别是债权人希望获得比流动比率更进一步反映短期偿债能力的指标，这个指标就是速动比率。

速动比率，也叫做酸性测试比率，是指从流动资产中扣除存货部分，再除以流动负债的比值。其计算公式如下：

$$速动比率=\frac{流动资产-存货}{流动负债}$$

**【例 8-2】** 该公司 20×7 年年末的存货为 15 937 650 元，则其速动比率为：

$$速动比率=\frac{21\ 563\ 050-15\ 937\ 650}{5\ 700\ 700}\approx 0.99$$

速动比率进一步说明了企业的短期偿债能力。一般认为，企业正常的速动比率为 1。如果速动比率低于 1，则意味着企业的短期偿债能力偏低。但也不能一概而论，各行业之间的速动比率会有很大差别。例如，以现金销售为主的商店，几乎没有应收账款，即使速动比率大大低于 1，也是很正常的；而一些应收账款较多的企业，其速动比率可能要大于 1。本例中，企业的速动比率为 0.99，说明该企业每 1 元流动负债有 0.99 元流动资产做保障，即该企业短期偿债能力尚可。

在运用速动比率分析企业的短期偿债能力时，应注意在流动资产中应收账款所占的比重及其变现能力。如果应收账款比重过大，而且账龄较长，就会影响企业的短期偿债能力，降低速动比率的可信程度。

为了进一步分析确认企业的短期偿债能力，在计算速动比率时，除了扣除存货以外，还可以扣除预付货款等其他变现能力较差的项目，计算保守速动比率指标：

$$保守速动比率=\frac{现金+短期证券+应收账款净额}{流动负债}$$

## 三、长期偿债能力的分析

分析一个公司的长期偿债能力，就是为了确定该公司偿还债务本金和利息的能力。企业的资产是偿还负债的基础，因此，通过资产与负债之间的对比关系，可以评价企业的长期偿债能力。此外，还可以通过分析不同权益之间的内在关系，分析负债与收益之间的关系来评价企业的长期偿债能力。

反映企业长期偿债能力的财务比率主要有：资产负债率、产权比率、有形净资产负债率、已获利息倍数。

### （一）资产负债率

资产负债率是负债总额除以资产总额的百分比。其计算公式如下：

$$资产负债率=\frac{负债总额}{资产总额}\times 100\%$$

公式中的负债总额不仅包括非流动负债，而且还包括短期负债，因为企业总是长期地保持着一个相对稳定的短期负债总额。短期负债作为一个整体，可视为企业长期性资本来源的一部分。公式中的资产总额则是扣除累计折旧后的净额。

**【例 8-3】** 根据图表 8-3 所示，公司 20×7 年度负债总额为12 660 700 元，资产总额为 44 257 050 元，依上式计算资产负债率为：

$$资产负债率=\frac{12\ 660\ 700}{44\ 257\ 050}\times 100\%\approx 29\%$$

资产负债率反映了债权人提供资本占全部资本的比例，也被称为举债经营比率，这个指标对于企业的债权人、投资者和经营者有着不同的意义：对债权人来说，这个指标越低越好。资产负债越低，负债与资产相比所占比例越小，说明企业偿债能力就越强，债权人贷出资金风险就越小；反之，则说明企业偿债能力就越弱，债权人贷款的安全程度就越低。而对于投资者来说，由于举债筹措资金和投资者提供的资金在经营中发挥同样的作用。所以，只要全部资本利润率超过借款利率，投资者获得的利润就会增加，在这个前提下，投资者希望负债比例越大越好；反之，则相反。从经营者的角度来看，资产负债率可以反映其进取精神，如果企业不利用举债经营或负债比例很小，就说明企业畏缩不前，对前途信心不足；相反，借款比率大，则说明企业充满活力，前景广阔。但负债是有一定限度的，一般来讲，资产负债率为 50%是最佳的，如果超过 50%，则企业的风险将主要由债权人负担，这对债权人来讲是不利的。同时，负债比率过高，也会加大企业的财务风险。

### （二）产权比率

产权比率是负债总额与所有者权益总额的比率。其计算公式如下：

$$产权比率=\frac{负债总额}{所有者权益总额}\times 100\%$$

**【例 8-4】** 根据图表 8-3 所示，公司 20×7 年度期末负债总额为12 660 700 元，所有者权益总额为 31 596 350 元，则其产权比率为：

$$产权比率=\frac{12\ 660\ 700}{31\ 596\ 350}\times 100\%\approx 40\%$$

产权比率是衡量企业长期偿债能力的指标之一。它反映了债权人投入资本受到所有者权益的保障程度，或者说是企业清算时对债权人利益的保障程度。一般来说，产权比率保持在 100%以下比较适当，这样，可以使债权人投入资本全部置于所有者权益的保障之下，债权人贷款的安全程度较高；相反，如果负债总额超出所有者权益总额，企业一旦破产清算，债权人将难以收回贷款。从上例计算结果来看，该企业债权人提供资本比所有者权益少许多，如果该企业进行清算，则债权人的利益是有保障的。

产权比率是负债与所有者权益的对比关系，反映了企业的基本财务结构是否稳定。一般来说，所有者权益大于负债较好，但也不能一概而论。在经济繁荣时期，企业多借债可以获得额外的利润；而在经济萎缩时期，少借债可以使企业减轻利息负担和财务风险。

（三）有形净资产负债率

有形净资产负债率是指企业负债总额与有形净资产之间的百分比。有形净资产是指企业投资者具有所有权的有形资产的净值，即所有者权益减去无形资产净值。有形资产负债率的计算公式如下：

$$\begin{matrix}有形净资\\产负债率\end{matrix}=\frac{负债总额}{所有者权益-无形资产净值}\times 100\%$$

**【例 8-5】** 根据图表 8-3 所示，该公司 20×7 年年末负债总额为12 660 700元，所有者权益合计为 31 596 350 元，无形资产净值为4 440 000元，依上式计算该企业的有形净资产负债率为：

$$\begin{matrix}有形净资\\产负债率\end{matrix}=\frac{12\ 660\ 700}{31\ 596\ 350-4\ 440\ 000}\times 100\%\approx 46.62\%$$

有形净资产负债率实质上是产权比率的延伸，两者之间的区别在于：计算本指标时未考虑无形资产的价值。因为商誉、商标、专利权以及非专利技术等无形资产不一定能用来偿还债务，为谨慎起见，一律视为不能偿债，故将其从所有者权益中扣除。负债和有形净资产对比计算出的有形净资产负债率更为谨慎、保守地反映了在企业清算时债权人投入资本受到所有者权益的保障程度。从长期偿债能力来讲，这个指标越低越好。按上例情况来看，如果该企业进行清算，则债权人的利益因企业有形净资产所占比例较高而具有保障。

（四）已获利息倍数

从债权人立场出发，他们考察其借出资金的安全程度时，除了利用资产负债表提供的财务数据计算资产负债率、产权比率等指标来分析评价企业的长期偿债能力外，还可以利用利润表提供的财务数据进行分析，将营业利润和利息费用进行对比，计算已获利息倍数指标来衡量企业的偿债能力。

已获利息倍数是指企业经营业务收益与利息费用的比率，也叫做利息保障倍数。其计算公式如下：

$$\text{已获利息倍数}=\frac{\text{净利润}+\text{所得税费用}+\text{利息费用}}{\text{利息费用}}$$

**【例 8-6】** 根据图表 8-5 所示，该公司 20×7 年度税后净利润为1 696 350 元，所得税费用为 465 450 元，利息费用为 249 000 元，则该企业的已获利息倍数为：

$$\text{已获利息倍数}=\frac{1\ 696\ 350+465\ 450+249\ 000}{249\ 000}\approx 9.68$$

已获利息倍数主要用来衡量企业偿付借款利息的能力。它反映了企业经营收益为所需支付的利息费用的多少倍，已获利息倍数越大，说明企业越有能力偿付利息；否则相反。

已获利息倍数只是从一个侧面反映了企业支付利息的保障程度，仅凭某一个会计年度的已获利息倍数指标是难以判断企业偿债能力高低的。只有将企业的这一指标与其他企业，特别是本行业平均水平进行比较，才能确定本企业的指标水平，同时从稳健性出发，应将本企业连续几年的该项指标进行比较，选择最低年度的指标，作为评价企业偿债能力的标准。因为无论经营好坏，企业每年都要偿还大约同量的债务，采用最低年度指标，可保证最低的偿债能力。

## 四、营运能力的分析

营运能力是指企业现有经济资源和资本的利用效率，它通过企业的资金周转状况反映出来。资金周转状况良好，说明资金利用率高，企业营运能力强。通过分析企业的营运能力，可以了解企业的经营状况和经营管理水平。反映营运能力的比率主要有存货周转率、应收账款周转率、流动资产周转率和总资产周转率。

（一）存货周转率

存货在企业流动资产中所占的比重较大，其周转速度如何将直接影响企业的短期偿债能力，同时也反映了存货的管理水平。反映存货周转速度的指标通常有存货周转率和存货周转天数。

存货周转率也叫做存货周转次数，是指在一定期间（一般为 1 年），营业成本除以平均存货的比率。其计算公式如下：

$$存货周转率=\frac{营业成本}{平均存货}$$

存货周转天数是指企业的存货周转一次所需要的平均天数，计算公式如下：

$$存货周转天数=\frac{360}{存货周转率}=\frac{360}{营业成本\div平均存货}=\frac{平均存货\times360}{营业成本}$$

公式中的营业成本数据来自利润表，平均存货来自资产负债表中的期初存货与期末存货的平均数。

**【例 8-7】** 根据图表 8-3 和图表 8-5，该公司 20×7 年度营业成本为 45 000 000 元（假定），年初存货为 15 480 000 元，期末存货为15 937 650元。该企业的存货周转速度为：

$$存货周转率=\frac{45\ 000\ 000}{(15\ 480\ 000+15\ 937\ 650)\div2}\approx2.86(次)$$

$$存货周转天数=\frac{360}{2.86}\approx126(天)$$

一般来讲，存货周转次数越多，或者说周转天数越少，说明企业的存货周转速度越快，存货的占用水平越低，资金利用效率越高，企业的营运能力越强，同时，存货的流动性越强，其转换为现金或应收账款的速度越快，从而增加了企业的短期偿债能力；反之，则说明企业的资金利用效率低，营运能力差，短期偿债能力减弱。但是，如果存货周转速度过快，也可能意味着企业的存货管理存在问题，如存货不足导致停工待料等。衡量一个企业存货周转速度的快慢并没有统一的标准，只有和同行业平均水平及本企业以往的存货周转情况相比较，才能说明问题。

上例中的计算结果表明，该公司的存货在 1 年内周转了 3 次，每周转一次所需要的时间为 120 天。这两个数据并不能说明该企业的营运能力如何，还需要和本企业过去的该项指标水平及同行业该项指标平均水平进行对比，才能说明本企业计算出来的存货周转速度的快慢，以及管理水平的高低。

（二）应收账款周转率

与存货一样，应收账款也是企业的一项重要流动资产。其周转速度不仅影响企业的短期偿债能力，也反映企业对应收账款的管理效率和企业的营运能力。

反映应收账款周转速度的指标有应收账款周转率和应收账款周转天数。

应收账款周转率是指一定时期内（通常为 1 年），应收账款转为现金的平均次数。其计算公式如下：

$$应收账款周转率=\frac{营业收入}{应收账款平均余额}$$

应收账款周转天数是指应收账款从发生到收回款项，转换为现金所需要的时间，也叫做应收账款平均回收期或平均收账期。其计算公式如下：

$$应收账款周转天数=\frac{360}{应收账款周转率}=\frac{应收账款平均金额\times 360}{营业收入}$$

公式中的营业收入指的是营业收入净额，即营业收入扣除折扣和折让，其数据来自利润表。“应收账款平均余款”是指未扣除坏账准备的应收账款总额，是年初应收账款余额和年末应收账款余额的平均数。

**【例 8-8】** 根据图表 8-3 和图表 8-5 及相关资料，该公司 20×7 年度营业收入为 7 500 000元(假定)，年初应收账款余额为 1 800 000 元，年末应收账款余额为 4 010 400元。则：

$$应收账款周转率=\frac{7\,500\,000}{(1\,800\,000+4\,010\,400)\div 2}\approx 2.58(次)$$

$$应收账款周转天数=\frac{360}{2.58}\approx 140(天)$$

一般来说，应收账款周转次数越多，或者说周转一次所需要的天数越少，说明应收账款的收回速度越快，企业资金的利用效率越高，营运能力越强，短期偿债能力也越强；否则，说明企业的营运资金过多地停滞在应收账款上，将影响企业正常的资金周转。报表使用者在运用应收账款周转率或平均收账期进行分析时，应将计算出的指标与该企业前期、行业平均水平进行比较，判断该指标的高低。从而正确评价企业的应收账款变现速度、管理效率及企业的营运能力。

（三）流动资产周转率

流动资产周转率是营业收入与全部流动资产平均余额的比率。其计算公式如下：

$$流动资产周转率=\frac{营业收入}{流动资产平均余额}$$

公式中的营业收入是指扣除折扣和折让后的营业收入净额。流动资产平均余额是指流动资产年初余额与流动资产年末余额的平均数。

**【例 8-9】** 根据图表 8-3 和图表 8-5 所示，该公司 20×7 年度营业收入为 75 000 000元(假定)，年初流动资产为 24 508 400 元，年末流动资产为 21 563 050 元，依上式计算的流动资产周转率为：

$$流动资产周转率=\frac{75\,000\,000}{(21\,563\,050+24\,508\,400)\div 2}\approx 3.26(次)$$

流动资产周转率反映了企业流动资产的周转速度。周转次数越多，说明流动资产周转速度越快，流动资产占用水平越低，利用效率越高；而周转速度慢，则说明流动资产利用低，企业营运能力差。

（四）总资产周转率

总资产周转率是营业收入与资产平均总额的比率。其计算公式如下：

$$总资产周转率=\frac{营业收入}{资产平均总额}$$

公式中的营业收入指的是营业收入净额，资产平均总额是指年初资产总额和年末资产总额的平均数。

**【例 8-10】** 根据图表 8-3 和图表 8-5 所示，该公司 20×7 年度营业收入为 75 000 000元（假定），年初资产总额为 45 408 400 元，年末资产总额为 44 257 050 元，则该企业的总资产周转率为：

$$总资产周转率=\frac{75\ 000\ 000}{(45\ 408\ 400+44\ 257\ 050)\div 2}\approx 1.67(次)$$

总资产周转率反映了企业总资产的周转速度，周转次数越多，表明企业总资产的周转速度越快，利用效率越高，企业的营运能力越强；反之，则说明企业的资产利用效率低，有闲置浪费问题。

各项资产周转率指标也反映了企业用资产赚取收入的能力，与反映盈利能力的指标结合在一起使用，可以全面评价企业的获利能力。

**五、获利能力的分析**

获利能力是指企业赚取利润的能力。获利是企业生产经营的主要目的，是企业生存和发展的物质基础。企业的获利能力关系着投资者的投资报酬，关系着债权人利益的保障程度，同时也是考核企业经营管理水平和经营管理者业绩的主要标准。因此，不论是投资者、债权人，还是企业内部经营管理者都非常关心企业的获利能力。

反映企业获利能力的指标主要有：营业收入净利率、营业收入毛利率、资产净利率、所有者权益报酬率。

（一）营业收入净利率

营业收入净利率是指净利润与营业收入的百分比。其计算公式如下：

$$营业收入净利率=\frac{净利润}{营业收入}\times 100\%$$

公式中的净利润是指税后利润。

**【例 8-11】** 根据图表 8-5 所示，该公司 20×7 年度的净利润为1 696 350 元，营业收入为 7 500 000 元，则：

$$营业收入净利率=\frac{1\ 696\ 350}{7\ 500\ 000}\times 100\%\approx 22\%$$

营业收入净利率反映的是营业收入的获利水平，即每元营业收入带来的净利润是多少。该指标越高，说明企业的获利能力就越强。

上例计算结果表明：该公司每取得 100 元的营业收入，可以实现 22 元净利润。但仅凭这个数据还无法准确判断该企业获利水平的高低，需要和企业以往的该项指标及同行业该项指标平均水平进行比较，才能评价该企业的获利水平及变动趋势。

（二）营业收入毛利率

营业收入毛利率是指毛利占营业收入的百分比。其中毛利是营业收入减去营业成本后的余额。其计算公式如下：

$$营业收入毛利率=\frac{营业收入-营业成本}{营业收入}\times 100\%$$

**【例 8-12】** 根据图表 8-5 所示，该公司 20×7 年度的营业收入为7 500 000 元，营业成本为 4 500 000 元，则：

$$营业收入毛利率=\frac{7\ 500\ 000-4\ 500\ 000}{7\ 500\ 000}\times 100\%=40\%$$

营业收入毛利率表示每 1 元营业收入所带来的毛利是多少，这个指标越高，说明企业就有越多的毛利用于各项期间费用和形成盈利。毛利是净利的基础，没有足够大的毛利率，企业便不能盈利。

（三）资产净利率

资产净利率是企业净利润与资产平均总额的百分比。其计算公式如下：

$$资产净利率=\frac{净利润}{资产平均总额}\times 100\%$$

这一指标可进一步分解为营业收入净利率和总资产固定周转率两个指标。

$$资产净利率=\frac{净利润}{资产平均总额}\times 100\%=$$

$$\frac{净利润}{营业收入}\times\frac{营业收入}{资产平均总额}\times 100\%$$

**【例 8-13】** 根据图表 8-3 和图表 8-5 所示，该公司 20×7 年度期初资产总额为 45 408 400元，期末资产总额为 44 257 050 元，净利润为1 696 350 元，则：

$$资产净利率=\frac{1\ 696\ 350}{(45\ 408\ 400+44\ 257\ 050)\div 2}\times 100\%\approx 3\%$$

资产净利率是评价企业获利能力的一项综合性指标。将企业一定期间的净利润与资产相比较，可以说明企业资产的利用效果，该指标越高，表明资产的利用效率就越高，企业获利能力就越强；否则相反。同时，通过对资产净利率的分解，可以将营业收入盈利情况与资产周转情况结合起来，进一步分析影响获利水平的原因，寻找经营中存在的问题，采取有效措施，提高营业收入利润率，加速资金周转。

（四）所有者权益报酬率

所有者权益报酬率是指净利润与所有者权益平均余额的百分比。其计算公式如下：

$$所有者权益报酬率=\frac{净利润}{所有者权益平均余额}\times 100\%$$

其中所有者权益平均余额是指年初所有者权益与年末所有者权益的平均数。

**【例 8-14】** 根据图表 8-3 和图表 8-5 所示，该公司 20×7 年度期初所有者权益为 29 900 000 元，期末所有者权益为 31 596 350 元，净利润为1 696 350 元，则：

$$所有者权益报酬率=\frac{1\ 696\ 350}{(29\ 900\ 000+31\ 596\ 350)\div 2}\times 100\%\approx 5\%$$

所有者权益报酬率反映了所有者权益的收益水平，该指标越高，说明投资带来的收益就越高。

上述四项指标是反映企业获利能力的主要指标，除此之外，企业运用资产的效果即资产的周转速度，也会影响企业的获利能力。

## 单项选择题

1. 下列各项中，反映企业在某一特定日期财务状况的会计报表是（　　）。

A. 现金流量表　　B. 利润表

C. 资产负债表　　D. 利润分配表

2. 月度报表不包括（　　）。

A. 资产负债表　　B. 利润分配表

C. 利润表　　D. 现金流量表

3. 资产负债表中资产的排列顺序是资产的（　　）。

A. 收益性　　B. 重要性

C. 流动性　　D. 时间性

4. 在利润表中，从利润总额中减去（　　），得出净利润。

A. 应交所得税　　B. 利润分配数

C. 销售费用　　D. 所得税费用

5. 下列各项中，属于静态报表的是（　　）。

A. 利润表　　B. 利润分配表

C. 现金流量表　　D. 资产负债表

6. 引起现金流量净额变动的项目是（　　）。

A. 将现金存入银行　　B. 用现金购买1个月到期的债券

C. 用现金支付购买材料款　　D. 用一台设备清偿50万元的债务

7. 下列各项中，属于资产类账户的是（　　）。

A. "管理费用"　　B. "销售费用"

C. "长期待摊费用"　　D. "财务费用"

8. 下列财务报表中，属于反映企业某一特定时点而非某一时期的财务报表是（　　）。

A. 资产负债表　　B. 利润表

C. 现金流量表　　D. 股东权益变动表

9. 下列各项中，不符合现金流量表中现金概念的是（　　）。

A. 企业库存现金　　B. 企业外埠存款

C. 不能随时用于支付的存款　　D. 购入日起3个月内到期的国债

10. 资产负债表中资产各项目的上下排列顺序是依据项目的（　　）。

A. 流动性　　B. 收益性

C. 重要性　　D. 时间性

11. 某企业期末"应收账款"总账账户的借方余额为5 000元，其中"应收账款——甲公司"账户期末借方余额为6 000元，"应收账款——乙公司"账户期末贷方余额为1 000元，则该企业期末资产负债表上"应收账款"项目应反映为（　　）元。

A. 5 000　　B. 6 000

C. 7 000　　D. 1 000

12. 下列各项中，能提高企业利息保障倍数的是（　　）。

A. 成本下降利润增加　　B. 所得税税率下降

C. 企业归还应收账款　　D. 宣布并支付股利

## 多项选择题

1. 财务会计报告分为（　　）。

A. 年度财务会计报告　　B. 季度财务会计报告

C. 半年度财务会计报告　　D. 月度财务会计报告

2. 企业会计报表按其反映的经济内容分为（　　）。

A. 资产负债表　　B. 利润表

C. 现金流量表　　D. 收入支出总表

3. 下列各项中，属于中期财务会计报告的有(　　)。

A. 月度财务会计报告　　B. 季度财务会计报告

C. 半年度财务会计报告　　D. 年度财务会计报告

4. 按照《企业会计制度》的规定，月份终了需编制和报送的会计报表有(　　)。

A. 资产负债表　　B. 利润表

C. 利润分配表　　D. 现金流量表

5. 下列各项中，属于财务会计报告编制要求的有(　　)。

A. 真实可靠　　B. 相关可比

C. 全面完整　　D. 编报及时

6. 企业资产负债表所提供的信息主要包括(　　)。

A. 企业拥有或控制的资源及其分布情况

B. 企业所承担的债务及其不同的偿还期限

C. 企业利润的形成情况及影响利润增减变动的因素

D. 企业所有者在企业资产中享有的经济利益份额及其结构

7. 我国企业的利润表采用多步式，分步计算的利润指标有(　　)等。

A. 主营业务利润　　B. 营业利润

C. 利润总额　　D. 净利润

8. 下列资产负债表的部分项目中，属于所有者权益的有(　　)。

A. “实收资本”　　B. “资本公积”

C. “盈余公积”　　D. “未分配利润”

9. 下列资产负债表项目中，应根据明细账户余额计算填列的有(　　)。

A. 预收款项　　B. 预付款项

C. 短期款项　　D. 资本公积

E. 盈余公积

10. 下列交易或事项中，不影响当期现金流量的有(　　)。

A. 计提固定资产折旧　　B. 发放股票股利

C. 提取现金　　D. 以长期投资偿还非流动负债

E. 支付职工工资

11. 不涉及现金收支的投资和筹资项目有(　　)。

A. 以设备偿还债务　　B. 以存款偿还债务

C. 以设备对外投资　　D. 以存货对外投资

E. 以现金偿还债务

12. 资产负债表上的“货币资金”项目，应根据(　　)账户的期末余额合计数填列。

A. “库存现金”　　B. “短期借款”

C. “银行存款”　　D. “其他货币资金”

E. “交易性金融资产”

13. 资产负债表中的“预收款项”项目的金额应包括(　　)。

A. “预收账款”总账账户所属明细账的期末借方余额

B. “预收账款”总账账户所属明细账的期末贷方余额

C. “应付账款”总账账户所属明细账的期末借方余额

D. “应收账款”总账账户所属明细账的期末贷方余额

E. “预付账款”总账账户所属明细账的期末借方余额

14. 下列各项经济业务中，能够衡量企业短期偿债能力的指标包括(　　)。

A. 流动比率　　B. 速动比率

C. 现金比率　　D. 资产负债表

E. 已获利息倍数

15. 下列各项经济业务中，属于企业经营活动引起的现金流入的有(　　)。

A. 提供劳务收取的款项

B. 销售多余原材料收取的现金

C. 收到因出口产品退回的增值税

D. 取得债券利息收入所收到的现金

E. 转让专利权收到的现金

## 名词解释

1. 静态报表　　2. 外部报表　　3. 利润分配表

4. 内部报表　　5. 资产负债表　　6. 产权比率

## 思考题

1. 物流企业会计报表可划分为哪几类?

2. 何谓单位报表? 何谓合并报表?

3. 财务报告通常包括哪些内容?

4. 试述利润分配表的编制步骤。

5. 编制现金流量表有哪些作用?

6. 经营活动的现金流量由哪几方面构成?
7. 财务报告分析的意义体现在哪些方面?
8. 分析长期偿债能力有哪些指标?

# 习　题

## 习　题　一

**(一) 目的**　练习资产负债表部分项目的计算。

**(二) 资料**　上海申通物流公司20×7年1月31日有关账户余额如图表8-7所示。

**(三) 要求**　根据所提供资料,计算该月资产负债表中的有关项目金额:"货币资金""存货""应收账款""预收款项""应付账款""预付款项""固定资产""未分配利润"。

图表8-7

**有关账户余额表**

单位:元

| 账　户 | 余额 | | 账　户 | 余额 | |
|---|---|---|---|---|---|
| | 借方 | 贷方 | | 借方 | 贷方 |
| 库存现金 | 1 800 | | 固定资产 | 500 000 | |
| 银行存款 | 220 000 | | 累计折旧 | | 100 000 |
| 原材料 | 213 460 | | 本年利润 | | 42 000 |
| 生产成本 | 63 750 | | 利润分配——未分配利润 | 9 000 | |
| | | | ——应付利润 | | 3 240 |
| 库存商品 | 37 260 | | 应付账款——丙厂 | | 80 000 |
| | | | ——丁厂 | 20 000 | |
| 应收账款——甲厂 | | 30 000 | | | |
| ——乙厂 | 75 000 | | | | |
| 预付账款——A公司 | 35 000 | | 预收账款——D公司 | | 5 000 |
| ——B公司 | | 64 000 | ——E公司 | 7 000 | |
| ——C公司 | | 23 000 | ——F公司 | | 8 000 |

## 习　题　二

**(一) 目的**　练习利润表的编制。

**(二) 资料**　上海申通物流公司20×7年9月份利润表部分数据如图表8-8所示

（注：会计利润与应纳税所得额相等）。

图表 8-8

利　润　表(简表)

编制单位：上海申通物流公司　20×7 年 9 月　　单位：元

| 项　　目 | 本期金额 |
|---|---|
| 一、营业收入 | 12 500 000 |
| 减：营业成本 | 7 500 000 |
| 税金及附加 | 20 000 |
| 销售费用 | 200 000 |
| 管理费用 | 971 000 |
| 财务费用 | 300 000 |
| 资产减值损失 | A |
| 加：公允价值变动收益(损失以"－"号填列) | 0 |
| 投资收益(损失以"－"号填列) | 15 000 |
| 其中：对联营企业和合营企业的投资收益 | 0 |
| 二、营业利润(亏损以"－"号填列) | 3 215 000 |
| 加：营业外收入 | 500 000 |
| 减：营业外支出 | B |
| 其中：非流动资产处置损失 | |
| 三、利润总额(亏损总额以"－"号填列) | 3 494 600 |
| 减：所得税费用 | 1 153 218 |
| 四、净利润 | C |

**(三) 要求**

1. 为该公司完成 20×7 年 9 月份利润表的编制(空缺数字计算请列出计算过程)。

2. 编制会计分录，将当月发生的各项收入、费用结转至"本年利润"账户(其中：其他业务收入 380 000 元，其他业务成本 310 000 元)。

## 习　题　三

**(一) 目的**　练习财务比率指标的计算。

**(二) 资料**

1. 上海申通物流公司 20×7 年年末的资产负债表如图表 8-9 所示。

图表 8-9

**资 产 负 债 表**

编制单位：上海申通物流公司　　20×7 年 12 月 31 日　　单位：元

| 资　　产 | 年末余额 | 年初余额 | 负债和所有者权益 | 年末余额 | 年初余额 |
|---|---|---|---|---|---|
| 流动资产： | | | 流动负债： | | |
| 货币资金 | 107 000 | | 流动负债合计 | 310 000 | |
| 交易性金融资产 | 150 000 | | 非流动负债合计 | 300 000 | |
| 应收账款 | 85 000 | | 负债合计 | 610 000 | |
| 存货 | 269 500 | | 所有者权益： | | |
| 其他应收款 | 2 500 | （略） | 实收资本 | 1 000 000 | （略） |
| 流动资产合计 | 614 000 | | 资本公积 | 160 000 | |
| 固定资产 | 1 385 600 | | 盈余公积 | 232 000 | |
| 无形资产 | 20 400 | | 未分配利润 | 18 000 | |
| 非流动资产合计 | 1 406 000 | | 所有者权益合计 | 1 410 000 | |
| 资 产 总 计 | | | 负债和所有权益总计 | 2 020 000 | |

2. 上海申通物流公司 20×7 年的其他财务资料如下：

（1）该公司年初有关资料：应收账款 50 000 元，存货 150 500 元，流动资产 450 000元；流动负债 375 000 元；实收资本 1 000 000 元；净资产 1 230 000 元。

（2）20×7 年全年主营业务收入为 2 887 500 元；主营业务成本为2 310 000元；利润总额为 231 000 元。

（3）本年实现净利润为 84 770 元。

**（三）要求**　根据上述资料，计算各项财务比率：流动比率、速动比率、应收账款周转率、存货周转率、总资产周转率、资产负债率、营业收入利润率、资产净利率、所有者权益报酬率。

# 第九章　外币业务的管理与核算

**本章提要**

本章主要阐述物流企业外币业务的基础知识和核算方法。通过本章学习，学员应正确理解外汇、记账本位币、汇率、汇兑损益和外币业务的基本理论，掌握外币业务核算的账户设置、外币业务核算的基本程序，重点掌握外币业务的账务处理和我国外币会计报表的折算方法。

## 第一节　外币业务概述

随着物流企业生产规模的扩大，其经营范围有的已经突破国界，发展成为大型跨国公司，进行跨国经营。在会计核算中不可避免要涉及外币业务的核算。另外，随着国际经济一体化，一些物流企业在境外设立分公司，或设立子公司从事境外经营活动。这些分公司和子公司，由于其业务活动绝大部分是以所在国或地区的货币进行核算的，其日常会计记录和会计报表编制绝大部分也是以所在国或地区的货币单位进行计量和编报的。为了解这些物流企业经营状况，需要将其以外币表示的会计报表折算为以人民币表示的会计报表。

会计核算上的外币与一般意义上的外币，在概念上有所不同。会计核算上的外币是相对于物流企业选定的记账本位币而言的，企业选定的记账本位币以外的货币在会计核算上均视为外币。以企业选定的记账本位币以外的货币计价的经济业务，则均属于外币业务。

### 一、外币业务核算的有关概念

#### （一）外汇

外汇是指可以用作国际清偿的支付手段和资产。根据我国《外汇管理条例》的规定，我国的外汇包括：外国货币（包括纸币和铸币等）；外币有价证券（包括政府公债、国库券、公司债券、股票、息票等）；外汇支付凭证（包括票据、银行存款凭证、邮政储蓄凭证等）；其他外汇资产。按照规定，企业不得保存外币现金，所有的外币都必须存入银行，外汇收支业务必须通过银行办理。所以，企业的外汇主要是指外币银行存款。

#### （二）记账本位币

记账本位币是指企业在会计核算上统一使用的记账货币。一般来说，企业应以其在经营活动中使用的主要货币作为记账本位币，因此，对于我国大多数企业来说，一般以人民币作为记账本位币，各种外币业务，除按外币记账外，还应同时折合为人民币统一记账。我国《会计法》规定："会计核算以人民币为记账本位币。业务收支以人民币以外的货币为主的单位，可以选择其中一种货币作为记账本位币，但是编报的财务会计报告应当折算为人民币。"非记账本位币的收付和往来款项的结算，必须折合成记账本位币进行统一核算，同时还要登记原币的金额。

随着我国对外开放的进一步扩大，外商投资企业不断增多，对外贸易和合作发展迅速，人民币以外的其他币种在一些单位的日常会计核算中明显增多，有的甚至占据了主导地位。如果要求这些单位平时的每笔外币业务都折算为人民币，不仅影响其经济业务往来，也会加大会计核算的工作量。因此，我国《会计法》对此作出了可以选用人民币以外的货币作为记账本位币的规定。但是，在选择人民币以外的货币作为记账本位币时，必须遵守"业务收支以人民币以外的货币为主"的原则，而且记账本位币一经确定，不得随意变动。

（三）汇率

汇率又称汇价，是指在国际结算中一国货币与另一国货币的兑换比率。它是两种货币之间的比价。两种货币的兑换，在银行称为外汇买卖，汇率就是外汇买卖的价格。它分为外汇买入价和外汇卖出价。外汇买入价是指银行买入外汇的价格；外汇卖出价是指银行卖出外汇的价格。中间价就是外汇买入价和外汇卖出价的平均数。在实务中，对外汇收支的折算经常采用中间价。

外汇汇率的标价方法有两种：直接标价法和间接标价法。直接标价法的汇率表示一定单位的外国货币可兑换本国货币的金额。如US＄100＝￥715，表示100美元可以兑换715元人民币。间接标价法的汇率表示一定单位的本国货币可兑换外国货币的金额。如上例，用间接标价法表示为￥100＝US＄13.99，即为100元人民币可以兑换13.99美元。我国目前采用的是直接标价法，与国际通行的惯例一致。

（四）汇兑损益

汇兑损益是指企业发生的外币业务，在折合记账本位币时，由于业务发生的时间不同，所采用的汇率不同而产生的与账面记账本位币的差额。按企业财务制度要求，企业发生的汇兑损益按下列原则核算：

（1）企业提供劳务等业务发生的汇兑损益，计入当期损益。

（2）为购建固定资产发生的汇兑损益，在购建期间列入固定资产价值；在固定资产办理竣工结算以后发生的汇兑损益，计入当期损益。

（3）为购入无形资产发生的汇兑损益，全部计入无形资产价值。

（4）企业筹建期间发生的汇兑损益，并入开办费，自企业投产营业之日起，按不短于5年的期限分期计入损益。

(5) 在企业内部因外币转账业务发生的折合记账本位币的差额，以及外币现钞存入外币存款户或以外币存款户支取外币现钞发生的折合记账本位币的差额，计入当期损益。

(6) 企业在终止清算期间发生的汇兑损益，计入清算损益。

(五) 外币业务

外币，在一般情况下指的是外国货币。外币与外汇两者是既有区别，又有联系的。在通常情况下，外汇包括了外币，但外币并非都是外汇。

外币业务是指物流企业以记账本位币以外的其他货币进行款项收付、往来结算和计价的经济业务，主要包括物流企业购买或销售以外币计价的商品或劳务、物流企业借入或出借外币资金、物流企业承担或清偿以外币计价的债务等。

外币业务并不等于与外国客户进行的交易，也不能将与国内客户进行经济业务都排除在外币业务之外。外币业务的关键是以外币计价的经济业务，是以记账本位币以外的其他货币计价的经济业务。外币业务是相对于某一特定企业而言的，如以人民币作为记账本位币的我国企业与以美元作为记账本位币的美国企业之间的商品购销业务，如果是以人民币作为计价和结算的货币单位，则这一交易对于我国企业不属于外币业务的范围，而对美国企业则属于外币业务的范围；同理，如果这一购销业务是以美元作为计价和结算的货币单位，则对于我国企业就属于外币业务，而对于美国企业则不属于外币业务。对于国内采用人民币作为记账本位币的企业相互之间的经济业务，如果双方约定以某一外国货币作为计价和结算的货币单位，则也属于外币业务的范围(本章所指的记账本位币除特指外，均指人民币)。

外币业务会计处理的主要内容包括：物流企业外币业务发生时外币金额折算及其相关的账务处理；外币业务引起的外币债权债务因市场汇率变动所产生的外币折算差额的处理。

## 二、外币会计报表的折算

外币会计报表折算是指物流企业将以外币表示的会计报表换算为记账本位币表示的会计报表。

在母公司拥有境外子公司的情况下，为了综合反映跨国企业集团综合的财务状况和经营成果，需要编制整个企业集团的合并会计报表。如果子公司以外币编制会计报表，其与母公司编制会计报表所采用的记账本位币不同，因此在编制合并会计报表前，就必须对纳入合并范围的子公司以外币表示的会计报表进行折算，折算为母公司记账本位币表示的会计报表。另外，为了向外国股东和其他使用者提供本企业的会计报表，也需要将本国文字表示的会计报表，翻译为外国文字表示的会计报表，需要将本国货币表示的会计报表折算为以某一外国货币单位表示的会计报表，以便国外的股东、投资者和其他使用者使用。此外，我国企业为了在外国证券市场上发行股票和债券而提供的财务报告，也需要在外国文字翻译的同时，按照一定的汇率将以人民币表示的会计报表折算为相应的外国货币表示的会计报表。

外币会计报表折算主要涉及两大问题：其一是采用何种汇率对外币会计报表项目的数据进行折算；其二是对由于会计报表各项目所使用的折算汇率不同所产生的外币会计报表折算差额如何处理。

## 第二节　外币业务的会计处理

### 一、外币业务账户的设置及其核算程序

外币业务的记账方法一般分为外币统账制和外币分账制两种方法。外币统账制是指企业在发生外币业务时必须及时折算为记账本位币记账，并以此编制会计报表。外币分账制则是指企业对外币业务在日常核算时按照外币原币进行记账，分不同的外币币种核算其所实现的损益，编制各种货币币种的会计报表，在资产负债表日一次性地将外币会计报表折算为记账本位币表示的会计报表，并与记账本位币业务编制的会计报表汇总编制整个企业一定会计期间的会计报表。从我国目前的情况来看，绝大部分企业采用外币统账制方法核算其外币业务，只有银行等少数金融企业由于外币收支频繁而采用外币分账制核算其外币业务。本章外币业务，主要介绍外币统账制方法下的账务处理。

物流企业在核算外币业务时，应当设置相应的外币账户。外币账户具体包括：外币现金、外币银行存款以及外币结算的债权和债务账户。外币结算的债权账户包括应收账款、应收票据和预付账款等。外币结算的债务账户包括短期借款、长期借款、应付账款、应付票据、应付职工薪酬、预收账款等。不允许开立现汇账户的企业，可以设置外币现金和外币银行存款以外的其他外币账户。

物流企业发生外币业务时，其会计核算的基本程序如下：

（1）根据一定的折算汇率，将外币业务的外币金额折算为记账本位币的金额，按照折算后的记账本位币的金额登记有关账户；在登记有关记账本位币账户的同时，按照外币业务的外币金额登记相应的外币账户。将外币业务的外币金额折算为记账本位币金额时，应采用外币业务发生时的市场汇率作为折算汇率，也可以采用外币业务发生当期期初的市场汇率作为折算汇率使用。

（2）期末（指月末、季末或年末，下同）各种外币账户（包括外币现金、银行存款以及以外币结算的债权和债务）的期末外币余额，按照期末市场汇率折合为记账本位币金额。按照期末市场汇率的记账本位币金额与原账面记账本位币金额的差额，确认为汇兑损益，进行相应的账务处理。

## 二、外币业务的会计处理

### （一）外币兑换业务的会计处理

外币兑换业务是指企业从银行等金融机构购入外币或向银行等金融机构卖出外币。企业购入外币则是银行卖出外币，企业从银行购入外币一般是按照外币卖出价购买的，企业在会计核算中对付出记账本位币的数额是按照外币卖出价核算的。企业卖出外币则是银行购入外汇，企业向银行卖出外币一般是按照银行外币买入价计算的，企业在会计核算中对收入的记账本位币的数额则是按照银行外币买入价折算的。

物流企业卖出外币时，一方面将实际收入的记账本位币的数额（即按照外币买入价计算的记账本位币的数额）登记入账；另一方面按照当日的市场汇率将卖出的外币折算为记账本位币，并将其登记入账，同时按照卖出的外币金额登记相应的外币账户。实际收入的记账本位币的数额，与付出的外币按照当日市场汇率折算为记账本位币数额之间的差额，作为当期汇兑损益处理。

**【例 9-1】** 上海申通物流公司外币业务采用发生时的市场汇率折算。本期将150 000美元到银行兑换为人民币，银行当日的美元买入价为 1 美元＝7.25 元人民币，该日的市场汇率为 1 美元＝7.35 元人民币。

本例中，该企业应当在银行存款美元账户记录美元的减少，同时按照当日的市场汇率将售出的美元折算为人民币，在银行美元账户对相应的银行存款人民币账户中，记录美元的减少；按实际收到的人民币金额，对银行存款人民币账户记录人民币的增加；两者之间的差额作为当期的财务费用。作会计分录如下：

| | | |
|---|---|---|
| 借：银行存款（人民币户）（150 000×7.25） | 1 087 500 | |
| 　　财务费用 | 15 000 | |
| 　贷：银行存款——美元户（150 000 美元）（150 000×7.35） | | 1 102 500 |

物流企业买入外币时，一方面将实际付出的记账本位币的数额（即按照外汇卖出价计算的记账本位币的数额）登记入账；另一方面按照当日的市场汇率将买入的外币折算为记账本位币，并将其登记入账；同时按照买入的外币金额登记相应的外币账户。实际付出的记账本位币的数额与收入的外币按照当日市场汇率折算为记账本位币数额之间的差额，则作为当期汇兑损益处理。

**【例 9-2】** 上海申通物流公司外币业务采用发生时的市场汇率折算。本期因外币支付需要，从银行购入 50 000 美元，银行当日的美元卖出价为 1 美元＝7.40 元人民币，当日的市场汇率为 1 美元＝7.30 元人民币。

本例中，该公司应对银行存款美元账户作增加记录的同时，按照当日的市场汇率折算为人民币，对该银行存款相对应的银行存款人民币账户作增加记录；按照实际付出的人民币金额对银行存款账户作减少的记录。两者之间的差额作为当期财务费用。作会计分录如下：

借：银行存款——美元户(50 000 美元)(50 000×7.30)　　365 000
　　财务费用　　5 000
　贷：银行存款(人民币户)(50 000×7.40)　　370 000

（二）外币购销业务的会计处理

物流企业从国外或境外购进原材料、商品或引进设备，在以外币进行结算时，应当按照当日或期初的市场汇率将支付的外汇或应支付的外汇折算为人民币记账，以确定购入原材料等货物的入账价值和发生债务的入账价值，同时还应按照外币的金额登记有关外币账户，如外币银行存款账户和外币应付账款账户等。

**【例 9-3】** 上海申通物流公司外币业务采用发生时的市场汇率折算。本期从境外购入不需要安装的维修设备一台，设备价款为200 000美元，购入该设备时市场汇率为 1 美元＝7.35 元人民币，款项尚未支付。

本例中，企业购入该设备的入账价值为 1 670 000 元人民币。作会计分录如下：

借：固定资产——维修设备(200 000×7.35)　　1 470 000
　贷：应付账款——美元户(200 000 美元)　　1 470 000

**【例 9-4】** 上海申通物流公司外币业务采用发生时的市场汇率折算。本期从国外进口原材料一批，货款及运费合计为 200 000 美元；材料已验收入库，货款及运费尚未支付。当日的市场汇率为 1 美元＝7.3 元人民币。作会计分录如下：

借：原材料(200 000×7.3)　　1 460 000
　贷：应付账款——美元户(200 000 美元)　　1 460 000

物流企业向国外提供劳务时，应当按照当日或期初的市场汇率将外币销售收入折算为人民币入账；对于取得的款项或发生的应收债权，按照折算为人民币的金额确认入账，同时还应按照外币的金额登记有关外币账户，如外币银行存款账户和外币应付账款账户等。

**【例 9-5】** 上海申通物流公司向国外提供运输业务，该企业本期运输合同规定的运输价款为 300 000 美元。当日的市场汇率为 1 美元＝7.25 元人民币。假定不考虑相关税费，货款尚未收到。作会计分录如下：

借：应收账款——美元户(300 000 美元)　　2 175 000
　贷：主营业务收入——运输收入(300 000×7.25)　　2 175 000

（三）外币借款业务的账务处理

物流企业借入外币时应按照借入外币时的市场汇率折算为记账本位币入账，同时按照借入外币的金额登记相关的外币账户。

**【例 9-6】** 上海申通物流公司外币业务采用发生时市场汇率折算。该企业从中国银行借入港币 1 500 000 元用于购买设备，期限为 6 个月，借入的外币暂存中国银行。借入时的市场汇率为 1 港元＝1.10元人民币。

本例中，该企业借入港币折算为人民币 1 650 000 元，在登记记账本位币账户外，还应按照借入的港币金额登记有关外币账户，其会计分录如下：

借：银行存款——港币户(1 500 000 港元)(1 500 000×1.1)　　1 650 000
　贷：短期借款——港币户(1 500 000 港元)　　1 650 000

**【例 9-7】** 承[例 9-6]，该企业在 6 个月后，按期向中国银行归还借入的港币 1 500 000元。归还借款时的市场汇率为 1 港元＝1.08 元人民币。

本例中，该企业归还中国银行港币折算为人民币 1 620 000 元，在登记记账本位币账户外，还应按照归还的港币金额登记有关外币(港币)账户，其会计分录如下：

借：短期借款——港币户(1 500 000 港元)(1 500 000×1.08)　　1 620 000
　贷：银行存款——港币户(1 500 000 港元)　　1 620 000

(四) 接受外币资本投资的会计处理

物流企业接受外币投资时，一方面应将实际收入的外币款项作为资产登记入账；另一方面应将接受的外币作为实收资本登记入账。上述两个方面都涉及采用何种汇率对其进行折算的问题。对于作为资产收到的外币款项，应采用收到外币款项当时的市场汇率折算为人民币入账。对于实收资本的入账价值，按照企业会计制度的规定，应当分别投资合同中是否有约定汇率进行折算处理：

(1) 在投资合同中对外币资本投资有约定汇率的情况下，应当按照合同中的约定汇率进行折算，以折算的金额作为实收资本的金额入账；外币资本按约定汇率折算的金额与按收到时的市场汇率折算的金额之间的差额作为资本公积处理。

(2) 在投资合同中对外币资本投资没有约定汇率的情况下，则按收到外币款项时的市场汇率进行折算。

**【例 9-8】** 上海申通物流公司收到外方投入的资本 500 000 美元，收到外币款项时市场汇率为 1 美元＝7.25 元人民币。投资合同中规定的约定汇率为 1 美元＝7.00 元人民币。

本例中，该企业对于收到的外币资本投资，一方面应按照收到时的市场汇率折算为人民币登记相应的资产账户，并按照美元的金额登记相应的外币账户；另一方面应按照投资合同中约定汇率折算的人民币作为实收资本入账；对于两者由于折算汇率不同所产生的折算差额，则作为资本公积处理，作会计分录如下：

借：银行存款——美元户(500 000美元)(500 000×7.25)　　3 625 000
　贷：实收资本(500 000×7.00)　　3 500 000
　　资本公积　　125 000

**【例 9-9】** 假定在投资合同中没有规定约定汇率，其他条件依[例 9-8]。本例中，该企业有关资产和实收资本均应按照实际收到外币投资时的市场汇率折算为人民币入账，作会计分录如下：

借：银行存款——美元户(500 000美元)　　3 625 000
　贷：实收资本(500 000×7.25)　　3 625 000

**【例 9-10】** 上海申通物流公司与外商签订的合同中，规定外商分次投入外币资本，在投资合同中没有约定折算汇率。该公司第一次收到外商投入资本 300 000 美元，当时的市场汇率为 1 美元＝7.25 元人民币；第二次收到外商投入资本 300 000 美元，当时的市场汇率为 1 美元＝7.30 元人民币，作会计分录如下：

第一次收到外币资本时：

借：银行存款——美元户(300 000美元)(300 000×7.25)　　2 175 000
　贷：实收资本　　2 175 000

第二次收到外币资本时：

借：银行存款——美元户(300 000美元)(300 000×7.30)　　2 190 000
　贷：实收资本(300 000×7.30)　　2 190 000

### 三、期末汇兑损益的计算及其会计处理

汇兑损益是在持有外币货币性资产和负债期间，由于外币汇率变动而引起的外币货币性资产或负债的价值发生变动而产生的损益。外币货币性资产(如外币银行存款、应收账款)在持有期间外币汇率上升时，引起企业产生汇兑收益；在外币汇率下降时，引起企业产生汇兑损失。这是因为在外币金额既定的情况下，外币汇率上升，外币货币性资产可兑换较期初更多的记账本位币；而外币汇率下降则意味着能兑换较少的记账本位币。外币货币性负债在持有期间外币汇率上升时，导致产生汇兑损失；在外币汇率下降时，导致产生汇兑收益。

按照企业会计制度的规定，期末各种外币账户(包括外币现金，银行存款以及外币结算的债权和债务)的期末外币余额，按照期末市场汇率折合为记账本位币金额。按照期末市场汇率折合的记账本位币金额与原账面记账本位币金额的差额，作为汇兑损益。对于汇兑损益，根据不同情况可作如下处理：

(1) 筹建期间发生的汇兑损益，计入长期待摊费用。

(2) 与购建固定资产有关的外币专门借款产生的汇兑损益，按借款费用的处理

原则处理。

(3) 除上述情况外，发生汇兑损益均计入当期财务费用。

(4) 因银行结售、购入外币或不同外币兑换而产生的银行买入、卖出价与折合汇率之间的差额，计入当期财务费用。

**【例 9-11】** 上海申通物流公司外币业务采用发生时市场汇率进行折算，并按月计算汇兑损益。该企业 20×7 年 8 月 31 日市场汇率为 1 美元＝8.3 元人民币，该日有关外币账户期末余额如图表 9-1 所示。

图表 9-1

**外币账户期末余额**

金额单位：元

| 项　　目 | 外币账户金额（美元） | 汇　率 | 记账本位币账户金额（人民币） |
|---|---|---|---|
| 银行存款 | 500 000 | 8.3 | 4 150 000 |
| 应收账款——A 公司 | 1 000 000 | 8.3 | 8 300 000 |
| 应付账款——B 公司 | 800 000 | 8.3 | 6 640 000 |

该企业 9 月份发生如下外币业务(为便于理解，本例中有关税费略)：

(1) 9 月 5 日，向 A 公司提供运输业务，运输合同规定运输费用500 000美元，款项尚未收到。当日市场汇率为 1 美元＝8.3 元人民币。

(2) 9 月 10 日，从银行借入短期外币借款 18 万美元，款项存入银行，当日市场汇率为 1 美元＝8.3 元人民币。

(3) 9 月 12 日，支付 B 公司应付账款 200 000 美元。当日市场汇率为 1 美元＝8.3元人民币。

(4) 9 月 18 日，接受外商投入外币资本 3 000 000 美元，合同约定汇率为 1 美元＝8.20 元人民币。

(5) 9 月 20 日，将 100 000 美元卖给银行，银行买入价为 1 美元＝8.15元人民币。当日市场汇率为 1 美元＝8.3 元人民币。

(6) 9 月 30 日，偿还借入的短期外币借款 18 万美元，当日市场汇率为 1 美元＝8.20 元人民币。

该企业对于 9 月份的外币业务账务处理如下。

1. 日常账务处理

(1) 9 月 5 日，该企业向 A 公司提供运输业务的运输收入应按当日的汇率折算为人民币入账，并确定相应的债权；同时按照美元数登记外币应收账款账户。作会计分录如下：

借：应收账款——美元户(5 000 00 美元)　　4 150 000

　贷：主营业务收入　　4 150 000

(2) 9 月 10 日，该企业借入的外币按照当日的汇率折算入账，并按美元数登记外币银行存款账户。作会计分录如下：

借：银行存款——美元户(180 000 美元)　　1 494 000

　贷：短期借款——美元户(180 000 美元)　　1 494 000

(3) 9 月 12 日，该企业按照当日汇率，将支付的美元数折算为人民币，登记应付账款和银行存款账户，同时按照美元数登记应付账款和银行存款外币账户。作会计分录如下：

借：应付账款——美元户(200 000 美元)　　1 660 000

　贷：银行存款——美元户(200 000 美元)　　1 660 000

(4) 9 月 18 日，该企业对于收到的外币资本投资，一方面应按照收到时的市场汇率折算为人民币登记相应的资产账户，并按照美元的金额登记相应的外币账户；另一方面应按照投资合同中约定汇率折算的人民币作为实收资本入账；对于两者由于折算汇率不同所产生的折算差额，则作为资本公积处理，作会计分录如下：

借：银行存款——美元户(3 000 000 美元)　　24 900 000

　贷：实收资本　　24 600 000

　　资本公积　　300 000

(5) 9 月 20 日，该企业应当在银行存款美元账户记录美元的减少，同时按照当日的市场汇率将售出的美元折算为人民币，在银行美元账户相对应的银行存款人民币账户中，记录美元的减少；按实际收到的人民币金额，对银行存款人民币账户记录人民币的增加；两者之间的差额作为当期的财务费用。作会计分录如下：

借：银行存款(人民币户)(100 000×8.15)　　815 000

　财务费用　　15 000

　贷：银行存款——美元户(100 000 美元)(100 000×8.3)　　830 000

(6) 9 月 30 日，该企业按照当日汇率将偿还的美元数折算为人民币，登记短期借款和银行存款账户，同时按照美元数登记短期借款和银行存款外币账户。作会计分录如下：

借：短期借款——美元户(180 000 美元)　　1 476 000

　贷：银行存款——美元户(180 000 美元)　　1 476 000

2. 期末汇兑损益的计算

（1）应收账款账户汇兑损益：

$$1\ 500\ 000\times 8.2-(1\ 000\ 000\times 8.3+500\ 000\times 8.3)=-150\ 000(\text{元})$$

（2）应付账款账户汇兑损益：

$$600\ 000\times 8.2-(800\ 000\times 8.3-200\ 000\times 8.3)=-60\ 000(\text{元})$$

（3）银行存款账户汇兑损益：

$$3\ 200\ 000\times 8.2-[(500\ 000\times 8.3+180\ 000\times 8.3+3\ 000\ 000\times 8.3)-(200\ 000\times 8.3+100\ 000\times 8.3+180\ 000\times 8.2)]=-338\ 000(\text{元})$$

（4）短期借款账户汇兑损益：

$$180\ 000\times 8.2-180\ 000\times 8.3=-18\ 000(\text{元})$$

$$\text{该企业 9 月份汇兑损益}=-150\ 000+(-338\ 000)-(-60\ 000)-(-18\ 000)=-410\ 000(\text{元})$$

3. 期末汇兑损益的账务处理

作会计分录如下：

| | | |
|---|---|---|
| 借：应付账款 | 60 000 | |
| 短期借款 | 18 000 | |
| 财务费用 | 410 000 | |
| 贷：银行存款 | | 338 000 |
| 应付账款 | | 150 000 |

9 月 30 日，编制会计报表时有关外币账户和记账本位币账户余额如图表 9-2 所示。

图表 9-2

**有关外币账户和记账本位币账户余额**

金额单位：元

| 项　　目 | 外币账户金额（美元） | 汇　　率 | 记账本位币账户金额（人民币） |
|---|---|---|---|
| 银行存款 | 3 200 000 | 8.2 | 26 240 000 |
| 应收账款 | 1 500 000 | 8.2 | 12 300 000 |
| 短期借款 | 0 | 8.2 | 0 |
| 应付账款 | 600 000 | 8.2 | 4 920 000 |

## 第三节　外币会计报表折算

外币会计报表折算是指物流企业将以外币表示的会计报表换算为以记账本位币表示的会计报表。我国外币会计报表的折算，包括境外子公司以外币表示的会计报表的折算，也包括境内子公司采用与母公司记账本位币以外的货币作为记账本位币编报的会计报表的折算。

### 一、外币会计报表折算差额

外币会计报表折算时，由于各项目采用不同汇率进行折算，从而产生了折算差额。折算差额大小，取决于所选用的折算方法、汇率变动的方向和程序、外币资产与外币负债的比例等因素。

外币会计报表折算差额与外币业务汇兑损益不完全相同。外币业务汇兑损益是在交易过程中产生的，或者是在期末采用现行汇率对外币项目进行折算时产生的，而外币会计报表折算差额则是由于将以外币表示的会计报表折算为以编报货币表示的会计报表而产生的。前者既可能是已实现损益，也可能是未实现损益，而后者则属于未实现损益。

外币会计报表折算差额的会计处理有不同选择，主要有两种方法：一是递延处理；二是计入当期损益。

1. 递延处理

在递延处理的情况下，将折算差额列入所有者权益，并单列项目反映。这样做的主要考虑是，外币会计报表折算差额只是将以外币表示的资产、负债项目用另一种货币等值反映所产生的，本质上并不产生损益，如果将折算差额计入损益，那么将导致对企业盈利情况的误导。递延处理有利于保持会计报表有关项目原有的比例关系，便于进行财务比率分析。

2. 计入当期损益

按此法处理，即是将折算差额计入损益，列入利润表。这样做主要是考虑会计报表有关项目所承受的汇率风险是客观存在的，只有将折算差额计入当期损益，才能真实反映企业所承受的汇率风险。这样做的不足是将折算差额反映在损益中，将未实现的损益计入当期损益，有可能引起对会计报表的误解。

除以上两种方法外，对折算差额的会计处理也有一些变通方法，比如，将折算差额借方发生额，即折算损失，计入损益；将折算差额贷方发生额，即折算收益，加以递延，计入所有者权益。

### 二、我国外币会计报表折算方法

为了满足编制合并会计报表的需要，我国在《合并会计报表暂行规定》中，对外币会计报表的折算方法作出了具体规定。

（一）资产负债表

(1) 所有资产、负债类项目均按照合并会计报表决算日的市场汇率折算为母公司记账本位币。

(2) 所有者权益类项目除“未分配利润”项目外，均按照发生时的市场汇率折算为母公司记账本位币。

(3) “未分配利润”项目以折算后的利润分配表中该项目的数额直接填列。

(4) 折算后资产类项目、负债类项目和所有者权益类项目合计数的差额，作为外币会计报表折算差额，在“未分配利润”项目下单独反映。

(5) 年初数按照上年折算后的资产负债表的数额列示。

（二）利润表和利润分配表

(1) 利润表所有项目和利润分配表中有关反映发生额的项目应当按照合并会计报表的会计期间的平均汇率折算为母公司记账本位币，也可以采用合并会计报表决算日的市场汇率折算为母公司记账本位币。在采用合并会计报表决算日市场汇率折算为母公司记账本位币时，应当在合并会计报表附注中说明。平均汇率根据当期期初、期末市场汇率计算确定，也可以采用其他的方法计算确定。平均汇率计算方法一经采用，前后各期必须连续使用，不得随意变更。如果确需变更，应当在会计报表附注中说明变更理由及变更对会计报表的影响。

(2) 利润分配表中“净利润”项目，按折算后利润表该项目的金额填列。

(3) 利润分配表中“年初未分配利润”项目，以上一年折算后会计报表“未分配利润”期末项目数填列。

(4) 利润分配表中“未分配利润”项目，按折算后的利润分配表中的其他项目的金额计算确定。

(5) 上年实际数按照上年折算后的利润表和利润分配表的有关数字填列。

**【例 9-12】** 上海申通物流公司（母公司）有一境外子公司，其会计报表编报货币为美元，期初汇率为 1 美元＝8.2 元人民币，期末汇率为 1 美元＝8.4 元人民币，本期平均汇率为 1 美元＝8.3 元人民币。子公司收到投入资本时的历史汇率为 1 美元＝8.0 元人民币。该子公司上年外币会计报表中实收资本的数额为 500 万美元，折算为人民币后的数额为 4 000 万元；盈余公积的数额为 50 万美元，折算为人民币后的数额为 405 万元；未分配利润的数额为 120 万美元，折算为人民币后的数额为 972 万元。根据上述资料，该子公司的会计报表及折算后的会计报表如图表 9-3、图表 9-4 所示。

图表 9-3

**利润表及折算后利润表**(按平均汇率折算)

金额单位:万元

| 项　　目 | 美元数 | 折算汇率 | 人民币数 |
|---|---|---|---|
| 一、主营业务收入 | 2 000 | 8.3 | 16 600 |
| 减：主营业务成本 | 1 500 | 8.3 | 12 450 |
| 　　税金及附加 | 40 | 8.3 | 332 |
| 二、主营业务利润 | 460 | — | 3 818 |
| 加：其他业务利润 | 0 | — | 0 |
| 减：管理费用 | 100 | 8.3 | 830 |
| 　　财务费用 | 10 | 8.3 | 83 |
| 三、 营业利润 | 350 | — | 2 905 |
| 加：投资收益 | 30 | 8.3 | 249 |
| 　　营业外收入 | 40 | 8.3 | 332 |
| 减：营业外支出 | 20 | 8.3 | 166 |
| 四、利润总额 | 400 | — | 3 320 |
| 减：所得税费用 | 120 | 8.3 | 996 |
| 五、净利润 | 280 | — | 2 324 |
| 加：年初未分配利润 | 120 | — | 972 |
| 六、可供分配的利润 | 400 | — | 3 296 |
| 减：提取盈余公积 | 70 | 8.3 | 582 |
| 　　应付利润 | 200 | 8.3 | 1 660 |
| 七、未分配利润 | 130 | — | 1 055 |

图表 9-4

## 资产负债表及折算后资产负债表

金额单位：万元

| 资　　产 | 美元 | 折算汇率 | 人民币 | 负债和所有者权益 | 美元 | 折算汇率 | 人民币 |
|---|---|---|---|---|---|---|---|
| 流动资产： | | | | 流动负债： | | 8.4 | |
| 货币资金 | 90 | 8.4 | 756 | 短期借款 | 45 | 8.4 | 378 |
| 应收账款 | 190 | 8.4 | 1 596 | 应付账款 | 285 | 8.4 | 2 394 |
| 存货 | 240 | 8.4 | 2 016 | 其他流动负债 | 110 | 8.4 | 924 |
| 其他流动资产 | 150 | 8.4 | 1 260 | 非流动负债： | | | |
| 长期股权投资 | 120 | 8.4 | 1 008 | 长期借款 | 140 | 8.4 | 1 176 |
| 固定资产： | 550 | 8.4 | 4 620 | 应付债券 | 80 | 8.4 | 672 |
| 在建工程 | 80 | 8.4 | 672 | 其他非流动负债 | 90 | 8.4 | 756 |
| 无形资产 | 50 | 8.4 | 420 | 所有者权益： | | | |
| 其他资产 | 30 | 8.4 | 252 | 实收资本 | 500 | 8.4 | 4 000 |
| | | | | 资本公积 | 0 | | 0 |
| | | | | 盈余公积 | 120 | — | 986① |
| | | | | 未分配利润 | 130 | — | 1 055② |
| | | | | 外币会计报表折算差额 | | — | 259③ |
| 资 产 总 计 | 1 500 | — | 12 600 | 负债和所有者权益总计 | 1 500 | — | 12 600 |

①“盈余公积”人民币数额系上年外币会计报表折算数额 405 万元，加上本年利润表及利润分配表中“提取盈余公积 70 万美元”折算的人民币 581 万元。

②“未分配利润”人民币数额系本年利润表及利润分配表中“未分配利润”的折算数额。

③“外币会计报表折算差额”系折算后的资产合计减去折算后的负债总额和折算后的所有者权益合计之和后的差额。

# 单项选择题

1. 我国某企业记账本位币为欧元，下列说法中，错误的是(　　)。

A. 该企业以人民币计价和结算的交易属于外币交易

B. 该企业以欧元计价和结算的交易不属于外币交易

C. 该企业编报的货币为欧元

D. 该企业编报的货币为人民币

2. 在进行外币业务的会计处理时，所指外币的含义是(　　)。

A. 本国货币以外的货币　　B. 用于进出口业务结算的货币

C. 记账本位币以外的货币　　D. 美元

3. 收到以外币投入的资本时，其对应的资产账户采用的折算汇率是(　　)。

A. 收到外币资本时的市场汇率

B. 投资合同的约定汇率

C. 签订投资时的市场汇率

D. 第一次收到外币资本时的折算汇率

4. 某企业外币业务的记账汇率采用当日的市场汇率核算。该企业上月末持有10 000美元，上月末市场汇率为1美元=6.30元人民币。本月15日将其中的3 000美元售给中国银行，当日中国银行美元买入价为1美元=6.20元人民币，卖出价为1美元=6.24元人民币，当日市场汇率为1美元=6.22元人民币。企业售出该笔美元时应确认的汇兑损失为(　　)。

A. 60元人民币　　B. 200元人民币

C. 140元人民币　　D. 0

5. 外币可供出售金融资产(权益工具)采用公允价值确定日的即期汇率折算，折算后的记账本位币金额与原记账本位币金额的差额，应记入的账户是(　　)。

A. “财务费用”　　B. “公允价值变动损益”

C. “营业外支出”　　D. “资本公积”

6. 某股份有限公司对外币业务采用交易发生日的即期汇率进行核算，按月计算汇兑损益。某年6月20日从境外购买零配件一批，价款总额为800万美元，货款尚未支付，当日的市场汇率为1美元=7.24元人民币。6月30日的市场汇率为1美元=7.21元人民币。7月31日市场汇率为1美元=7.25元人民币，该外币债务7月份发生的汇兑损失为(　　)万元人民币。

A. −24　　B. −32

C. 32　　D. 24

# 多项选择题

1. 企业发生外币交易时可以选择的折算汇率有(　　)。
A. 外汇牌价的买入价
B. 外汇牌价的卖出价
C. 交易日的即期汇率
D. 即期汇率的近似汇率
2. 下列交易中,属于外币交易的有(　　)。
A. 借入外币资金
B. 卖出以外币计价的商品或者劳务
C. 接受投资者投入外币资金
D. 向国外销售以记账本位币计价和结算的商品
3. 下列有关外币交易的会计处理中,正确的处理方法有(　　)。
A. 企业对于发生的外币交易,应当将外币金额折算为记账本位币金额
B. 外币交易应当在初始确认时,采用交易发生日的即期汇率将外币金额折算为记账本位币金额
C. 外币交易在初始确认时,也可以采用按照系统合理的方法确定的、与交易发生日即期汇率近似的汇率折算
D. 企业在资产负债表日,应当对外币货币性项目,采用资产负债表日即期汇率折算。因资产负债表日即期汇率与初始确认时或者前一资产负债表日即期汇率不同而产生的汇兑差额,计入当期损益
4. 下列项目中,企业应当计入当期损益的有(　　)。
A. 外币银行存款账户发生的汇兑差额
B. 外币应收账款账户期末折算差额
C. 兑换外币时发生的折算差额
D. 外币会计报表折算差额
5. 下列说法中,正确的有(　　)。
A. 当期期末即期汇率上升时,"应收账款"账户会产生汇兑收益
B. 当期期末即期汇率上升时,"实收资本"账户会产生汇兑收益
C. 当期期末即期汇率下降时,"长期借款"账户会产生汇兑收益
D. 当期期末即期汇率下降时,"应付账款"账户会产生汇兑收益

6. 外币交易应当在初始确认时将外币金额折算为记账本位币金额,可以采用的汇率有(　　)。

A. 合同约定汇率

B. 按照系统合理的方法确定的、与交易发生日即期汇率近似的汇率

C. 与交易发生日即期汇率相差较大的汇率

D. 交易发生日的即期汇率

## 名词解释

1. 外汇
2. 记账本位币
3. 汇率
4. 汇兑损益
5. 外币业务
6. 外币会计报表折算
7. 外币
8. 直接标价法

## 思考题

1. 什么是汇率？汇率的标价方法有哪几种？
2. 什么是汇兑损益？汇兑损益如何核算？
3. 什么是外币业务？
4. 简述物流企业外币业务会计处理的主要内容。
5. 物流企业外币会计报表折算主要涉及哪两大问题？

## 习题

### 习题一

**(一) 目的** 练习接受外币资本投资的会计处理。

**(二) 资料** 根据中外投资者双方签订的投资合同，外商对某物流企业分次投入外币资本，合同只对第一次投入外币资本有约定汇率，约定汇率为 1 美元＝7.20 元人民币；对其他几次投入的外币资本没有约定汇率。该物流企业分三次收到该外商投入的外币资本，第一次是本年 2 月 27 日，收到外商投入的 30 万美元，当时的市场汇率为 1 美元＝7.30 元人民币；第二次是本年 4 月 10 日，收到外商投入的 50 万美元，当时的市场汇率为 1 美元＝7.35 元人民币；第三次是本年 10 月 5 日，收到外商投入的 20 万美元，当时的市场汇率为 1 美元＝7.20 元人民币。该物流企业外币业务采用发生日的市场汇率进行核算。

**(三) 要求** 编制该物流企业接受外币资本投资时的会计分录。

## 习 题 二

**(一) 目的** 练习外币业务的核算及汇兑损益的结转。

**(二) 资料** 上海申通物流公司外币业务采用发生时市场汇率进行折算，并按月计算汇兑损益。该公司20×7年2月28日市场汇率为1美元=8.25元人民币，该日有关外币账户期末余额如图表9-5所示。

图表9-5

**上海申通物流公司20×7年3月初外币账户余额表**

金额单位：元

| 账 户 | 美 元 | 汇 率 | 人民币 |
|---|---|---|---|
| 银行存款——美元户 | 300 000 | 8.25 | 2 475 000 |
| 应收账款——A公司(美元) | 120 000 | 8.25 | 990 000 |
| 应付账款——B公司(美元) | 50 000 | 8.25 | 412 500 |

3月发生的外币业务如下：

1. 4日，收回A公司所欠运费120 000美元。
2. 8日，支付B公司设备款50 000美元。
3. 25日，为A公司承运商品一批，货款40 000美元尚未收到。
4. 28日，从B公司进口原材料一批，货款及运费为130 000美元，材料已经验收入库，货款及运费尚未支付。
5. 31日，将50 000美元存款兑换人民币存款，兑换当日汇率为：买入价为1美元=8.20元人民币，卖出价为1美元=8.30元人民币，当日市场汇率为1美元=8.30元人民币。

**(三) 要求**

1. 根据上述经济业务，编制有关会计分录。
2. 分别计算20×7年3月31日各外币账户的汇兑收益或损失金额。
3. 计算当月应计入损益的汇兑收益或损益金额。
4. 编制月末与汇兑损益有关的会计分录。